AF508148

【当代华语世界思想者丛书】

美国贸易战

The United States Trade War

梁中堂文集·卷一

梁 中 堂

By Liang Zhongtang

博登书屋
Bouden House
New York

【当代华语世界思想者丛书】

学术顾问：黎安友、郭汤姆
主　　编：荣　伟
Academic Adviser:　Andrew J. Nathan, Tom Kellogg
Chief Editor:　　　David Rong

Published by Bouden House, New York
ISBN:　979-8-90257-024-0　(Paperback)
　　　　979-8-90257-025-7 (eBook)

The United States Trade War
By Liang Zhongtang

梁中堂文集·卷一
美国贸易战

梁中堂　著

出版：博登书屋·纽约（Bouden House New York）
邮箱：boudenhouse@gmail.com
发行：谷歌图书（电子版）、亚马逊（纸质版）
版次：2026 年 3 月 第 1 版 第 1 次印刷
字数：195 千字
定价：$35.00 美元

献　给

我的网易博友们，是他们的支持让我坚持把这本书写完的！

　　我考察资产阶级经济制度是按照以下的次序：资本、土地所有制、雇佣劳动；国家、对外贸易、世界市场。

——马克思

　　……一路上，我感觉我访问过的国家那么可怕地缺乏文明——但是回国后，我也不敢肯定美国文明程度究竟有多高。

——富兰克林·罗斯福

　　美国提供了西线 3/4 的军队。此外，美国还生产了世界上大约 45%的武器装备和 2/3 的商船。在这样一个新的、不安定的世界上，美国尽可能十分无礼，尽可能十分天真，但它还将会按照自己的意志行事。

——温斯顿·丘吉尔

　　一个美国人和一个苏联人谈话。美国人说："我敢在白宫外面大喊，里根下台，你敢吗？"说完，苏联人走到克里姆林宫外大喊："里根下台！"

——摘引自《苏联笑话集》

目　　录

重印本序言

　　除了这篇序言以外，读者手里的这个本子与去年的第四版基本上没有多大的差别。只是由于过去的本子告罄，所以要加印几本。

　　这本书的一个基本观点是，这次贸易战仅只是中国走向世界的过程中与美国所发生的一个纠纷或摩擦。笔者特别反对用煽动民族主义情绪的观点解释美国的贸易战，因为特朗普总统是出于国内两党斗争的实际需要，是向着全世界所有的贸易伙伴打贸易战的，而并非是极端仇恨哪个国家。想一想战后美国政府历来都把苏联或俄国（俄罗斯）当作仇敌，而特朗普却一直想与其和好，只是美国政府（包括军方和情报系统）里反对的人太多，所以才未能如愿以偿。美国的贸易摩擦又不只是针对中国一家，而是对着它的所有的贸易伙伴，我们何必要假设它是故意要和我们过意不去，与它较劲呢！更何况作为一个 13 亿多人口的发展中国家，我们一旦走向了世界，就无论什么力量都已经阻拦不了它的前进步伐，所以也无需再用激起国人的民族主义情绪的办法对付任何人了。

　　早在 2018 年 8、9 月份间，中美贸易战还初起之时，笔者就指出特朗普总统之所以在世界范围内制造贸易摩擦，是因为担心民主党在国会占据多数席位后，将难以逃脱被弹劾的命运（见本书"23. 美国政府为什么要发动贸易战？"）。不幸此话被言中。

　　精于算计的特朗普自从当选总统的那个时刻起，就知道自己不同于以往所有的总统，——他不被社会主流看好，不被主流的媒体所认可，总是坐在火山口上。所以，他也不能按部就班地当总统，而必须打破常规，不断做出大动作。为了给他的大动作提供合法依据，特朗普曾经说，美国宪法赋予了总统无限的权力。这一说法如果不是对美国宪法的无知，就是有意的歪曲。美国宪法其实是限制总统权力的。不过，历史上似乎真的出现过像富兰克林·罗斯福那样具有无限权力的总统。罗斯福曾经打破传统，蝉联 4 届总统，任职期间想做啥就能去做啥。但是，美国历史上大凡能像罗斯福那样，能够比较自如地把总统作下来，都有一个前提，那就是绝大多数国民的拥护，从而执政党在国会里占有绝对多数。否则，如果反对党在国会里成了多数，那白宫里的总统就已经不是总统，而是"跛脚鸭"，不仅一事无成，有的时候连如期当下去都难。

特朗普担任总统时，共和党在国会两院里都占多数。但是，他心里并不踏实。美国是一个比较成熟的民主国家，按照其制度设计，两年一次的国会选举有效地防止了总统在集权的道路上走得太远。特朗普既不是职业政客，更不像布什总统那样出身于政治世家，世代都在共和党内耕耘，有着深厚的社会基础和广泛的人际脉络。特朗普是一位商人，在他决定走向仕途以前，曾在两党之间摇摆，给它们都当过金主。2016 年竞选期间，特朗普曾与希拉里拔刀相见，但在 2000 年前后，人们并没有少见特朗普与克林顿总统夫妇过从甚密的镜头，概因那时候的美国属于民主党的天下，也证明其并非是有一定的政治成见。2008 和 2012 年，特朗普决定竞选总统的时候，民主党里已经有了奥巴马和希拉里两位强势候选人。2016 年，奥巴马不再参选了，但民主党为希拉里打出的竞选口号就是"为总统而生"，——民主党总统候选人非希拉里莫属了。为此，精明的特朗普才选择了共和党。但是，从根本上说，特朗普并不具备共和党的执政理念。

另一方面，共和党当初之所以同意特朗普"借壳上市"，是因为几乎所有的人都不看好他的前景，把他的参选当作是"陪练"，是来"打酱油"的。不想特朗普不按牌理出牌，颇能打动底层民众的心，在初选过程里一路过关斩将，横扫那些长年在共和党深耕的职业政客。当党内大佬们后悔而起意使用非常规手法的时候，特朗普大喝一声："谁敢伸出黑手，一定与他鱼死网破！"所以，共和党没有人敢于像民主党在关键时刻黑了桑德斯那样去做手脚，这才圆了特朗普的总统梦。

　　但是，共和党推出特朗普做总统候选人，是以其胜选后执行共和党的纲领为条件的。而这一点，特朗普却很难做得到。也不是他不想做，只是不会做。首先是他的秉性，唯利是图，睚眦必报，天马行空，我行我素，已经70多岁，改不了了。其次是与美国传统政治所培养出来的政治精英不同，作为一个商人，特朗普自然缺少战后美国政治学的理念。至于共和党传统的那一套，他也不懂。所以，正如读者所看到的那样，特朗普执政以来的许多做法，与其说执行共和党的纲领，不如说是否定共和党的传统。一个简单的道理，美国在战后得到了最快的发展，是战后世界秩序的最大创建者和受益者。事实上，现行的世界秩序是在美国两党政府持续的参与和推动下形成的，所以，现行的世界秩序和基本规则本也都体现了共和党的基本纲领和路线。但是，特朗普在对外政策上却实行单边主义，动不动就退群，这无疑是在否定包括共和党在内的美国政府一贯的外交路线和政策。

　　还有，特朗普本是美国政治精英圈子以外的人，他当选总统犹如单干户进了白宫，而政府所需要的大批官员却又必须是科班出身的专家和政治精英。所以，特朗普别无选择地要聘用大量的专门人才担任政府各个部门的首脑。但是，美国的政治制度是总统负责制，包括各个部长在内的内阁成员都没有决策权，充其量也都只算是总统的顾问。而特朗普又相当自负，不可能虚心倾听并接受顾问的意见。这是特朗普总统上任以来，白宫官员和内阁成员像走马灯似地任命和辞退的根本原因。市场经济造就一种职业道德，每逢老板辞退员工，相互都要保持体面，不说过头话，——老板辞退员工还说尖刻的话，有损企业形象；职员被辞退与老板死缠烂打，谁还再敢雇用你？但是，这些被辞退的政客有朝一日有投赞成或者反对票的机会时，读者当然能够明白结果将是什么。另外，特朗普不是美国传统政治培养的政治精英，但国会里的大部分议员是。没准共和党议员们对特朗普的处处反传统也都憋着一肚子的气，有适当机会时，谁也保不住有大批人反水投票反对他。所以，特朗普总统如果遭遇滑铁卢，那也就是一瞬间的事情。

如此一来，共和党与特朗普总统共同要做的选项已不是很多，其中最为一致的事情，那就是打败民主党，赢得选票。特朗普当然也明白，自己已经与共和党拴在一个战车上，只有让共和党在国会里占据多数席位，即使党内存在反他的暗流，一般情况下，也不至于闹出由本党所控制的国会主动反对并弹劾本党提名的总统那样的奇闻。所以，特朗普唯一让自己安全的做法，就是给共和党当好苦力"赚"选票。持续了两年的贸易战，就是为了选票而发动的。

由于中国的大门是逐步开大的，国民对于西方的民主制度并不很了解。所以看到美国两党闹翻天，以为这是美国落后和制度腐朽的表现。尤其是众议院在特朗普总统遭受弹劾下台绝无胜算的情况下依然启动了弹劾程序，被人讥讽为白宫与国会里的政客们拿着老百姓的钱没事找事干。类似如此这般的认识也不是一次两次了。上个世纪 70 年代初，尼克松总统因水门事件下台。美国人把它当作美国民主政治史上的一件大事，但毛泽东却替尼克松抱不平，说那是个屁事，小题大做。我们且先不说美国，任何一个国家能把政府里的政治斗争公开化，这本身就是人类历史的一个大进步。

恩格斯说，国家是社会文明的概括。为了使不可调和的矛盾得到缓冲，把社会限制在一定的秩序以内，就需要有国家。但是，国家出现以后，它就和人民成了一对既依存而又对立的矛盾体。国家是由政府主持的，政府是由人组成和担任的。国家和政府由人民供养它，堂而皇之地掌握着由人民委托的公权力。但是，国家和政府的许多作为却并不一定是出于公心。相反，自从国家产生以后，它一直被统治者用来谋私利，压迫老百姓，镇压反对它的人。有不少的情况下，它还会毫不犹豫地残酷镇压那些并非是反对它，而仅只是稍稍对现实不满的人。所以，历史以来，即使不是绝大多数情况下，那也是常常会有的情况，即国家成了人民的祸害。关于这一点，古今中外，是多有共识的，譬如中国明清之际的黄宗羲就说："天下之大害者，君而已矣。"同时代的顾炎武也说："无官不贪，无守不盗"。

所以，虽然说人们需要国家，但是，若不是幼稚的话，谁都别指望统治者不偷窃国家公权以谋私利，运用人民的权力去做危害人民的事。在农业社会里，由于人民根本没有力量限制统治者，所以，历来拥有强权而使用暴力夺得国家政权的人，都宣称自己是天之子而受神命统治天下，宣传国家政权是私权利和家天下。人类只是到了商品生产阶段，也就是资本主义商品经济的时代里，才有了平等意识，否认了家天下和把国家公权力私有化的行为。也只有在这种社会里，虽然人们还不能彻底根除统治者滥用公权，但逐步有了越来越多的监督和限制的办法。像美国的地方自治，三权分立，一人一票的竞选制度，政党合法化，两党制衡，政务公开，等等，都是人民有效监督和限制执政者的一些基本制度和办法。

美国众议院弹劾特朗普总统是对特朗普总统妄图把总统权力极端化的限制和打击。以民主党占据多数的众议院在启动弹劾程序以前，当然知道弹劾案不可能在共和党占据多数席位的参议院获得通过。但是，即使如此，众议院还是启动弹劾程序，让他成为美国历史上第三位遭到众议院弹劾的总统，这是任何一位历史人物都无法从身上抹去的污点，从而是给极为嚣张的特朗普总统的一个当头棒喝。尽管大多数人没有把众议院弹劾特朗普总统和中美两国元首最近签署的贸易协定的事直接挂起钩来，但几乎所有的人都明显地感觉到特朗普总统没有以前那么张狂了，也不像前两年那样在国际舞台上动不动就"退群"了。

这本小书是写美国贸易战的。将近两年后再看我们应对美国发动的贸易战，可能当初还是缺少经验，应对的有点不得法。美国政府发动贸易战，本来是出于国内政治斗争的需要，而且分明涉及到它所有的贸易伙伴，特朗普总统隔三差五地给太平洋西岸"暗送秋波"，我们却不明事理，硬要将其看作是针对中国，是要与中国人民过意不去。不仅按照这样的认识应对，还派出高规格的政府代表团和它协商，要表现出一些高姿态。这样，问题就来了。

美国是战后世界秩序的重要建构者，也是战后世界贸易秩序的最大受益者。中国是一个发展中国家，是最近30多年才比较广泛地参与到世界贸易的活动中。因为加入世界贸易组织还不到 20 年，有点像一位西部的农民到了大上海，循规蹈矩地靠着出卖苦力挣了点钱，现在的"大上海"却要说他"剥削"了它。在这样的情况下，有什么理可讲？倘使我们这位农民朋友一方面抱着继续留在"大上海"的幻想，另一方面还想与其一起坐在谈判桌上解决问题。试想，那能得到什么？由于不敢认真计较，那还不是自受欺辱，一味听取对方无理取闹？所以，现在来看，当贸易战初起时，中国政府除了相应宣布提高美国商品进口关税以外，而应该依据世界贸易组织的规则向世界贸易组织提起诉求，而不是与美国坐在谈判桌上去打嘴皮官司。如果美国政府要求谈判，我们则坚持贸易摩擦理应在世界贸易组织的框架内，通过各个国家的贸易代表去谈判的原则立场。好在中国已经改革开放了，进"大上海"的成本突然提高了，还有北京、广州、深圳，以及许许多多的二、三线城市。总之，逼迫美国政府回到世界贸易组织里面去解决争端，该是中国和世界所有国家对付美国贸易战的基本政策和策略。

另外，最近 30 多年，我国对外贸易一直以比较高的速度增长，这固然是好事情。但是，也不要忘记我们的经济结构和发展程度都还是很低的，是和对外贸易不适应、不平衡的。按照恩格斯的解释，一个国家的对外贸易是国内生产过剩和市场的溢出。但是，我国的情况却不是这样。80 年代开始走向世界的时候，我们还很贫穷，除了一些土特产品，拿不出多少可以出口的工业产品。可是，亟需发展的经济又很需要外汇，所以，政府提出"两头在外"的发展战略。所谓"两头在外"，其实就是来料加工。原料和制成品都与国内的经济没有多大的联系，都和国内的市场没有关系，从而也不是直接为国民消费服务。这样的生产力其实仍然具有殖民地经济的特征。许多年以来，中国市场都十分追捧"出口转内销"的商品，说明我国经济结构还低于国际市场的平均水准。所以，利用美国贸易摩擦的机遇，把对外贸易的"过剩"生产力转向国内市场，把几十年来引进的特意为美国市场上加工的生产力融入到我国经济，也就是在提升我国的经济档次和推进社会的进步与发展。

中美初步协议仅只是一次休战，战争远还没有结束。特朗普是 2016 年美国大选杀出来的一匹黑马。那一年几乎所有的民调和预测都说民主党候选人希拉里的胜出没有悬念，但是，共和党靠着特朗普大获全胜。特朗普总统发动贸易战的目的一是兑现竞选时的诺言，另一个即是煽动底层民众的民族主义情绪，以保证中期选举再获胜利。不过，早在 2018 年选举前，有人就分析说，民主党在参议院获胜的几率不大，但众议院则将重新获得多数席位。选举证实了这一预言，也就说明贸易摩擦在竞选中的作用极为有限。只是特朗普总统不这么看，所以，中期选举过后，贸易战不仅未能驻足，甚至还有延迟至大选的意向。现在的缓和，是由于众议院启动弹劾程序以后，特朗普总统放缓了贸易战的节奏。那么，大选期间是否会狼烟再起？我们不得而知。好在美国大选的序幕已经拉开，驴象争斗的高潮即将出现，我们且拭目以待。

是为序。

梁中堂
2020 年 3 月大疫期于上海芋薯室

第四版序言

把这个本子称之为第四版，是因为除了去年 9 月份的初印本和 11 月份的增订本以外，12 月初还印制过一个新的版本。那个版本主要对 "26. 如何应对贸易战（中）" 一节中有关马克思列宁主义意识形态问题做过提升与精炼，由于印刷前没有书写新的序言，就仍按 11 月份的 "增订本" 面世了。依照出版业的行规，既然版页变动了，就该算是一个新的版本。所以，那已经是第三版了。比较起来，读者手上的这本书，除了增加这篇序以外，其他地方也仅限于改动了个别文字，与前一个版本的差别反而要小一些。

这是一本有关中美贸易战的书。但是，自从去年 9 月 10 日发表 "23. 美国政府为什么要发动贸易战？" 一文，指出贸易摩擦起因于美国国内政治，特朗普为了赢得中期选举而挑起贸易摩擦以后，有关贸易战的问题，已经没有多少话可说了。因为明白了贸易战发动者的目的和意图，再看这一过程，不仅以前已经发生的事情能够理解，而且后来美国政府的做法几乎就是按照笔者的预测结果和节奏进行的。中期选举，这是美国与世界（不只是与中国）贸易摩擦的一个分水岭。2018 年 11 月 6 日以前，特朗普必须不断提升贸易战的等级，煽动美国民众的民族主义情绪，以换取共和党的选票。选举结束以后，特朗普则像其他所有的美国总统一样，需要经济秩序，遂调低调门，态度也一步一步走向和缓。

早在 11 月底飞赴阿根廷参加 G20 峰会的路途上，特朗普已经向人们示意要与中国达成妥协。12 月 1 日，两国元首会晤，对结束贸易摩擦做出了安排。懂得政治的人当然明白，既然是两国元首隆重会晤，至少是决定剧情的底本已经写好了。它表明贸易战已经结束了。往后的工作，仅只限于打扫战场，"擦屁股" 罢了。否则，政治家才不会让失败与自己的名声粘连起来。所以，早在那天和朋友的信息交流中，笔者就说这是国家首脑间的相互支持与互相配合，是在走程序，在"演戏"。在现代传媒镜头日夜陪伴下的国际舞台上，国家首脑都是演技相当优秀的演员。读者可以回想一下，早在贸易战前半期，每当特朗普要把火势再烧大一点的时候，都不忘提醒一句，他与中国元首有着"铁哥儿们"的关系。遗憾的是，那时的国人被主旋律灌输了过多的民族主义，都以为美国政府有意要打压中国，所以听不进特朗普的弦外之音："我并不以中国为敌。"更没有思考一个深刻的道理：国家元首即是民族领袖，既然两个国家发生了"你死我活"的战争，两位"铁哥儿们"般的亲密元首，竟然在交通如此现代的条件下既不"亲密"会面，也不用电话或者其他方式"私密"沟通？

中期选举以后，特朗普一次次对贸易摩擦降温，但许多人仍旧视而不见。当然，有一些人则是不希望中美贸易战出现结束的前景。2018 年 1 月 7 日开始的北京贸易磋商，只是副部长级别的谈判，是执行层面的技术性活儿，本来就是为更高级别的人物宣布结束战争做准备的。但是，8 日深夜，因为磋商仍未结束，一些美国媒体每隔一小时就发出"谈判还在继续，仍无确定进展消息"的短讯，把关注这一问题的民众的心悬起来，又不断提到了前所未有的高度。特朗普不愿意让媒体把舆情推向反面，急忙发出"与中国的磋商进行得非常顺利"的推特，所有等待结果的人们一下子释然。

中美贸易战尚未结束，甚至 1 月 7 日开始的中美贸易磋商的结果也未所知。未来发展，不排除仍有变数。但是，因为笔者特别看好中美关系的前景，所以预言贸易战终将按两国元首预设的日期结束，应无悬念了。

决定印制读者手上这本书的一个重要原因，是由德国总统弗兰克-瓦尔特·施泰因迈尔的一次演讲引起的。12 月 7 日，施泰因迈尔总统在四川大学演讲后，网上一条"以马克思为名的马克思主义曾经为德国和东欧带来浩劫"的短文被广泛转发，而不少的传播者更以马克思乃是历史的罪人为其解构。我搜索了施泰因迈尔的演讲，他是这样说的：

> 卡尔·马克思无疑是一个伟大的德国思想家，一个有影响力的哲学家、经济学家、历史学家、社会学家，一个也许不那么成功的教育家和工人领袖。
>
> 然而同样真实的是：马克思也一直是一个充满激情的人道主义者。他呼吁新闻自由、人道的工作条件、人人享有教育、女性享有政治权利、甚至在那时就呼吁：保护环境。他的激情来源于他对被剥夺权利的人的尊严和自由的同情和理解。
>
> 但同样真实的还有：马克思并没有止步于理论，马克思主义并不只存在于书架上或大学研讨课中。我们德国人在谈论马克思时，不可避免地会立即联想到曾经在东德和东欧以马克思主义之名所造成的灾难，联想到40多年铁幕下的沉重年代。那时马克思主义高于一切，个体却毫无价值。那时家庭破碎，邻居反目、公民被囚禁在墙后、逃亡者被杀害——多么残酷。东德时期国家监视的经历也影响了我们对人的尊严、对自由、隐私和自主的观念。
>
> ……更令人惊异的是，一些马克思式的问题在今天比任何时候都更为迫切：异化还是解放？更多的监控和管制？让少数人掌握更多权力，还是通过数字的、全世界范围内都触手可及的思想理念去创造更多平等机遇？[1]

与战后美国霸权主义相适应的是，美国政府制造的冷战意识形态统治着美国及其盟国的政坛，左右并影响着国际关系与国际政治。施泰因迈尔这一类西方国家领导人都是阅读美国冷战意识形态教科书长大的，虽然他也把苏联国家制度的问题归因到马克思主义意识形态方面，但要比我们国家中一些高级知识分子还公正一些，至少还能把马克思和马克思主义区分开来。假使人们不受截然对立的两方

---

[1] 参见 http://www.sohu.com/a/282236167_828358

面的意识形态的影响，不用马克思主义的标准要求与衡量苏联与战后的东欧体制，而是把列宁斯大林及其布尔什维克当作大俄罗斯民族主义者，把他们所建立起来的苏维埃政权客观公正地放置在历史的应有位置上，那它就只是沙皇俄国与现时代弗拉基米尔·弗拉基米罗维奇·普京总统的已经完全西方民主化的俄罗斯联邦之间的一个发展阶段。虽然列宁斯大林及其布尔什维克曾经发誓要给人民享受远比资本主义更为高级的共产主义的民主生活，但是，因为距离农奴制还不很久远，倒是因为资本主义经济比例还不够多，生产水平也不够高，从而其国家制度就不可避免地仍具有专制（专政）的色彩，人民实际所得到的生活甚至连西方资本主义国家还不如。所以，从马克思的唯物历史观出发，苏联时代仅只是俄罗斯民族走向自由资本主义历史过程中的一个过渡或阶段。

所以，我们没有必要去苛求施泰因迈尔这一类西方政治家或政客，倒是那些为国人设置思想禁区而又自诩为马克思信徒的马克思主义者，必须解答历史为他们提出的世纪难题。30 年前，围绕在苏联周围的东欧社会主义国家纷纷倒向西方。紧接着，由列宁按照所谓马克思列宁主义原则建立起来的苏联社会主义也轰然倒塌，15 个苏维埃联盟共和国共同抛弃社会主义制度，也都回归了西方自由资本主义。面对全世界范围的马克思主义信仰危机，由列宁和斯大林扶植起来的原本庞大的苏联马克思列宁主义队伍因树倒猢狲散，再没有人为它负责了。而本都是一帮跟在前苏联后面的鹦鹉学舌的庸人们，则只能嗫嗫嚅嚅地复诵连他们自己也不相信的美国中央情报局的颠覆与"和平演变"。——蹩脚的马克思主义者当然没有能力解答历史的难题。

用马克思的学说，而不是离开马克思，解构资本主义现时代的基本特点和特征，深刻说明 500 多年以来的世界历史发展的本质与未来大势，把苏联的产生与解体都当作是自然与符合而不是推翻了的辩证唯物主义和历史唯物主义，从而走出自苏东剧变以来持续多年的马克思主义危机，推动马克思的唯物历史观的发展，本就是具有无限生命力的马克思学说的继承人的自觉担当。自 2015 年开始探索马克思的人权理论以来，笔者在相关研究中已经解决了以上几个至关重要的问题，而在读者手上这本篇幅不大的著作里，我又分别在相关部分用比较清晰的文字把它们叙述出来了。

人不能自行选择历史。因为出生在农业社会的环境里，从小就没有商品和资本的概念，更不懂得生命是一个人与生俱来的资产。所以，年轻时自恃身体强壮，从不珍惜。退休以后，才发现来日不多，遂把锻炼与活动列为生活的一部分。不过，早就在公园跑步，却没有注意到上海保安队伍里还有外来人口。一天，有位河南口音很重的小伙子身着上海"特保"服装，声音洪亮、情绪满满地站在公园一张长椅前打着电话。只见我们这位朋友把握着手机的左手紧贴耳上，右手上下比划，不但不避讳人，甚至还有意朝向行人。我慢步小跑经过，大约 10 分钟一圈，连续 4、5 趟，小伙子的电话仍没有结束的样子。通话具体内容当然不得而知，但听得出接电话的那一头是一位讨教人生的粉丝，而我们年轻的朋友也在那里郑重其事地向对方传授励志的经验。当时给我的印象：他就一个公园保安，却也在那里指导人生！

过几日，再从那条长椅前经过，也许不属他轮值，总之没有见到那位年轻朋友。正在思索他哪里去了的时候，蓦然一个念头闪进自己的脑海：你何曾不就是那个好为人师的年轻保安？在别人的眼里，你就是个退休的老头，竟然左一篇文章，右一篇文章地，自以为是在给人类指点迷津！

再过几日，还是公园里那条长椅前，又一认识浮现：切莫说我等常人，那些自命不凡的政治家和国家元首，何尝不也是如此？记得毛泽东经常教育他的部下（当然也都是"毛粉"）："没了胡屠户，要吃生毛猪？"有的时候，他还说过地球照常转动的话。所以，毛泽东当然懂得世界离开了谁，都不会影响历史发展的道理。但是，他却对一切都不放心，担心百年以后，共产党会变修，中国将出现资本主义复辟，社会要倒退。按照老人家的认识，他所坚持的才是社会主义。可实际上，他去世不几天，中国就发生了变化。如果还按照他的标准来鉴别，现在的中国已经是许多倍的修正主义和资本主义了。不过，让绝大多数中国人来说，现在要比毛的时代好多了！

再推而广之，包括特朗普在内的战后美国的历届总统，何尝又不是公园里的那位年轻保安？为了赢得战争，美国人民用了 3 年多的时间，苏联人民用了 4 年的时间，英国人民用了 5 年，波兰和法国等国家用了近 6 年，亚洲的东南亚和中国人民分别用了 4 年或 14 年不等的时间，当然朝鲜人民用了更长久的时间，全世界富有正义感的人民也都站在上述民族的一边，全力以赴要打败德国和日本法西斯，为的是赢得了胜利以后就可以过上太平的日子。可是，战后美国政府不让人民安宁。它为了满足军工联合体的利益，要在和平的日子里维持强大的军事武装力量。美国具有得天独厚的海洋自然屏障，战后当然已经没有理由继续向国民收税以养活庞大的军队，所以要无限制地放大"国家安全"和"国家利益"的含义，杜撰苏联的威胁，充当世界警察以维持二战期间在海外的军事部署。在美国政府煽动的冷战意识形态的鼓动下，几乎所有的国家都将大把大把的钱撒到根本就没有用的军备竞赛上。尽管这条弯路走了半个多世纪了，但是，世界毕竟还是要回到本该属于它的轨道上。过去说民族觉醒，主要指被压迫的落后民族的独立和解放。现在，美国人民通过特朗普之口追问美国为什么要为盟国花钱站岗，那些被美国称之为盟国的欧洲国家和日本、韩国，与美国在美军基地和驻军问题上的纠纷，以及从法国总统和德国总理口里说出的"由欧洲人保卫欧洲人"的话语，其实也都是觉醒。国家要独立，民族要解放，以及民族国家的平等和主权，都要求各个国家必须把自己的军事力量设置在国境线以内。所以，美国总统自行"上岗"充当"世界警察"的日子，也该走到头了。

梁中堂
2019 年 1 月 9 日

增订本序言

    把这个本子称之为增订本，是为了和 9 月份所印的那本相区别。本书冠名《美国贸易战》，所以要把战后各国与美国贸易的实质，以及美国政府发动贸易战的原因等问题交代清楚。另外，能在这个题目下写这么个小册子，要托福于我们遇到了好的时代，经常的饭局不再限于"呵呵，天气真好"，还能再进一步做一些更为深入的思想讨论。9 月 16 日已经完成美国政府为什么要发动贸易战，所以在此后参加的一个饭局上，为酒友们印制了前面的小册子。按照当时的想法，这个题目的文字就此打住，也还是酒友们的意见，总该写出中国需要如何应对才能算结束。这样，就有了读者手上的这一"增订本"。与前一个本子比较，主要是"增订"了中国的应对。

    不想这一改变，竟然花费了比写前面 20 多篇文章还要长的时间。因为美国政府的贸易战，其实是特朗普为打好中期选举所制订的一个策略。再加上中美贸易的大势谁也改变不了，所以真不该和它过于较真。那么，我们应该做什么？仔细思量起来，人类处在资本主义向全世界扩展的大潮之下，中国也是面临着从自然经济向资本主义生产方式转变的阶段，那就只能是改变自己以适应资本主义的大潮。只是从晚清皇朝开始，国人不断把资本主义生产方式妖魔化，然后自己改用了西体中用、工业化、现代化、四个现代化，以及改革开放、全球化、经济一体化、与世界接轨、遵守世界贸易规则之类的词汇。马克思说，借更改名称以改变事物，乃是人类天赋的诡辩法。当直接利益冲突时，就寻找一个缝隙以便在传统的范围以内打破传统！不过，当人人都会背诵生产力决定生产关系、经济基础决定上层建筑的唯物史观的教义以后，上面这一类"借改变名称以改变事物"的把戏本就只是一张纸的隔膜。所以，我的这个"增订本"不过是充当了那个皇帝新衣童话中的小男孩的角色而已。好在现时代百姓还能酒后饭余议论国事，我的这两个本子也就都只限于酒友之间的交流，谁如果把它扩散到酒场饭桌以外的环境里，那在下可概不负责了。

再回到美国的贸易战，希望提醒读者，它可不只是对着中国一家的。特朗普像一头冲进香蕉园里的大象，把一个种植园践踏得斑斑狼藉。那可是在打乱战后由美国军工集团所培植起来的政治精英们精心培育的植物园。不过，即使那头大象自己也不明白，但它所打碎倒置的旧世界却是在为一个新的世界秩序做着准备。特朗普已经与金正恩会晤，但更想与普京会谈，不断呼喊要盟友缴纳保护费，以及日本首相带着庞大的财界大佬来中国，欧盟酝酿建立自己的军队让欧洲自己保护自己……，其实这都是美国民众对战后美国政治精英炮制的以冷战为基础的美国和世界秩序的否定，虽然还刚刚开始，但毕竟已经开始了。为了帮助读者进一步了解特朗普的意义，作者将 2016 年 11 月份特朗普意外胜选后写就的一篇文章也附在后面，它也算符合"增订"的含义吧。

是为序。

梁中堂

2018 年 11 月 16 日于上海芋薯室

初印本序言

美国贸易战初起之时，先后写过两篇论文。但是，意识到这样的文章即使写出来，连在自己的博客上也不得粘贴，更遑论在报刊上发表了。所以，都只写了个底稿，就懒得再去修改它了。

但是，社会还真的是进步了。"莫谈国事"，曾是旧时代的格言。而现在，国民竟然还能在饭后茶余无有拘束地说说美国的贸易战，真幸莫大矣！放弃那两篇比较正规的文章以后，与朋友饭局上的许多次议论又勾起了要把文章写下去的念头。这样，就有了这本小册子。

特朗普总统的贸易战，是在2016年的竞选活动中提出来的。按照他的说法，历届的美国政府都是白痴，每年都要让美国出现巨大的贸易逆差，这是世界各国对美国的不公平。所以，他发誓要把这改变过来。您可别说，战后以来，特别是从上个世纪70年代以来，世界各国与美国的货物贸易总是保持顺差，而美国总是逆差。多的时候，按照美国政府的统计，一年可以达到8000亿，似乎还真有点问题。

但是，追究起来，却不是那么回事。

战后的世界贸易，基本上都是在关贸总协定和世界贸易组织的框架下进行的，现在世界贸易组织成员国之间的贸易就占据了全世界的98%。所以，每一单贸易，都是经出口国和进口国之间多次谈判后，遵照世界贸易组织的规则签订协议的。而顺差、逆差，那只是各个国家会计报表上对一定期限比如一年里进出口贸易的计总。因为每一桩交易都是执行贸易合同，都是等价交换，自由买卖，是公平的，那么，加权汇总后究竟是顺差、逆差，那就都无关乎公平与否。美国是世界贸易的最大国家，也是战后世界贸易规则的主要制订者。美国与世界各国在这个体制下相安无事地运行了70多年，突然间它竟然说各个国家对它不公平了。以它为主所制订的规则，如何竟让全世界其他所有的国家都特意对它不公平了？

资本主义自 15 世纪末至 16 世纪初从西欧边陲产生以后，几百年来的世界贸易都是用黄金支付。1944 年的布雷顿森林公园的谈判中，由美国代表提出今后的世界贸易由美元与黄金直接挂钩，而其他国家的货币与美元挂钩，各个国家随时可以用美元向美国兑换黄金，世界贸易则由美元结算和支付。在当时，美国拥有全世界三分之二以上的黄金储备，再加上美国在战争中的巨大贡献和高风亮节，各个国家自然都同意了这样的方案。于是乎，美元替代黄金变成了世界货币。

不过这样一来，各个国家的政府和人民要在国外活动，要在世界市场上购买和支付，就都先要有美元。如果考虑到可能发生意外的情况，那还必须有一定的美元储藏。但是，美元毕竟不是黄金。黄金属于自然产品，世界各国都可以拥有。美元是美国的货币，只能由美国发行。所以，其他国家想要拥有美元就都必须从美国那里获取，这就决定了各个国家在对美国贸易时要多卖少买。换句话说，其他所有国家对美国贸易都必须是顺差，而美国的所有对外贸易则只能是逆差。这是制度设计使然，特朗普在不反对美元作为世界货币的前提下反对美国贸易逆差，岂不有如堂•吉诃德对着风车吹起了战斗的号角？

不过，读者也莫要跟着特朗普的重商主义思维，以为各个国家把货物卖给了美国，取得一些顺差，从美国那里换取到美元就是让美国人吃了亏。商品交换是等价交换，出卖货物的一方是把自己的劳动产品以同等价值量让渡给了持有货币的一方。这是数千年以来的人类共同肯定的一种经济活动，否则人类社会不可能朝着这个方向发展。所以，参加商品交易的两方面是等价的，是平等的，不存在谁占了谁的便宜。

不过，这是黄金充当货币时的情况，而当美元充当世界货币以后，世界贸易就或多或少地改变了平等交易的性质。

战后布雷顿体系规定美元替代黄金充当世界货币，但它毕竟不是黄金。马克思说："金银天然并非货币，但货币天然是金银。"黄金的自然属性决定了它特别适合充当货币的角色。黄金是一种自然产品，而美元是由美国制造的。所以，至少在 70 年代美国政府单方面宣布美元与黄金脱钩，拒绝美元自由兑换黄金以后，世界贸易的性质就变了。因为美元是由美国制造并垄断的特殊商品，这样，当美元成为世界货币以后，其他国家对美国的贸易即使出口大于进口，它所得到的不再是美国的货物商品和黄金而是美元。美元是美国的一种商品，虽然充当货币，却已经不再与黄金挂钩，不再是等价的黄金符号。这样，其他国家得到的所谓"顺差"即是美国货物和美元，——两者都是美国的商品。所以，美国以外的其他国家与美国贸易时，事实上已经没有了顺差。因为它们得到的美元无论有多少，都不过是美国的一种特殊商品。从而以往所说的对美贸易顺差，其实只算是进出口平衡。——自从世界贸易改用美元结算以后，其他国家就没有了顺差，而以往所谓顺差的统计，实际上只是贸易平衡。但是，它们还有逆差。当超过出口贸易以外而动用黄金或外汇储备发生购买的时候，则是逆差。

在同一体制下，美国却没有了逆差。——美国超过自己出口的货物贸易而发生的购买，所使用的当然是美元。而美元是自己国家的货币，也是美国的一种商品（具有支付功能的商品）。所以，它不过是用自己的一种特殊商品交换别人的不同产品，那不能叫逆差。——但是，它还有顺差。当美国的货物出口大于进口的时候，别的国家必须动用黄金或外汇储备，所以，它得到的仍是顺差。从笔者研究所得出的这一原理出发，美国所谓的"逆差"即进口大于出口部分仍只是使用自己制造的美元这一特殊商品去支付，无须动用黄金，所以是贸易平衡。

从表面上看，特朗普反对贸易逆差似乎是重新祭起重商主义的旗帜，其实他比重商主义还要具有虚幻性。重商主义的"贸易平衡"是由于黄金充当货币，黄金作为稀有的自然产品具有保值的功能。一个国家的占有，则排斥其他国家所拥有。所以，重商主义要求商人都要带回贵金属，还是有其一定的合理性。但是，美元是由美国垄断发行的，它的多少是由人评判而决定投放的。所以，当美国货币成为世界货币以后，美国总统却要别的国家与他贸易时减少"顺差"，那不仅是荒唐而且是滑稽了。

当年的布雷顿森林会议上，美国代表动员盟国同意世界贸易用美元结算的时候，由于各个国家在两次大战中把黄金储备消耗殆尽，世界上绝大多数黄金都集中流向了美国。美国政府持有足够的黄金，有底气实行美元与黄金挂钩而让其他国家的货币与美元挂钩，承诺各国财政随时用美元向美国兑换黄金。但是，到了 70 年代，美国政府单方面宣布取消美元的固定汇率，并且不再承担用美元自由兑换黄金的义务。自后，美元兑换黄金的价格持续下跌，2011 年 9 月 6 日，每盎司黄金卖到 1920.80 美元，相对于布雷顿体系所确定的 35 美元贬了 55 倍。难怪 70 年代以后的美国历届政府都喜欢搞赤字财政，发行巨额国债，因为有全世界所有持有美元的人在为美国的货币贬值埋单。

按照马克思研究资本主义的逻辑，经济全球化是从最早的一批西欧民族国家产生时就已经开始了的。但是，由国家清醒地推动，则是直到上个世纪 90 年代的克林顿政府才有的事情。中国在美国的帮助下，加入了世界贸易组织，特别是由于中国和美国地缘政治的优越条件，中国也利用美国向发展中国家转移高耗能、高污染和劳动密集型产业，以及低端工业制造业的机会，接盘发展了自己的对外产业。特朗普现在以中国对美贸易的"顺差"为靶子闹事，其实都属于无理取闹。中国和美国已经存在于同一个市场中，无论彼此的出口或者进口，那都是惠及两国人民的事情。如果说购买货物是吃亏，那每天去商店的人岂不都是傻瓜？不错，自 70 年代中美建交以后，特别是 90 年代以来，从总体上来说，美国帮助中国走到市场化改革的道路上。但是，中国也没有辜负美国的"良苦用心"。且不说别的，美国自 2001 年至 2016 年，15 年间对华贸易扩大了 500%。次贷危机期间，中国开放的市场和物美价廉的商品，也在一定程度上缓解了美国的危机和压力。所以，奥巴马的政府说"一个发达的中国对美国有好处"，那都是平心而论或者肺腑之言。

笔者出生于黄河转弯的晋、陕、豫交界处，那里素有"鸡叫听三省"之说。那一带的气候特别适合椿树生长，一棵小苗不几年就长大成材，所以号称树木之王。在历史时期，那里也曾是桑蚕丝绸之乡。不过，由于气候变化，现在的桑树容易滋生一种寄生虫，树龄较大的树干上往往因腐烂而流出液体，树干也因病变而扭曲，甚至还无端地生长出一大块、一大块的结。老百姓有一个优美的故事代代流传。西汉末年，刘秀在南阳起兵反对王莽新政，有一次兵败被追得迷失了方向。时值走投无路，又恰逢天气炎热，饥渴难耐，突遇一颗巨大桑树。刘秀爬到树上枝叶茂密处躲过了追兵，又采摘硕大桑椹充饥，然后在树阴下睡了一大觉，这才逃脱了追捕。当了皇帝，刘秀仍不忘那桑树的功德。但他却区分不了桑树、椿树，所以封了椿树为王，以至桑树气愤得树干间流水，树身上长满了疙瘩。现在还记得少时哼唱的一首儿歌：

"吃了我桑，乘了我凉，你把椿树封为王！"

梁中堂

2018 年 9 月 18 日于上海蒸菜馆

增订本跋

　　7 月开始写有关美国贸易战的时候，笔者正在研究战后世界历史何以发展到现在这个模样，而且自以为已经找到了答案。那一组文章所用的标题是《论美国：历史在这里拐了个弯》，按照计划，已经到了最后一、二个章节。不想，原准备拐个小弯，用半个月到 20 天的时间，写几篇论述贸易战的文章，结果却用了 4 个多月，走了一大段"弯路"，写了一本书。

　　由于恰好遇到网易网站决定关闭博客，所以在向读者说再见的同时，还需要向他们致以歉意。也许细心的读者早已发现，我的文章粘贴出来以后，仍在改来改去。这个毛病至少要追溯到上世纪 80 年代的初期。在此以前，写出来的文章由单位的打字员打在蜡纸上，即使油印前有所涂改，变动的字数毕竟要受原来位置的限制，不可以放肆。80 年代初期有条件主持省政府的一个大项目，经费充裕，写出来的东西由一家小印刷厂承担，活字排版，稿件就任由我改来改去了。

　　自后 30 多年，由手写转换成为电脑里的文字，再到 20 年前自己直接用键盘敲字，自由度越来越大，一篇文章改来改去，真的不知道究竟改过了多少遍才算结束。10 年前写博客，也知道张贴出去就有人阅读了，所以决定张贴的文稿已算是定稿了。但是，每每张贴以后，第二天难免还是要看一遍的。不想，这一看，又发现了问题，或者由于认识有了变化，或者文字表达不够确切，或者发现所用的资料不准确、不正确，更常见的是还有错别字，这何能不改？更何况，博客的软件设计就附设了作者任意修改的功能。久而久之，连我都感到，真正应该献给读者的不是第一天粘贴的那一篇，而是第二天、第三天，甚至是印在纸上的那一份稿件。

当然，印在纸上的也不等于就完全成熟了，只是"白纸黑字"，已经无法改动了。这是我要将这一组有关美国贸易战的博客集结印制的一个重要的原因。当然还有另外一个原因，那就是读者无法阅读到它的全部。我的文章张贴以后，常会被网络管理员屏蔽。因为无法确知究竟什么地方犯了忌讳，到写"26. 如何应对美国贸易战？"的时候，索性挑选某些段落粘贴出去。即使这样，被屏蔽的次数仍然很多。刚才计算了一下，从 7 月 21 日开始粘贴这一组稿件，一共张贴了 80 多篇，被屏蔽的有 50 多篇。为此，必须把它们汇集起来，让人们看到一个整体的东西。

从 2016 年普遍放开二胎以后，我逐渐感觉到大约有几十位到上百位的博友，时刻关注着我的博客。在此以前，虽然有些文章的阅读量也很大，有的时候，一篇文章可以达到数万次的点击量。10 多年以来，笔者的博客点击量超过 800 万。但是，我还是清醒地知道，放开二胎以前，因为政策不透明，而笔者从事计划生育政策的研究历史比较长，许多人有误解，期望通过我的文章了解生育政策的变化。所以，确切地讲，并不是我的文章真的值得那么多的人看。当然还有另外一个不是很确切的原因，可能网络管理人员为了鼓励一些人的写作，每天设计出虚假的点击量。总之，笔者还是有点自知之明，知道自己的文章并没有那么高的社会关注度。

自 2016 年以来，每天持续有几十个，上百个人愿意打开我的博客，那该算是我的热心读者了。作为一位学者，我很满足于这么多的阅读量。但是，由于主观、客观的原因，自己却没有把最成熟的文章首先奉献给他们。所以，在此要向他们表达歉意，也对他们多年来关注、跟踪我的博客，道一声谢谢！

现在再回到这本书。

人类历史从 15 世纪末开始，翻开了崭新的一页。自后 500 多年，是西欧最早的一批民族国家向全世界扩张的历史，是世界各古老民族形成不同民族国家的历史，是世界各民族国家日益连接在一起，构建世界市场的历史。

　　当前的世界格局是第二次世界大战决定的。但是，二战会形成这样的结局，还要从美国参战前的罗斯福和丘吉尔的《大西洋宪章》说起。罗斯福具有现代民主意识，所以，他的内政外交政策与谋略都要比一般的政治家高出几筹。《大西洋宪章》也就简单几条，不寻求领土扩张，尊重各民族自愿选择生活方式的权利、尊重国家主权和民族自治，国家不分大小一律平等，自由和平等的世界贸易，公海上的自由航行，以及放弃使用武力，每个国家都把武装力量收回到自己的国界线以内，减轻军备负担，等等。但就是这么几条，罗斯福已经提纲挈领地概括出各个民族国家和平相处的基本准则，从而能号召并团结世界各爱好和平的国家和人民，最终战胜德国和日本为首的法西斯军国主义，赢得战争。

　　二战即将结束，罗斯福又在雅尔塔会议上联手丘吉尔和斯大林，对战后秩序做出了安排。联合国、普雷顿森林体系，都是罗斯福的世界政治与经济秩序的主要架构。也就是在这次会晤中，罗斯福明确说，占领德国的美军最迟两年后必须撤回。至于其他地方，在罗斯福的脑海里，更没有要美国驻军的必要了。但是，罗斯福在战争结束前突然去世。罗斯福的离去，不仅无人再能领会那些设计的意图和意义，更重要的是，适应二战需要迅猛发展起来的美国军事武装和军事工业，转瞬间成了一头无人可以驯服和驾驭的猛兽。战前美国基本上没有军火工业，所有的武装部队加在一起也只有 20 多万。但是，战争期间适应战争需要迅速膨胀的军事力量和军事工业很快连接成为一体（确切地讲，它们在战争期间已经成为一体了），不仅控制了国会，而且左右了毫无执政经验的杜鲁门总统，让美国这个最有法治传统的国家首先立法把战时临时内阁法制化，永固化。所谓战时内阁，就是军事内阁。因为美国人对武装力量保持有高度的警备心理，所以宪法明确规定军事武装远离政府。国会与杜鲁门总统联手用《美国国家安全法》把庞大的军事武装放置在国防部这一总统内阁主要组成部门以后，美国军工联合体每年都可以获得数千亿美元的财政拨款。美国政府虽然从形式上没有变化，仍旧是文官执政，可这些文官却都是代表军方利益的，为军工集团服务的。对比美国政府的构成变化，战后设立国防部是最为耀眼夺目的事情。国防部的雇员占美国公职人员的 70% 以上，占美国政府预算的 2/3 以上。所以，说美国政府已经沦为军政府了，一点也不过分。

历史也就是在这里拐了个弯：自古以来的人类历史都是战争之后是和平，——每当战争之后就该过和平的日子了。为此，人们才倾其所有，全力以赴地要打赢那场战争。按照常识，结束战争以后，世界也就安宁了。没想到，杜鲁门政府无中生有地制造出冷战，中断了从欧洲、从日本和太平洋前线运送退役士兵的工作，在一个有幸让上帝用大西洋和太平洋当作保护屏障的国家里常年养育着几百万的常备军，把二战期间近千万美军在海外从德国、意大利和日本等法西斯手上夺得的战场，转变成为永久的战利品，在盟友和敌军的国土上建立起成百上千的军事基地，把美国军队几乎布遍了除过苏联（俄罗斯）和中国大陆等少数几个国家之外的全世界，从而导致世界各国都跟上它在和平的年代里走上军备竞赛的不归路。

我们暂且跟随罗斯福回到战争年代。1943 年，战争还处在胶着状态。德国虽然丢失了北非战场，但还在西线与苏联红军作战，还控制着欧洲，控制着大西洋北部。日本已经统治着包括中国东部在内的东亚和东南亚，控制着太平洋西部。11 月 12 日，罗斯福乘坐"爱荷华"号战列舰悄悄横渡大西洋，进地中海，到北非的奥兰港口登陆，然后再乘飞机至开罗、德黑兰。在经过与斯大林、丘吉尔，以及蒋介石等巨头会晤以后，又乘坐"爱荷华"号返回美国。在 20 多天的旅行中，罗斯福除了在大西洋上漂泊以外，身临北非和西亚的阿尔及利亚、突尼斯、埃及、伊朗等一些古老国家，甚至还观看了迦太基罗马古战场，埃及的金字塔狮身人面像。二战以前，这些地方几乎还都没有工业，大都属于英国殖民地。所以，罗斯福在写给他的朋友、最高法院大法官法兰克福的信中说："……一路上，我感觉我访问过的国家那么可怕地缺乏文明——但是回国后，我也不敢肯定美国文明程度究竟有多高。"

　　按照罗斯福的战后安排，世界各国将和平相处，即使某些局部地区有所纠纷，那也会在美、苏、英、中、法五个常任理事国所领导下的联合国框架下去解决。但是，战后美国政府却是把联合国和其他一切国际组织当作它的工具，当在这些国际组织内部无法达到目的时就完全抛开它们，在全球欺凌恃强，横行霸道，动辄武装干涉、军事制裁，这都是罗斯福所说美国文明程度也不很高的表现。不错，美国在第二次世界大战中做出了突出的贡献，美国带头创建了联合国，制订出普雷顿森林体系和世界贸易的规则，这都是值得世界各国人民肯定，铭记于心的。但是，美国也是第二次世界大战的最大受益者，是联合国秩序的最大受益者，是战后世界贸易和世界经济制度的最大受益者。美国从世界的大发展中得到了它应得到的。所以，这个世界并不欠美国什么。美国没有理由、没有资格、没有权利搞特权、搞霸权。

　　天若有情天亦老，人间正道是沧桑。美国政府的霸权主义和帝国主义也该走到头了。它已经不合时宜了。2016 年，美国人民选择了美国政治精英以外的特朗普为总统，标志着美国人民已经开始抛弃二战以后构建的冷战意识形态，抛弃用冷战意识形态培育起来的政治精英。当然，特朗普不像罗斯福那样是一位很成熟的政治家，他也不在战后形成的庞大政治精英的圈子以内，不可能像罗斯福那样制订出一张政治蓝图，也没有能力统率美国政治精英朝着一个预定的目标走，但是，我把特朗普比喻为误撞香蕉园的大象，他就靠"退群"把世界搅得一塌糊涂，从不同的方向、用不同的方式挑起各个民族国家的利益神经，激活各个民族国家的尊严，从而让世界各国重新以平等的民族国家关系为准则调整和建构新的国际新秩序。

梁中堂

2018 年 11 月 29 日定稿

1. 贸易战该不该打？

当然从理论上来说，是不该打贸易战的。但是，问题是人家要打，我们作为一个独立的民族国家，又没有做错什么事，政府选择应战，事关民族国家的尊严、未来与发展，理应得到人民的拥护和支持。

（2018 年 7 月 21 日）

2. 贸易摩擦，还是贸易战争？

确切些说，是贸易摩擦，而不是战争。但是，它似乎又是自 1930 年美国实行《斯穆特-哈莱关税法案》以来约定俗成的说法，指那些以关税报复为特征的贸易纠纷，尽管二战结束以后，世界贸易已经有了很大的变化，美国政府却还是沿用早期历史的做法。

各民族国家之间经济往来，难免会产生一些矛盾和纠纷。一万年以后，经济纠纷还会发生。经济矛盾和经济纠纷运用经济方式来解决，这是人类文明的进步。资本主义商品经济的早期阶段，还没有形成共同的规则，人们往往运用野蛮时期的一些做法，就是帝国主义所宣传和张扬的丛林法则、强权政治那一套，总之是武力大行其道了。第二次世界大战以后，一方面是《联合国宪章》，另一方面是关贸总协定和世界贸易组织的规则，从而把绝大多数主权国家和其他各类经济共同体连接在一起，构成一个统一的世界大市场了。各个民族国家越来越都依赖于世界市场，彼此很难分开，即使有了矛盾，也都尽可能地按照世界贸易组织的规则处理和解决，而无需运用战争了。

另外，这次美国不只是与我国发生摩擦，与欧盟、日本，几乎其他所有经济体都出现问题，足以说明问题的性质是摩擦，而不是战争。读者知道，战争是政治的最高体现。所以，人们借用战争这一含义，形象地比喻最高形式的、极端的和激烈的贸易摩擦。

（2018 年 7 月 22 日）

3. 贸易战，能避免吗？

从原则上来说，目前世界背景不仅与 1930 年美国实行关税战不同，就连美国 1974 年实行贸易法 301 条款的时代背景也都有了很大的不同。由于各个主权国家都加入了世界贸易组织，大家都按照世界贸易规则交易，即使出现一些矛盾或纠纷，如果按照世界贸易组织的规则协商解决，是可以避免贸易战的。但是，世界贸易组织和联合国一样，其实都属于"同仁"性质的国际机构，只具有道德规范的作用，并没有强制的约束力。有的国家特别是像美国这样的大国，战后历来都把联合国这一类国际组织当作道具，从来都是想抛开就抛到了一边，自行其是。譬如美国是联合国的发起和组织者，前一阵子还退出联合国教科文组织。它像老小孩一样，有时候耍性子，不按照规矩来，除了觉得可笑和好玩，你还能怎样？只好让它一阵子，等待它的清醒。

另外，既然说是战争，那就至少是在两个行为主体之间发生的。一个巴掌拍不响。如果有一方不打，就都打不起来。前一阵子就发生过美国政府声明不打贸易战了，中国政府也立即回应取消针对美国的报复性条款，似乎一夜之间就结束了中美贸易战了。说明主动打贸易战的一方只要愿意回到世界贸易组织的立场和框架里协商，不打贸易战是很简单的事情。

也有被打的一方愿意挨打，从而使得贸易战打不起来，所以避免贸易战的案例。70 年代初，笔者在部队当兵，偶尔可以看到《参考消息》。一方面是由于日本和美国的地缘政治优势，另一方面是战后美国对日本的扶植，特别是因为日本投降后美军占领时期，完全截断日本与其他国家的联系，不允许日本与外部有任何经济、文化和政治交往，日本只好与美国发展经济关系。还有，日本是一个缺少自然资源的人口大国，美国给予日本的贷款除了来料加工的办法以外，很难指望用其它的办法偿还。所以，也是在美国政府的鼓励下，8000 万人口的日本成了美国的打工仔。价廉物美的商品涌向美国市场。到 60 年代末 70 年代初，日本货在美国市场横冲直撞，日本政府手上已经持有大量美元储备。在这样的情况下，美国宣布美元贬值，好像由 32 美元兑换 1 盎司黄金，贬值到 34 美元。与此同时，美国总统尼克松逼迫日本首相，要求日元升值。（尼克松也是共和党政府。1930 年、1974 年打贸易战的都是共和党，其中有什么规律性，值得研究）笔者最近几年研究战后东亚的国际关系与国际政治问题，才了解到战后日本其实就没有获得完全的独立，它在一定意义上仍然是美国的附庸国。所以，日本政府的最大政治就是听命于美国。读者应该对前年美国大选有所记忆。日本首相安倍晋三和绝大多数人一样把宝压在希拉里身上，结果特朗普胜出则十分被动，以至都不在乎外交礼节，急忙赶去朝拜。还有，去年特朗普访日期间，安倍在高尔夫球场追赶自顾自走掉的特朗普而摔跟斗，那都是日本必须以美国为最大政治的结果。所以，当时的美国总统施压，日本政府首相佐藤荣作和田中角荣两届政府服从，美日之间的贸易战就没有开打起来。

资本主义是讲求独立和主权、尊严与人格的。无论人们现在怎样评价毛泽东，但从他所缔造的新中国开始，中华民族独立了，有了主权了。不用说现在，毛泽东时代那么贫穷、落后，但它首先因为独立和主权，而赢得人们的尊敬。所以，我们不能像日本那样，屈服于人，屈服于压力，屈服于邪气。我们不愿意打贸易战。但我们也不怕躲不过的灾祸。资本主义是在反对封建等级和特权制度的过程中形成的，它信奉平等和秩序，是人类历史以来最为公平与公正的社会制度。所以，我们相信历史会给人以公道、公平与公正。既然避免不了，那就"打"吧。一个人，一个民族，甚至于整个人类，都是在矛盾、纠纷与冲突中才得以成长和成熟的。

（2018 年 7 月 23 日）

4. 贸易战会导致战争吗？

　　这两种战争是两个不同性质的范畴。贸易战是指商品贸易纠纷，是资本主义时代的产物。马克思总结的资本逻辑：资本、土地所有制、雇佣劳动；国家、对外贸易、世界市场。据此可以知道，所谓贸易，就是形成民族国家以后的海外资本贸易，是在世界市场上的商品贸易，贸易战也就是不同的民族国家之间所发生的贸易报复和反报复，属于贸易纠纷和贸易冲突。它不同于传统意义上的军事战争。

　　笔者最近的一篇文章《论战争：从马克思的资本逻辑出发所做的解读》[2]，恰好解读军事战争的历史根源。战争作为人类从野兽时期继承的一种用争夺和打斗解决纷争的方式，是人类进化与发展的较低阶段的社会现象，是自然经济的产物。资本主义初期，资本所要求的秩序还没有建立，或者尽管已经产生初步的规则，但人们还不习惯应用，传统的武力方式就还有一定的市场。从资本主义发展的历史趋势来看，随着生产力的提高，各个民族国家的对外贸易的份额会越来越大，各个国家会越来越有机地构成一个统一的世界市场。如同在一个民族国家内部各个自然法人和经济法人和谐相处一样，在世界市场上，各个民族国家之间的矛盾或纠纷最终也都是按照资本所要求的规则、法律和秩序予以解决的，强权政治、丛林法则这一类人类文明较低阶段的规则就逐渐过时了。

　　如果仔细分析就不难发现，战争其实是相互没有经济交往关系和贸易交流的结果。历史上的战争往往是争夺或掠夺，而不是经济交往或交流的结果。如果经济交流，特别是经济贸易量大了以后，两个经济体之间由于交易而发生交融与融合，即使发生矛盾和纠纷，也不会转化为战争。过去说"工人没有祖国"，"全世界无产者联合起来"，

2　参见 http://liangzhongtang.blog.163.com/blog/static/109426508 20185425527607/

都是说无产者具有国际性。而无产者的这一国际性，其本源性还是由于资本对它的规定。马克思曾经高度评价资本的世界性：资本克服民族界限和民族偏见，突破地方性发展。所以，凡是有人群的地方，资本的触觉迟早都会到达。各个民族的和睦相处，是统一的资本世界市场的要求。读者可以打开世界地图，美国越过太平洋西行，除了比较早地遇到作为岛国的日本本土以外，再向西会遇到什么？一个960万平方公里、将近14亿人口的中国，其面积是日本的25倍，人口是日本的11倍，它是美国发展与提升的必不可少的机遇和机会。当年国会通过制裁中国的法案，但布什总统却偷偷委派安全事务助理访问中国，就是因为他不愿意与10多亿的中国人民为敌。从历史以来，美国人民与中国人民的相互友好，是有道理的。

所以，经济贸易不仅不会引起战争，而宁可说它是避免战争的重要因素。经济贸易量越大，越不容易发生战争。相反，没有贸易，才可能导致战争。美苏冷战的原因，就在于它们之间基本上没有经济贸易。读者可以查看世界地图，俄罗斯固然国土宽阔，但人口稠密、经济发达的部分出于欧洲最东部，东部辽阔的西伯利亚人烟稀少，基本上没有开发。西北部和西部所靠近的海洋几乎常年冰冻，几乎没有口岸可供同上。所以，在半个多世纪以前的社会生产力条件下，美国和苏联几乎没有直接的经济贸易。正是由于这个原因，战后才发生了冷战，即意识形态的战争。因为正如马克思所指出的那样，由于意识形态具有虚假的性质，所以，战后美国以军工复合体为核心的利益集团，才可以虚构与虚拟出苏联威胁论，以保持战时已经扩张的军事武装和军事工业资本。就是这样一个虚拟的敌人，美国人民每年都需要维持较高的税率，用以支撑强大的军事预算，供养军事工业资本和军人权贵。其实，俄罗斯从来就不是美国的敌人。毕竟俄罗斯是一个将近1.5亿人口的大国，其资源又相当丰富，经过70多年的巨大发展，地理空间方面的不利因素已经不是各民族交往的主要障碍了。这恐怕是商人出身的特朗普总要冲破美国传统的意识形态的阻挠，主张与俄罗斯友好的主要原因。

当然，历史中也有一次贸易战转变为战争的案例，那就是美国独立前的北美殖民地与其宗主国英国之间的战争。靠近大西洋西海岸的北美 13 州，原是大英帝国的移民。英王也任命了殖民地总督进行管理，英国议会却没有北美殖民地的代表。但是，殖民地与宗主国并不平等。北美殖民地的商品到英国本土有包括税收在内的许多限制，北美殖民地也不能和欧洲各国直接发生贸易。殖民地的货物到达英国要缴纳较高的关税，销往欧洲大陆的商品必需经过英国转口。直接导致北美独立战争的事件，就是北美殖民地的茶叶公司的茶叶是要收取关税的，而东印度公司作为英国本土的资本经销到北美殖民地的茶叶却是免税的，这才发生了愤怒的人们把东印度公司 3 条船上的 342 箱茶叶倾倒在波士顿海湾的严重事件。不过，这次贸易战引发战争，说到底，还是由于贸易纠纷发生在一个不具有主权地位的经济体与一个主权国之间。如果是两个主权国家之间，或许将是另外一种结果了。

另外，我们还必须对美国制度与国情有所了解。美国是一个非常爱好和平的民族，美国人民是极不愿意打仗的。美国的制度设计，美国政府是很难主动挑起战争的。首先总统没有宣战权，这个权利掌握在国会里。如果像朝鲜战争、越南战争，或者其他地区性的战争，以支援别的国家的名义派出少量军队小打小闹，那另当别论。但要经过宣战两个国家正式开打，则都需要国会批准。美国两党政治，相互制约，如果事关征兵把青年人送到海外战场上，是很难通过的。所以，美国历史上曾经参加过几次战争，但几乎没有美国主动宣战的案例。1898 年美西战争，1941 年 12 月美国参加世界大战，都是西班牙、日本和德国先行向美国宣战，然后国会批准同意应战的。所以，美国是一个很自由主义的国家，包括军队领袖和政府官员在内，常常都会在意识形态的支配下胡乱说一些话，办一些总统也约束不了的事，——甚至现在的总统也往往满嘴跑车，——但如果需要经过法律程序的事情，那还是不容易的。

所以，我们也不要受虚假的意识形态的影响，也就把这次贸易战局限在经济贸易的领域里来理解，无须作过度的思想解读。

（2018 年 7 月 25 日）

5．美国在世界贸易中吃亏了吗？

在这次贸易战中，美方提出了各种奇奇怪怪的观点，譬如美国在世界贸易中吃亏了，美国受到剥削了，被侵略了，等等，所以要与中国打贸易战，要和欧盟、日本，几乎所有的贸易伙伴打贸易战。首先，美国提出在世界贸易中吃亏的观点，是与市场经济的基本原理相违背的。市场经济认为商品价格是由市场供需关系决定的，在排除了暴力干预的情况下，市场价格体现了商品的价值，这样的交易就是公道与公平的。战后以美国为首的西方国家发起一系列的关贸谈判，先后形成以关贸协定和世界贸易组织的交易规则，特别是西方国家遵循自由贸易的理念，其交易规则基本上是排除国家强力对市场的干预，体现自由和平等的市场原则的。美国作为战后 70 多年世界贸易的积极参与者、世界贸易规则的制定者，却突然提出自己吃亏了，受害了，实在是匪夷所思。

以中美贸易为例。中国与美国的贸易主要是从上个世纪 80 年代以来发展起来的，2000 年中国加入世贸组织以后，有了较大的反战。中美贸易都是遵循世界贸易规则进行的。中国作为一个经济落后的国家，所卖到美国的商品，大都是一些生活消费品，它们能在美国市场上受到欢迎，主要还是因为物美价廉。相对于发达国家所生产的同类产品，消费者愿意花钱购买中国的商品，主要是价格低廉。对于美国消费者来说，愿意购买，是因为他们认为物有所值，这本来就是各个现代国家的日常经济生活，如何就吃了亏呢？商品经济中所说的吃亏、占便宜，通常都是指买卖不公，或者来自于欺骗，或者是控制市场。中美几十年的贸易呈现不断上升的趋势，证明美国的消费者对中国商品的肯定，不可能存在长久的欺骗；中国商品在美国市场销售，难道是中国操控美国市场的结果？

其次再分析"美国受剥削"。千百年来，剥削理论撕毁了各个社会的构成。远期的剥削理论且不去说，近代的剥削理论的著名代表该是马克思的剩余价值理论。这种理论认为，资本家办企业，用货币资本购买了生产资料和劳动力，劳动者在资本家的管理下生产出一种新的产品。这个新产品的价值包括三个部分，一部分属于转移的原来的劳动资料的价值，一部分属于补偿工人的价值即工资，还有一个或大或小的高于资本家原来购买的劳动资料和劳动力的价值量，马克思称之为剩余价值。当资本家把新的商品卖出去以后，不仅收回了垫付的资本，而且还得到高于垫付资本的剩余价值。剩余价值是由劳动者的劳动所创造，却被资本家占有，所以，在马克思认为是剥削。

而在中美贸易的 30 多年历史里，虽然最近 10 多年中国的资本也有在美国创办企业，但总体情况是美国的资本来中国投资，雇佣中国廉价的劳动力，在中国生产的产品后再拿到美国或者世界其他的地方销售。期间，美国资本在中国创业扩大了中国劳动者的就业，增加了中国政府的税收，同时各个投资者也都得到了极高的利润回报。美国政府如果硬要说剥削，究竟是谁剥削谁？中国剥削了那些在中国盈千累万的美国资本家？

至于说侵略，那是一个主权国家对另外一个主权国家包括领土在内的主权的侵犯。在过去西方资本主义向欧、亚、非旧大陆扩张的几百年历史中，落后国家的意识形态都把西方资本进入本国称之为侵略，把对本国劳动力的雇佣和自然资源的开发叫掠夺。新中国在其建国之初，没收了西方所有国家的资本，一度还把再也没有外国资本当作民族独立的标志和象征。最近几十年来，中美双方资本都再次进入对方的国土了。但从总体上来说，美国的资本早一步来到中国。中美两国比较起来，美国是一个强势的国家。几十年来的中美贸易过程中，美国往往是处于主导贸易的一方，主要表现是美国资本在中国投资，然后销往美国和世界各地。美国政府如果说这一过程是侵略，那么，究竟是谁侵略了谁呢？

（2018 年 7 月 27 日）

6. 什么是贸易逆差，什么是贸易顺差？

顺差、逆差，都是来源于会计核算的两个概念。但是，自从 15 世纪末到 19 世纪初 300 年间，受到西欧经济学重镇——重商主义对贸易差额的痴迷关注以后，它们就被提升到国家经济与政治生活的中心位置上。顺差被指某一时期内一国对外贸易出口大于进口的货币量，逆差被指进口大于出口的货币量。那是西欧资本主义民族国家的起点，资本的历史还处在原始积累与货币拜物教的阶段，社会普遍把黄金白银和铸币当作财富的唯一形式，迷信与迷茫于流通领域里钱可以生钱的金钱致富的幻觉里面。所以，民族国家，黄金、白银崇拜与货币崇拜，是理解那个历史时代的几个关键词。

现在人们所使用的现金也是纸币，而在此之前是铸币。所谓铸币，是指具有一定形状、成色、重量和面值的金属货币。在我们所说的那个时代里，西欧各民族国家是以黄金白银作为交易货币的时代。自然形态的金属货币在流通中需要计量重量、鉴定成色，很不方便。便由政府铸出相同重量的黄金白银，譬如英镑或者法郎，就分别是英国和法国的黄金重量。但是，在日常生活中，人们往往重视交易的过程，而不在意货币的成色和重量是否与所铸的文字相符。这样，铸币的一方常会出现成色与重量不符的货币。个人收藏也会选择把成色和重量好的铸币收藏起来，流通领域实际存在许多成色和重量不足的货币。这就是人们所说的劣币驱逐良币现象。重商主义建议国家制定法令，要求对外贸易的商人必须卖出较多的本国商品，买回少于出口的外国商品，同时带回一定量的成色与重量相符的外国铸币或黄金白银。久而久之，顺差成了那个时代的民族国家和外贸商人的一种追求，甚至以为顺差是赚取所出口的国家利润。

现在的人们借助于古典政治经济学的知识，懂得了劳动创造价值的原理，知道商品是按照其所含的价值量定价的，贱买贵卖或者贵买贱卖的事情并非在现实中不曾存在，而是说在没有外力干预的市场中由供需调节所形成的价格平均地说，还是符合其实有的价值的。即使存在个别不平等的交易，那也只是在发生交易的两个方面重新分配所交易商品的价值量，一方所赚取的正好是另一方所失去的，社会并不因此增加或者减少财富。在商品社会里，大量的商品交易还是体现了资本所要求的公平和正义。

但是，在历史的早期，在 18 世纪工场手工业出现以前，在公元 1500 年到 1800 年之间的大多数时间里，至少在亚当·斯密在 1776 年发表他的《国富论》以前的时间里，人们所看到的是随着货币的投放与回收，就可以带来大量的黄金和白银。所以，那时的所谓有识之士，当然主要是商人和一些有文化的人，不仅认为黄金是唯一的财富，而且鼓吹只有对外贸易才能带来财富。譬如弗朗西斯·培根就说："应使有利可图的贸易的基础置于国内产品的出口在价值上多于国外产品的进口之上，这样我们才能断定王国的资产在增加，因为贸易差额必须用货币或金块支付。"对外贸易有如农夫播种一样撒出去以后，到收获的季节就自然带来更多的货币。在西欧早期的历史中，英国和法国称霸的时间最长，所以重商主义的主要代表来自于英法两国，特别是作为岛国的英国，资源贫乏，不产黄金白银，其日益富强的黄金白银主要来自于东印度公司等亚洲的贸易，——英国商人用 10 万英镑从东印度买来的胡椒，在地中海的沿岸意大利或土耳其，至少可以卖到 70 万英镑。所以，受到马克思高度评价的重商主义代表人物托马斯·孟就说："我们国王和王国的最有利的贸易是在东印度的买卖的比例上。"要求对外贸易中出口额大于进口额，要求贸易顺差，是资本主义前国王和国王顾问们的圣经。

读者知道，重商主义时代还没有发生资本主义生产，而只是当政治经济学转向生产领域以后才谈得上科学。时代的局限不该是批评的依据。但是，如果考察资本主义来到人世间的 500 多年里，重商主义就占据了长达 300 多年的历史，而从重农学派开始到古典以来的西方经济学，充其量也只有 200 多年。所以，尽管时代已经表明重商主义的愚氓和浅陋，但是，200 多年来，人们还是不断地回到重商主义，特别是民族主义泛滥的时候，重商主义往往就成了他们的工具和弹药库。所以，形势迫使人们不得不经常地重复着对重商主义理论的批判。

首先，社会财富是劳动的结果与结晶，而不是黄金或货币的交换。在市场经济条件下，作为货币的黄金白银仅只是社会财富的计量尺度、支付手段，而它本身除了有如其他商品一样因为包含一定量的劳动而具有价值以外，并不因其为货币而增加了社会的财富。所以，西欧早期包括海上冒险活动在内从国外带回的黄金白银，仅只是提高了商品经济活动的货币功能，而不是增加了社会的财富。

其次，商品价值是在流通过程中实现的，单纯的买卖既不能增加也不能减少社会的财富。重商主义所看到的海外贸易所获得的顺差，即使像孟所说亚洲的胡椒为贸易商获得 7 倍的利润，那也不是货币自身具有自行增殖的功能，而是调节了商品稀缺的经济构成。东印度公司作为普通商品从亚洲购买了胡椒、丝绸和瓷器，又把它们当作奢侈品卖到了地中海东部的意大利、土耳其。决定这些商品价格出现较大变化的因素是购买和出售地方商品市场的稀缺性，是生产地和销售地的经济结构和商品市场的构成，而不是黄金白银的自然属性。由于历史还处在资本主义生产的前夜，重商主义当然不懂得资本主义生产的秘密，误以为财富来源于贸易或流通领域，以为黄金白银自然具有的神灵，都是黄金崇拜和货币拜物教。

再其次，海外贸易的实质是把两个不同的民族国家的市场连接成为一体，商品贸易通俗点说就是互通有无，从经济学的角度分析则是调节两个国家的经济结构与市场构成，不管顺差或者逆差，两个国家的财富无论合计的总量（譬如 GDP）还是各自统计的财富（譬如 GDP）都没有变化，差别是得到顺差的一方拥有了相对较大的支付手段或购买力。所以，顺差是靠较多地卖出了自己的劳动产品，较少地购买了海外的产品，但并不因此增加或者减少财富，更不是剥削，或者占了对方的便宜。——外贸商品之所以能够销售，是因为它满足了进口国一方的国民的生活需要，而不是高于商品价值量的购买——商品的价值是在生产出该产品的过程中由劳动创造的，即使说出售是十分重要的一环，那也只是实现了商品自身的价值，并不因此增加或者减少其价值量。

最后，重商主义产生于西欧几个国家，那是人类历史上最早几个民族国家形成的阶段。在那个时代里，不仅世界市场尚未形成，而且绝大多数国家的国内市场也还处在形成的过程中。商人，而且只是那些最为聪慧的商人，才是最早利用民族国家实现自己的愿望和达到自己的目的的一批人。虽然重商主义还只能局限于中世纪的自然经济，对自然、宗教和国家的盲目崇拜，但是，他们是在民族国家的旗帜下实现了向海外的扩张。所以，自后 500 多年里，每当民族主义泛滥的时候，重商主义都每每被重新提起。

（2018 年 7 月 29 日）

7. 世界对美货物贸易 8000 亿美元的顺差是不是剥削？

　　美国是一个以工农业生产起家的贸易大国，所以，贸易顺差在其发展的历史中属于常态。大约到 1959 年，美国贸易第一次出现逆差。60 年代以后，逆差逐渐经常化，1974 年首次突破百亿美元达到 110.41 亿美元，1984 年贸易逆差首次突破千亿美元达到 1224 亿美元。新世纪以后，据中国统计局《国际统计年年鉴》的数据，2005 年达到 8316 亿美元，自后的货物贸易逆差经常保持在 8000 亿左右的规模。

　　特朗普在竞选期间就打这一张牌，说美国每年对外的货物贸易逆差高达 8000 亿美元，外国人从美国每年拿走 8000 亿，美国被剥削了。所以，他如果当了总统，就一定要打贸易战，帮助美国人民把这个钱拿回来。特朗普的这个话是典型的重商主义观点，简直像太阳围绕地球旋转现象所做的最为直白的表述。重商主义时代，国王要求商人必须带回比出口量小的外国货物，而其差额即顺差还必须是成色好分量足的外国铸币。在重商主义的宣传下，作为顺差的外国货币就成了赚取外国人的利润。

　　但是，重商主义理论是不科学的。西方古典政治经济学已经在劳动价值论的基础上，证明了资本主义社会是如何在公平交易的前提下取得巨大发展的。现代国际贸易秩序是维护买卖公平的原则的。一个国家的贸易顺差或者逆差，仅只是货物贸易的进出口统计结果，与贸易期间是否公平无关。以 2017 年为例，据美国商务部的统计，美国货物进出口总额为 38896.4 亿美元，其中出口 15467.3 亿美元，进口 23429.1 亿美元，贸易逆差 7961.7 亿美元。这一组数据仅仅反映了 2017 年，世界市场中与美国相关的货物贸易情况，不可对其做过度的解释。

读者知道，剥削仅只是劳动成果在劳动者与其他经济参与者之间的分配。剥削既不能增加，也不会减少社会的财富。所以，剥削制度是无法在暴力与强制以外的条件下形成的。世界贸易是在各个国家的自觉自愿的基础上发展起来的，如果顺差代表了剥削，逆差代表了被剥削，那么，谁还愿意把货物拿到国际市场上受人剥削？更何况，美国的货物贸易虽然总体上统计是逆差，但分别的统计还是有顺差的。譬如 2017 年，美国与中国香港有 324.7 亿美元的顺差，与荷兰有 244.9 亿美元的顺差，难道是美国剥削了中国香港和荷兰？所以，如果按照特朗普的重商主义观点，既不能解释国际贸易中的大量经济现象，也不能说明日益增长的世界现实。

（2018 年 7 月 30 日）

8. 美国 8000 亿美元贸易的逆差

是如何发生的？

美国在 18 世纪 70 年代形成独立的民族国家，但一直到 19 世纪 60 年代，结束了南北战争以后，才有了巨大的发展。19 世纪末至 20 世纪初，美国已经挤进世界最发达的几个国家的行列。第二次世界大战之前，美国与德国成为世界工业能力最强的国家。战后，美国一度成为世界上最大的货物贸易国家。1938 年，美国对外贸易 30.9 亿美元，占世界对外贸易 224.8 亿的 13.8%。1948 年，美国对外贸易达到 126.5 亿美元，占到世界 549.8 亿的 23.0%。由于欧洲和日本战后经济得到逐步恢复，美国所占世界贸易的比例也呈下降趋势。1956 年，美国对外贸易 189.9 亿，为世界对外贸易 950.9 亿的 20.0%。自后，主要是战后一系列民族国家的独立和发展，美国虽然仍是世界经济第一大国，但在全世界的贸易总额里面所占的比例则越来越低了。2016 年，美国货物进出口总额 37060 亿美元，仅占世界 321800 亿的 11.5%。

美国货物占据世界总额中的份额的下降，以及美国由世界货物贸易中的顺差国家转变成为逆差，而且逆差的绝对数值一直呈现越来越大的趋势，这只是说资本主义生产在全世界的发展，并不意味着美国经济状况的衰退或者恶化。事实与这一种认识恰好相反，美国由原来的贸易顺差转变成为逆差，完全是美国经济结构提升和构成健康转变的结果。

首先，美国经济也像其他发达国家那样，遭遇到以石化燃料为主的能源对环境的污染，50 年代后期到 60、70 年代，美国立法部门制订法律要求关闭了给环境带来污染的企业。由于高耗能高污染的产业被转移到发展中国家，美国所需要的一些商品，包括许多化工产品，也都由原来自己制造而转变成为进口了。但是就资本方来说，有不少的企业还是美国的资本转移到了发展中国家。这些美方企业的性质并没有变化，但从统计口径来说，却成为外国进口了。

其次，经济技术发展与进步，许多主要工业产品生产技术条件发生变化以后，美国产业不再具有比较优势，从而减少了生产，压缩了出口，而增加了进口。譬如钢铁生产业，1956 年，日本钢铁业在铁矿石方面要比美国同行业多支付 73% 的价钱，在煤炭上多支付 125%。到 1976 年，日本在铁矿石方面的价格比美国低了 43%。20 世纪 70 年代，日本从澳大利亚和巴西获得的铁矿石，由于采取大型轮船海上运输，价格上获得比美国平均低 15% 的优势。50、60 年代以钢铁生产能力论国力的认识已经过时了，与其以较高成本自己生产钢铁，还不如用较低价格从国际市场上购买。类似钢铁业，美国汽车制造业等许多产业，由于国际上生产条件与市场价格的变化，都调整和转移到国外了。

再其次，上个世纪 80 年代以来，特别是 90 年代民主党克林顿政府任期内，美国政府在全世界推行互联网经济，以及推动经济全球化战略，一方面，全世界互联网市场突飞猛进的发展促进了美国互联网和电脑程序业务、虚拟经济和网络经济产业的大发展，促进美国非物质类领域就业人员的增加。另一方面，发展中国家接受经济全球化观念的直接后果，就是美国等发达国家的劳动密集型产业向发展中国家的转移，加重了美国物质类商品对世界市场的依赖，刺激了对货物类商品的贸易进口。与因为环境污染而转移到发展中国家的情况相同，因为追逐发展中国家的廉价劳动力而迁移出去的企业，也因为资本转移而改变了产地，同一家美国公司的产品现在成为进口货物了。

再其次，随着战后美国工农业生产的大发展，美国的科学技术和教育行业、文化产业、金融服务业等等非物质性的生产部门得到大的提升。由于国际贸易的发展，美国在第一、二产业方面就业的人员相对地，甚至绝对地减少了，第三产业方面的就业人员的比例提高了，数量也增加了。譬如根据国家统计局的《国际统计年鉴》，美国第一、第二、第三产业就业构成，2000 年为 1.8:22.9:75.3，到 2015 年变为 1.6:18.5:79.9。有些年份，如 2012 年，非物资生产部门的就业人员的比例高达 81.2%。美国非物质生产部门的减少，不等于实际生活中对货物商品的需求减少，而只能是从海外进口。

另外，随着美国战后经济构成的变化与发展，非物质类的商品生产部门扩大了，提高了，而货物类商品生产相对减少了。但是，美国的人口在战后极大地增加了，对市场的需求无论相对绝对地都提高了。战争期间，美国大约 1.4 亿人口。2016 年，美国已经达到 3.2 亿人口。人口的巨大增长，扩大了工农业物质类商品的需求，也刺激了货物商品的进口与海外贸易。

中国的读者对这方面的理解，可以从上海与内地的关系变化上得到启示。上海是中国大陆最早的现代化城市。20 世纪 80 年代以前，中国市场上的绝大多数商品都以上海制造为最佳选择。但是，随着上海自身的发展及其在全国经济生活中的角色转变，80 年代至 90 年代，或者由于江浙一带的社办和村办企业的发展而没有了价格优势，或者由于企业带来的污染而无法承受，使得许多原来在全国本来很有影响的上海轻纺工业逐渐退出和转移到内地。但是，轻纺工业从上海退出，并不是上海自身对这类商品需求的减少。所以，原来由上海供应全国市场的许多轻纺产品，现在转变成为上海要从外地购买。如果放眼于全世界，上海与内地这种城乡关系，一直在发达国家与发展中国家之间上演着。

（2018 年 7 月 31 日）

9. 美国 8000 亿美元贸易的逆差

意味着什么?

现在必须指出，特朗普仅仅拿出货物贸易逆差说事，是别有用心，另有企图的。因为资本主义商品经济发展至今，劳动产品的交换已经不只限于货物商品，非物化的劳动服务已经成为现代商品交易的重要组成部分，甚至有成为人类生活消费最为重要的领域。对于我们这里来说，可能更为重要的是，有些非物化的劳动服务已经进入到相关的组织或机构的管理与统计范围，譬如服务贸易这一类无形商品贸易，以及旅游业，都是世界贸易的重要组成部分。其中服务贸易，国际货币基金组织早在 1993 年就其概念、定义和分类，作过明确的界定。世界贸易组织和各国政府，对这一类的经济活动也有统计。而美国作为世界上最发达的国家，在这一方面都有很大的市场。譬如，2015 年，美国的服务贸易总额 11977 亿美元，其中出口 7306 亿，进口 4671 亿，顺差 2675 亿美元。同一年，美国的国际旅游收入 2462 亿美元，支出 1483 亿，顺差 979 亿美元。如果将这两项顺差与货物贸易的逆差冲销计算，美国的贸易逆差就不是 8000 亿，而是 4000 多亿。

另外，必须知道，社会统计制度永远是不完善的，总是处在发展与改进中。一方面，有些应该计入的统计项目，由于各种原因并没有适时统计。比如传统的贸易即货物贸易，在过去的几百年里，是不包括旅游和服务贸易的。但事实上，在那个商品经济还不很发达的时代里，这一类的非物化性的劳动商品不仅是存在的，而且与不发达的货物贸易比较而言其规模也还不是可以小到忽略不计的，只是由于社会发展的程度不够高，才被人们忽略了。相同的道理，现在还有大量的经济活动应该进入统计，而社会并未统计的。譬如，现代美国是一个国际化程度比较高的民族国家，但是，外国侨民或长或短地在美国所发生的经济活动，有许多却是无法统计的。比如"老干妈"麻辣酱，是中国出口美国的一个著名品牌。事实上，出口到北美的"老干妈"，是被中国的留学生买去了，它无疑扩大了美国的货物进口贸易。另一方面，中国的留学生在美国的许多消费，也没有统计。一般地说，中国现在去美国留学的孩子，大都是富裕家庭。如果没有去美国，这些孩子在中国的消费，也会包括一些从美国进口的商品。但是，这些青年去美国留学了，当然活跃了美国的国内市场，相应地也就减少了美国的货物出口贸易。可见，由于没有细致的统计，这名中国留学生就人为地扩大了美国贸易的逆差，但事实上并不改变贸易活动的本质。应该说，中国留学生这一类以侨民身份的经济活动，在美国是一个很大的数字。所以，从这方面来说，美国 8000 亿美元的贸易逆差，仅只可以在一定意义上反映了美国的货物贸易，如果谁一定要把它诠释为一个具有利害关系的概念，那它绝对是不严密、不确切的。

现在接着分析美国的所谓 8000 亿美元的逆差。

上一节我们是从一般民族国家的视角，分析美国的货物贸易是如何出现逆差的。不可否认，即使冲销了服务贸易和旅游收入的顺差，美国的贸易仍然存在一定的逆差。这样的情况如果发生在一般的民族国家，除非该国有较高产量并且持续的黄金供应，或者有丰厚的黄金或外汇储备，否则是不能维持长久的。但是，美国之所以从上个世纪 70 年代至今持续如此，而且即使逆差不断攀高，也仍不影响它的贸易活动，是由于美国并不是一般的民族国家。二战以后，美国主动设计了以美元为国际货币的世界贸易体系。美国货币成为世界货币，这就使得美国经济具有了不同于一般民族国家的经济特点，具有了世界其他国家与美国的不一般的经济关系。

一方面，美元成为世界货币，所有的国家就都要保持一定量的美元，以使其作为世界贸易的支付手段、购买手段，以及作为"一般财富的绝对化身"而具有储藏的手段。为了保持或拥有一定的美元，各个民族国家除了动用黄金储备向美国银行兑换美元以外（用本国货币兑换美元的本质仍旧是消费自己的黄金储备），对美国贸易保持顺差，就成了获得美元这一世界货币的主要来源。——即使有些国家或经济体在与美国的贸易中没有顺差，也要从其他贸易伙伴那里保持顺差。这就是说，美元充当世界货币职能，决定了世界各国要有顺差，而美国则必须是逆差。

另一方面，既然美元充当世界货币，那么，美国就成为世界货币的发放者，它也就具有了相当于一个民族国家内部政府持有发放货币所具有的许多特权。本人在这方面的研究很不够，所以，我也不说美国政府也像通常的民族国家那样滥发货币导致通货膨胀。但是，美国的通货膨胀却也是事实。当年布雷顿森林体系确定美元为国际货币的时候，美元与黄金挂钩，1944 年 1 月美国官方确定的 35 美元可兑换 1 盎司的黄金。70 年代美国要与日本打贸易战时逼迫日元升值，美元贬值，记得 32 还是 34 美元兑换 1 盎司黄金，自从美国宣布美元与黄金脱钩以后，现在接近 1500 美元才可以兑换 1 盎司黄金。40 多年，美元贬值了 40 多倍！虽然我们还不知道美元贬值和美国贸易之间的必然联系，但读者不难发现，这种巨大变化都是上个世纪 70 年代美国出现贸易逆差以来所发生的事情。美国政府"操控货币"了没有？我们不知道。不过即使从理论上来说，美联储依靠买卖债券、调整利息和银行准备金调整美元的供应量，但那也是人为地在调控市场中的美元数量。——只不过人们不把它叫操控罢了。但是，从总的趋势来说，美国的美元与其他所有的民族国家的货币一样，都是随着经济的发展而贬值的。货币贬值至少就一定程度来说，它意味着货币发行量超过了社会财富的需要。所以，美国在世界贸易中的长期逆差，事实上是通过美元的贬值来达到它的平衡的。

还有，美国的逆差是通过长期的政府债券和财政赤字兑付的。政府举债相当于提前消费，寅吃卯粮。2005 年，美国政府债务不到 8 万亿美元，现在每年以 5、6000 亿美元的规模发放政府债券，它已经高于美国每年的货物贸易、服务贸易和旅游等整个贸易的逆差，总体增长到 20 万亿美元。美元作为世界货币，不同于黄金。马克思说："金银天然并非货币，但货币天然是金银。"这其中的道理就在于金银的天然均匀的成分，以及比较稳定的价值量。现在的人们还在重复重商主义，但重商主义时代是黄金充当世界货币。国王要求商人带回来的外国铸币其实是成色和重量接近铸币标识的金块。所以，重商主义时代的顺差是黄金，而现代的顺差是美元。而美元的价值却是极不稳定的。美国举债是提前享受未来的消费，但取得顺差的一方当他使用顺差获得的美元消费的时候，美元已经贬值了。

从这一方面来看，世界贸易的历史与特朗普的观点恰好相反，如果说世界贸易中存在剥削与不平等现象的话，那绝对不是将自己的产品按照其价值卖到美国而获得顺差的国家，而是美国借助其美元作为世界货币的地位而运用逆差方式剥削了在贸易中获得顺差的国家。所以，聪明的理财专家已经不可以重复重商主义"贸易差额"的口号，而应该把"贸易平衡"当作自己的圣经。

（2018 年 8 月 1 日）

10. 中国对美国贸易的 3000 亿顺差是怎么产生的？

从以上分析中我们已经知道，贸易顺差并不等于商品利润，贸易逆差也不是交易中的损失。资本主义早期，对外贸易是在极个别几个民族国家之间进行，而且是黄金充当世界货币的各种职能，国际贸易要用黄金结算，所以，重商主义强调顺差还有其一定合理性的。但是，在今天世界市场已经一体化的背景下，每一个国家的对外贸易的对象和交易商品的类别多元化，特别是世界贸易改变了黄金充当世界货币而用美元结算的条件下，再次炒作重商主义的"贸易差额"就是荒谬的了。特朗普何等精明，竟不懂得各国对美贸易顺差事实上是给美国缴纳贡赋的道理？所以，他这一做法或者另有隐情和企图，我们且先不论。不过，既然提出了问题，我们还是要分析下去。

首先必须说明，这个问题是特朗普在竞选其间提出来的。对于一般的普通民众来说，8000 亿美元、3000 亿美元，如果发生在国家的事务上，特别是发生在美国和中国两个大国，其国内生产总值（GDP）已分别达到 20 万亿美元、15 万亿美元，其实也之占自分之 2、3、4 的比例，且被许多年的历史证明，那是经济运行中的一个常态。随着全球化的发展，像美国这个有 3 亿多人口，其劳动生产率又是世界上最高的国家，像中国这个有 14 亿人口的发展中国家，根本就不是个问题。相反，如果不是这样，那才是问题。

但是，竞选期间特朗普的演说对象是社会最底层的民众，在一般民众的眼里，8000 亿、3000 亿，那可都是天文数字。更何况，几百年以来的重商主义宣传又把顺差直接等同于从贸易对象那里赚取的利润，属于剥削和掠夺，这可是一个最能激发民族主义情绪，从而获得选票的大题材。读者必须知道,美国总统与国民是一种雇佣关系,具有某种合同或契约的性质。特朗普现在已经表示有意参加竞选连任,这就不得不兑现竞选期间许下的诺言。所以,在某种程度上来说,他是在吞食自己所酿的苦果。

还必须说明的是,由于统计的口径不一致,美国政府所说的 8000 亿、3000 亿,是有分歧的。笔者用《中国统计年鉴》核对,2010 年中美贸易顺差 1812 亿美元,2011 年为 2023 亿,2012 年为 2189 亿,2013 年为 2161 亿,2014 年为 2370 亿,2015 年为 2614 亿,2016 年为 2508 亿。尽管总的趋势是上升的,但是,至少在特朗普竞选打这张牌的时候,并未有过 3000 亿。它说明特朗普并不是实事求是地要发现并解决问题,而是出于美国政治需要争取选票。——至于根据今年年初中国海关的数据,2017 年中美贸易顺差 1.87 万亿元人民币,同比提高 13%。如果按照提高的幅度简单计算,应该是 3260 亿美元。这是另外一回事。即使达到甚至超过 3000 亿美元是一个必然性的问题,那也不改变事情的性质。因为反抗必然性,那是更荒唐的了。

另外,必须把中美贸易顺差放到中国改革开放的历史中,才可以得到说明。

中国在 20 世纪 70 年代以前,基本上是一个封闭的国家。80 年代以后,才逐渐转变成为世界性的国家。由于它是一个转型的社会,不可能像一个制度成熟的国家那样具有稳定性。我们可以把开放的 40 年,划分出 4 个阶段。第一阶段,1978-1989 年,转向世界的初期。1978 年,中国进出口总额只有 206.4 亿美元,1989 年达到 1116.8 亿美元。第二个阶段,1989-1992 年,受美国制裁,开放遭遇一定波折的时期。期间中国对外贸易仍有增长,1992 年进出口为 1655.3 亿美元。第三阶段,1992-2000 年,继续开放时期。期间,一方面由于"邓小平南巡",中国有保留地冲破意识形态的束缚,转向市场化。另一方面是在美国政府经济全球化和互联网经济的推动下,进出口每年以数百亿美元的速度增长。2000 年达到 4743.0 亿美元。第四阶段,2000 年以后,加入世贸组织标志中国向市场化不可逆转性地发展。这是中国经济稳步发展的阶段，实际增长和对外贸易都不断取得大发展。2010 年，中国产值第一次超过日本，成为仅次于美国之后的世界第二经济大国。据海关统计，2017 年，我国货物贸易进出口总值 27.79 万亿元人民币，按照同比增长幅度计算约合 42089 亿美元。

我们在这里所讨论的是中国的对外贸易，80 年代前，中国的对外贸易垄断在政府手里，只有极个别的国有对外贸易公司具有进出口业务。经过以上几个阶段的发展，除了中国外贸公司有所壮大和发展以外，主要还是外资企业的进入，扩大了中国的对外贸易，其中 80 年代中国发展所进入的外部资本主要来自于港澳和其他海外华人。突破"八九"风波的制裁以后的外资，主要来自于日本、新加坡、韩国和个别欧盟国家，以及美国资本。笔者之所以做这样的表述，是因为 90 年代美国资本在中国的投资虽然有所增加，但还是无法与 2000 年中国"入世"以后作比较。中国入世以后，在外国资本中，美国占据有天时、地利、人和方面的优势，所以美国资本相比较更多一些。先说"天时"：从中国转向世界的那一刻起，就希望进入关贸协定。但是，从关贸协定的谈判到世界贸易组织，一直都是美国占据主导的地位。90 年代美国政府奉行世界经济全球化与互联网一体化的发展战略，有意接纳中国。所以，中国入世前后，已经形成美国资本涌进中国市场的态势。再说"地利"：经过战后半个多世纪的经济技术方面的巨大发展，在发达国家中，除了日本以外，美国是最具有与中国发展的地理条件的。——中美分别处在太平洋两岸，远洋巨轮已经极大地缩小了运输成本，以及空间飞行和通讯技术的进步，都等于拉近了两个国家的距离。再说"人和"：虽然中美之间时不时地还在意识形态上斗一斗嘴。但是，自从毛泽东对着尼克松和基辛格说双方的"打倒共产主义"和"打倒美帝国主义"，都不过是"放空炮"以后，实际上并不管中美之间外部多么紧张，媒体如何将两国关系渲染得多么糟糕，但两国政府首脑之间一直有着良好的沟通，至少有一部直通的电话，随时保持着友好联系。

所以，美国资本捷足先登，成为中国走向世界的一个稳固的踏板。如果分析中美贸易顺差占据中国整个贸易顺差中的比例，就不难发现，中美贸易不过是中国贸易成长与发展历史中的一个阶段，只是在这个较低阶段中，中国与世界其他国家的贸易业务还比较少的情况下，它才显得特别突出。请看数据：2010 年，中国整个贸易顺差 1815 亿美元，其中对美贸易顺差 1812 亿，占总量的 99.8%。2011 年，中国顺差总量 1549 亿，其中对美贸易顺差 2013 亿，占 130.6%，即如果没有对美贸易的顺差，该年中国贸易为逆差。2012 年，中美贸易顺差为总量的 95.1%，2013 年为 83.4%，2014 年为 61.9%，2015 年为 44.0%，2016 年为 49.2%，2017 年依据中国海关发布的人民币顺差计算为 65.2%。我没有用坐标曲线显示，即使这样，还是可以发现，虽不是很稳定，但中美贸易顺差在中国整个贸易中的比例处于下降的趋势还是显见的。——上面说了，中国还处在转型期，而且确切地说，只是从"入世"的那一天算起，中国才确立了向市场化方向的转变，而中国对美国的贸易状况，都只是这一大变局中的暂时状态，本不可过度解构的。即使有人指指点点，而正在发展进步的中国实际上是在那里继续走自己路而不会理睬它的。

另外必须知道，至少由于这一个原因，中美贸易顺差被人为地拉大了。那就是美国的限制政策。战后美国政府迅速制造了美苏敌对性的冷战意识形态，美国人为地规定一些所谓"涉及国家安全"和"核心技术"产品，限制国外购买。虽然苏联解体已经快 30 年了，但美国的利益集团仍旧抱着这一虚假意识形态不放，把中国当作"威胁"，划定许多条件不许外国、更不许中国购买。有人估算，如果美国不限制中国购买，中美贸易顺差就会减少 30-40%。问题还不至于美国推高中美贸易顺差这么简单，美国这一"惜售"行为，更直接的后果还是阻碍了美国经济自身的发展。——在经济全球化的情况下，美国这一世界经济最大国家的经济发展滞缓，其实是全球经济的大患。

中国出口美国商品以后，想买回一些产品而美国政府不许卖，致使中国顺差增加。这个道理简单，就不说了。同一问题阻碍美国经济良性循环，却需要多说几句。

　　资本主义是一种无限开放的经济制度，它的活力就在于开放。但是，美国在战后不久就被战争期间迅速形成并异常强大的军工集团所裹持。二战以前，国土与海域如此广阔的美国仅只有 20 多万武装力量。战争已经结束了，但美国却要保持强大的武装，并通过立法固化战时内阁，把国家机器转变成以国防和军事武装为核心的国家制度，和平时代的美国却让军事武装成为它借以旋转的中心。美国的日常武装保持在 300 万左右，冷战期间的国防预算仍要保持在国民总收入（GNP）的 6.9%，其中朝鲜战争期间每年平均 10.4%，越战期间7.7%。冷战以后，通过不断削减，现在仍接近国内生产总值（GDP）的 4%，联邦预算中大约 2/3 被所谓国防事项花费了。国防部门占据了国家数量最多、质量最优的资源，产出一些高精尖的科研成果，以及虽然并非出自于国防部门但只要是被认为属于相同领域中世界最前沿的科学成果，则都被当作事关国家安全而不允许及时转化为生产力从而不能发挥应有的经济效益。——不断增值乃是资本的本性，而美国现在的制度却把最有效益的发明搁置在市场以外。这是最明显的违背政治经济学基本原理的社会制度了，而以研究国家制度为己任的政治经济学却在战后提出一个奇怪的稳定理论，说美国的经济制度已经成型，所以增长速度下降了。这显然是不正确的。即使从简单的逻辑来推理，全世界绝大多数国家还未完成自然经济向市场经济的转化，包括美国在内的以欧美几个少数国家为代表的资本主义经济还只是开了个头，占人类总数 80%以上的发展中国家在融入市场经济的过程中会对它有什么影响，还都是个未知数。所以，说资本主义制度在美国已经成型，还真有点言过其实呢！

　　二战期间，美国对人类的贡献可说是功名卓著。但是，也正是在战争期间做出巨大贡献的武装力量和军事工业集团，战后利用不断膨胀而走火入魔的民族主义情绪，夹裹着人民把美国引入歧途。

　　即使按照有史以来的历史经验，也应该是"战争以后是和平"。更何况，二战期间，美国、英国和苏联三大国合作，设计并创建了以联合国为基础的一系列国际政治、经济和文化机构，为战后和平发展奠定了相当好的基础。所以，人类本该在二战以后一劳永逸地结束战争这一自然经济的产物，享受和平发展的新时代。但是二战结束以后，国际舆论的主调却被美国政府带到准备迎接另一次战争的方向。回过头来总结，战后 70 多年的历史已经证明，这种人类似乎永远处在战争和准备战争的状态下的思维是不符合事实的，是错误的。因为虽然战后局部的战争时有发生（如果没有美国在杜鲁门主义指导下的主动参与，其实连这类局部性的战争也不多），但美国所警告的威胁人类的那一类的战争已经没有了，甚至都可以说，根本就不可能再发生了。如果美国不是战后走进弯路，每年把 4%、7%，甚至 10%以上的国内生产总值和国家最优秀的经济社会资源用在国防上面，美国不是常年派出那么多的军舰在公海和别的国家海域上面无端地游弋，而是把它们用在经济建设和科学技术的发展上，让这些科学技术成果能够及时转化为商品，产生经济效益，毫无疑问，美国的经济就不是像蜗牛一样每年以 4%以下，有的时候可能仅只有 2-3%的速度增长了。

（2018 年 8 月 4 日）

11．中国的贸易顺差都哪里去了？

尽管我们说现代国际贸易不应该以重商主义的口号"贸易差额"为旗帜，片面追求顺差，但是，我们看到，即使美国放弃保护主义和过度保护的政策，不对中国实行限制，允许中国购买，中美贸易还是有不少的顺差。如果检视中国整体贸易情况，货物贸易的顺差就更大一些。2016 年（现在只可以看到 2016 年的较全的数据），中美货物贸易顺差 2508 亿美元，货物贸易顺差总额则是 5097 亿美元。我们且先不讨论中国究竟以多大的顺差为最好，而是讨论为什么要追求顺差？

首先，由于战后人们把美元确定为世界货币，那么，由于世界货币在国际市场上所具有的支付手段、购买手段的货币功能，以及一定程度上的"一般财富的绝对社会化身的职能"，决定了除美国外，其他所有的民族国家就不得不都需要在对外贸易中选择一定程度的顺差，得到一定的美元。——因为只有如此，作为一个民族国家或者其他形式的共同体，才能存在于世界舞台上。这是一个简单的道理。美元是美国发行的货币，各个国家只有在与美国的贸易顺差里取得。而这在很大程度上又只能直接间接地从美国那里获得。所以，顺差就成了美国以外的几乎所有国家和其他共同体的对外贸易目标。

前面说过，2017 年，在对外货物贸易中，美国对香港和荷兰的贸易是顺差，即香港和荷兰是逆差。由于笔者没有 2017 年的详细数据，查找《国际统计年鉴》2017 年卷中，最新的数据为 2015 年，香港货物出口 5167 亿美元，进口 5473 亿美元，逆差 306 亿。但是且慢，同一年香港的服务贸易出口 983 亿，进口 734 亿，顺差 240 亿。另外，同一年香港旅游支出 230 亿，收入 426 亿，顺差 196 亿。这样，2015 年香港贸易总额还是顺差 130 亿美元。同一年，荷兰货物贸易出口 5697 亿美元，进口 5034 亿，顺差 663 亿美元。服务贸易出口 1760 亿，进口 1679 亿，顺差 81 亿美元。旅游支出 211 亿，收入 193 亿，逆差 18 亿美元。2015 年，荷兰贸易顺差总额 726 亿美元。说明在美元设定为世界货币的条件下，几乎所有的共同体都需要把顺差设定的对外贸易的目标。

其实，中国还不能与香港、荷兰简单作比较。香港和荷兰都是世界贸易体系中比较成熟与稳定的经济体，而中国是一个从自然农业状态刚刚起步向市场体系转型的国家。自然经济与市场经济，是性质完全不同的两种经济体系，也就是我们过去常说的城乡二元经济。如果我们给农民提这样一个问题：你为什么要去城里挣钱、攒钱？答案就简单了。因为农民自己没钱，只有到城里才能挣钱；为了自己和自己的子孙们也过上城里人的日子，就必须攒钱。——顺便再提醒一下，农民靠什么"挣"城里人的钱？还不是靠卖价值低廉的农产品，靠出卖自己低廉的劳动力？即使农民与城里人发生经济交往挣了点钱，按照世俗的说法"富了"，可何曾能剥削了城里人！

现在再问农民用"城里才有的钱"干什么？还不是学城里人，过上他们的生活方式，让自己的孩子进城接受教育，以及像城里人一样投资办企业，把城里的一些企业"搬到"自己贫穷的家乡，改变世世代代的命运！但是，原来的乡下人在做这个选择时，具体会怎样做？现在电脑和网络操作叫路径依赖，而现实的社会生活何曾不也是这样？农民的产品卖给哪个城市了，在哪个城市打工了，他就只熟悉那个城市，只在那个城市有了一点社会关系，就只能运用这点关系寻找继续发展的门路，有的时候甚至是把所挣的钱全部再花到这方面。

现在我们再看中国的顺差干什么了。

先检点一下，中国究竟"挣了"多少钱。从现在只可以得到的《国际统计年鉴》（2017）上所得到的最近年份的统计，2015 年，中国货物贸易顺差 5939 亿美元。但服务贸易栏里，出口 2165 亿美元，进口 4333 亿，逆差 2168 亿美元。旅游收入 1141 亿，支出 2922 亿，逆差 1781 亿美元。所以，2015 年中国贸易顺差实际只有 1990 亿美元。读者可以顺便对比一下，700 万人口的香港同一年的贸易顺差 130亿美元，1700 万人口的荷兰顺差 726 亿，13 亿多人口的中国顺差不到 2000 万，算多还是算少？

在讨论顺差如何花之前，我们还不得不再说一个问题，那就是穷人的节欲说。读者知道，马克思在研究资本的产生与发展的时候，是反对节欲说的。马克思之所以反对，并不是不承认这一现象的存在，而是把资本主义的发生与发展建立在历史的逻辑上。资本的产生与发展不是在节欲的基础上形成的，而现实中的节欲是存在于资本基础上的。为了说明这个问题，我们再回到身边的农民身上。进城打工的农民，或者把农产品卖给城里人的农民，他手头上积攒的钱还要包括不敢过上城里人的生活，不敢向城里人那样消费。美中贸易战刚开始的时候，中国承诺增加购买美国的牛肉。牛肉至今是中国大多数国民的奢侈品。早些年的顺差中包含了没有敢买美国牛肉的钱。尽管与美国发生较多的贸易了，但没有过上平均的美国人的生活，这才有了那么多的顺差。

现在再看顺差怎么花。

首先，读者必须知道，贸易顺差仅只是一个国家对外贸易业务方面的一个统计项目，就其客观性来说，它是真实的，确实存在的。但是，它并不是以某一个或者某一笔具体的款项而存在的。贸易顺差或者逆差，是在会计的合计账单上存在的。所以，我们在讨论它如何开支使用的时候，不可能像某一笔款项那么清楚地交待出来。在一开始讨论顺差的时候，我们是跟着特朗普特别说明的是货物贸易顺差，而现在讨论它的使用，则已经转到全方位的贸易包括货物、服务和旅游收入所合计的贸易顺差。我们已经看到，2015 年中国的贸易顺差既不是 3000 多亿，也不是 2000 多亿，而是 1990 亿美元的贸易顺差。讨论使用顺差，不能讨论 3000 亿，而只能讨论 1990 亿。

即使这样，我们在这里还必须改变所提问题的内容和方向。因为贸易顺差实际上是由所统计年份的中国所有的获得顺差的贸易企业合计获得的，而国家的贸易顺差则是扣除逆差以后的结果。譬如 2015

年的贸易顺差是所有在该年贸易获得顺差的总和，而国家所获得1990 年亿美元顺差则是冲销逆差的企业以后的所得。所以，这是两个层面的概念，一个是企业层面的顺差，一个是国家统计层面的顺差。事实上，企业层面的顺差则是由各个企业自行使用的。这本来没有什么可讨论的。

但是，贸易顺差所统计的是美元收入，是外国货币，属于外汇。一个国家对外汇都有特别的管理，有一系列特别的政策，设立一个特别的国家外汇管理局统一管理。因为外汇作为特殊的货币，实际上每一笔款项都分别是各个所有人的，而所统计的顺差则是包括外企在内的在中国境内的贸易企业的，它的使用当然是由所属企业决定的。但是，由于顺差算一笔收入，这等于增加了国家所管理的外汇额度。这样，顺差的使用问题就转化成了增加的外汇去哪里了？贸易顺差增加了中国的外汇储备。所谓外汇储备，是一个国家管理的外汇总额，原则上和法律上来说，它不属于国家或者哪个个人的财产。中国的外汇储备是包括中国的涉外企业，外国来华投资的企业，外国政府，外国侨民和中国国民等等境内所有的外汇总计。虽然所有的外国货币和中国人民币一样，都是"有主"的，属于各个所有人的，但是，外汇储备多了，有如银行利用储户支付余额的空间放贷一样，政府和国民也可以调剂使用。外汇储备越多，可以调剂使用的额度也就越多。目前，我国外汇储备大约 2 万亿。我们用它干什么了？

除了持有外汇的企业、单位和个人正常的使用属于自己的外币以外，近些年，中国这两方面的外汇开支显著提高了。

上面已经讨论过，40 年来，中国是一个不断开放的过程，是一个由贫穷逐渐转变为比较富裕的过程。如果要问乡下的农民进城挣下钱先要干什么？可能绝大多数回答是供儿女进城上学。中国也是这样。改革开放 40 年来，各类出国留学人员累计已达 519.49 万人。目前有 145.41 万人正在国外上学（而同一时间在中国高校的外国留学生仅只有 48.92 万名）。2017 年，出国留学人数达 60.84 万人，其中自费留学 54 万多人，占到留学生的 89%。应该说，如果没有累积的贸易顺差，就不会有中国留学生的增长。

有点类似于对外贸易。根据教育部的数据，公费留学涉及 94 个国家。但主要还是与中国贸易业务多的一些国家，美国、日本、英国、法国、德国、俄罗斯、澳大利亚等等。其中美国一直是中国留学生最多的国家，2015 至 2016 学年中，中国到美国留学的人数数量达到328547 人，占到当年留学生的 54%。笔者没有这方面的详细统计，不知道每位留学生的实际花费，但是无论公派还是自费留学生，除了极少数的到国外留学金以外，他们的学费和在国外的生活消费，都是要用外币支付，包括公费在内的绝大多数留学生的外币都要通过购买外汇额度来实现。就经济社会发展来说，学生花钱上学，其实就是向学校购买了教育服务。美国的经济社会高度发展很重要一方面，就表现了教育事业的发展，教育事业在全世界具有高端和相对集中的优势。中国和发展中国家的青年集中到美国等发达国家留学，其实就是购买教育服务。如果进入贸易统计，中国的贸易相对就是平衡的。

中美贸易中，还有一个大项没有进入统计，那就是中国政府购买美国的国债。美元是不断贬值的。所以，中国持有较多的美元，还是需要注意减少贬值带来的风险。投资美国国债是一项回报率相对较高、风险较少的理财办法。中国政府购买的美国国债，是由中国人民银行从中国外汇储备中购买的外汇额度购买的。中国已经连续多年是美国国债的最大持有者。2018 年 5 月，中国持有美国国债 1.1831万亿美元。读者必须知道，美国国债也是一种投资，一种商品。所以，中国每年购买或者抛出美国国债，也是该进入贸易统计的。

所以，如果国际贸易统计比较健全和完善，一方面，中国的顺差并不是特朗普所说的那么高。另一方面，由于路径依赖，中国与美国的贸易较多，即使出现了顺差，这个顺差中较大的比例也还只能投到了美国。

（2018 年 8 月 6 日）

12．中国为什么能够发展？

中国发展的事实无需多说。1978 年，中国还是一个封闭的国家。"十亿人口，八亿农民"，是那个时候最常说的"国情"。和世界比较，发达国家人均 GDP 超过 8000 美元，而我们还不到 300 美元。开放 40 年，中国巨大发展。尤其是 2000 年加入世贸组织以后，中国发展得更快，经济总量位居世界第二。2017 年，我国国内生产总值（GDP）122427.7 美元，人均 8582.9 美元，说中国取得了有史以来从未有过的发展，一点也不过分。

现在需要说的是，中国何以得到这么巨大的发展？人们可以有各种解释。而且，各种解释也许都有道理。但是，我以为最简单的道理，就是中国实行了资本主义生产。由于意识形态的宣传，人们都把资本主义生产当作邪恶的东西。那是不符合马克思的学说的。马克思的《资本论》所定义的资本主义生产就是商品生产。它是一种生产方式，是继人类自然经济发展阶段以后所必需经历的人类社会"第二大形态"。按照马克思的研究，资本主义这一第二生产形态为第三大形态创造条件，在第二大形态基础上成长到第三大形态。马克思所说的第三大形态，就是我们常说的"社会主义""共产主义"。依据马克思的学说，人类未来的社会主义或者共产主义，是要历经漫长的资本主义商品经济以后，商品经济阶段要为那个更高级的社会做准备。

资本主义与自然经济不同，它是由资本所推动的一种生产方式。自然经济是直接建立在自然条件上，生产小麦、棉花或者水果、畜牧、水产等等的自然产品，以自然产品为社会财富。所以，马克思说自然经济是"最初的社会形态"，"是在狭窄的范围内和孤立的地点上发展着"。而建立在自然经济基础上的资本主义，是一种对自然物实行加工生产的经济形态，所以又称之为工业生产。这种生产与自然经济为了生产者的自身需要而生产有所不同，它的生产目的并不是为了生产者的直接需要，而是为了出卖而生产，所以叫商品生产。这种生产具有无限开放的性质，永不停顿，永不满足，要向世界所有的地方扩展。马克思在《资本论》中科学分析了在资本推动下的这一生产方式，它的身影虽然从中世纪的行会帮工师傅的手工作坊里都可以看到，但典型的资本主义生产却是从 16 世纪至 17 世纪西欧国家的工场手工业才开始的，18 世纪末至 19 世纪初以蒸汽机为标志的工业生产把它带到了新阶段。当然，自那以后，资本主义又有了巨大的发展。

资本主义生产是以资本推动的生产方式。一方面是经过新中国最初 30 年的积累，另一方面是最近 40 年开放以后外资的进入，这是中国得到了较大发展的原因。也许读者会问，那其他国家的发展何以没有得到中国这样奇迹般的效果？其实还有一个简单的原因，那就是中国的人多。资本主义商品生产是一种以价值为对象的劳动生产方式，商品所凝结的劳动价值只有量的差别，而无质的区分。过去用阶级观点批判资产阶级人性论，不是没有道理，但它也不是没有现实的社会基础。资本只吸纳人的劳动，却不在乎它的出身和民族特性。所以，只有资本的本性才是超越民族利益，反对种族歧视，强调人类平等的。

如果从这方面检视资本主义 600 多年的竞争历史，最终都是人口众多的民族国家取得显赫的地位。西欧早期的资本主义是从荷兰、葡萄牙和西班牙开始的，但最终被英国和法国所取代。如果对比几个国家的条件，17 世纪以前，最早发生资本主义的 3 个国家分别都只有几百万的人口，而英国在 18 世纪已经接近 1000 万，法国将近 3000 万人口。19 世纪中后期，德国才完成统一，形成民族国家，但它具有明显的人口优势，所以能后来居上。1900 年，英国大约 3200 人口，法国 3800 万，而德国已经达到 5600 万（这还不包括奥地利的德意志人）。19 世纪末至 20 世纪初，美国经济很快超过德国，是由于同期美国的人口已经达到 7500 万，比其多了 2000 万人口。中国人多了，对这方面早已经熟视无睹，再加上几十年来对人口多所做的负面的宣传和渲染，"常不把村长当干部"。2000 万放在欧洲，那可是一个现代大国的人口。

我所说的"现代大国的人口"，是指资本所推动的人口。如果在对欧洲的历史作深刻地分析，同期西班牙也有接近英国那么多的人口，但是，西班牙有着较高比例的个体农民。事实上，直到目前，西班牙的农民还是该国的一个重要群体。还有，18 世纪以前，法国都是西欧人口最多的国家。但是，法国的农民比例很高。19 世纪 60 年代，马克思写作《资本论》的时候就说，只有英国完成了自然经济状态的个体农民向资本主义的转化。也就是说，只有英国的人口基本上都是在市场经济制度中生活的，成为受资本推动的人口。另外，俄罗斯才是欧洲名副其实的人口大国。19 世纪末，当欧洲少有的几个大国在以千万统计人口的时候，俄国已经有 1 亿 3000 万。但是，俄罗斯帝国自 17 世纪完成统一以来，始终属于农奴制经济。大约到 19 世纪 60 年代，沙皇才开始实行解放农奴的变革，到 20 世纪初，农奴还占据国民的较大比例。十月革命以后，列宁斯大林奉行计划经济，把所有的经济资源集中在政府的手里，而在农村实行集体农庄，其实是旧时代农奴制经济和村社制度的变种。苏联除了欧洲的一些大城市中的工业生产以外，绝大多数农民仍被禁锢在土地上，与资本主义并没有关系。所以，对于资本主义来说，这样的人口再多，也是不生产的。

中国在开放以前的 30 年里，也是世界上人口最多的国家。但是，一方面是受西方国家的封锁，缺少发展所需要的资本。另一方面，早期接受斯大林体制，不仅把占据总人口 90% 以上的农村人口禁锢在自然农业方面，而且后来还把城市新成长的青年也送到农村去。这样再多的人口，都是自然经济中的人，是与资本主义经济不可比喻的两种生产力。开放以后，1980 年前后，大批的知识青年回城，倒逼政府扩大和提高了城镇工业与服务行业的规模。90 年代，"小平南巡"以后，政府一方面"抓大放小"，调整了资本构成，壮大了国有资本发展的能力。另一方面，解放思想，调整了意识形态，进一步对外资开放。随着政府资本和外资的增长和需要，农民也被允许进城"打工"了，资本直接推动的人口增加了。中国的发展，说到底，是资本直接推动的人口数量提高的结果。

中国是一个接近 14 亿人口的大国。中国是一个由个体农业向现代工业化发展的大国。由于改革和变革的历史还不长，受意识形态的束缚和影响，改革的步伐总是迈不开。所以，中国目前还是处在转型期，较大比例的人口仍然处在旧体制中，与现代资本主义基本不发生关系。中国从 50 年代开始发展起来的所谓计划经济，是一种很特别的制度。直到现在，这一制度并没有出现根本性的变化，作为这一体制的重要部分户籍制度也没有变化。所以，很确切统计城市人口或者资本直接推动的人口有多少，还是很困难的。这是为什么中国经济总量已经达到世界排名第二，而人均 GDP 却排列第 74 位的原因。但即使这样，被中国政府所确定的城市里的常住人口，省级以上的工业开发区、经济自贸区中的打工者，长三角、珠三角、渤海湾经济带的经济活动人口，大约被算作属于资本所推动的人口，总该是不会有多大的错误的。这几种人口合计起来，该有 3、4 亿之多。作为一个民族国家的内部来说，这已经是世界上资本所能推动的最大的一个人口群体了。只是由于它具有发展中的性质，尽管人口规模要比美国大，但它的资本素质和生产效率低，经济质量和总量还是无法与美国相比。

（2018 年 8 月 7 日）

13. 中国发展损害其他国家利益了吗?

　　要回答这个问题,就必须了解中国是如何发展的。正如上一节所说,中国的发展是由于充足的劳动力遇到了资本的推动。中国人口众多是中华民族长期在自然地理条件优越的中国大地上生息繁衍的结果,而资本究其根本来说却是源自于西方国家的输入。马克思总结资本发生与发展的逻辑是:资本、土地所有制、雇佣劳动;国家、对外贸易、世界市场。中国传统的经济制度并没有产生资本主义。15世纪末至16世纪初,西欧资本主义国家基本形成。17世纪至18世纪,西欧国家因对外贸易而把资本主义的触觉伸到了亚洲大陆。中国那时刻是亚洲的强大帝国,中国皇帝所固有的传统思维歧视、抵制,以及排斥资本主义。西方资本主义与中华帝国自后约200多年的交往,是坚船利炮一点一点地敲开中国大门的。中国人对资本主义的认识是和帝国主义的武装侵略紧密联系在一起的,所以,总以为资本主义与他们所张扬的自由、平等、正义的旗帜恰好相反。

　　马克思之所以肯定资产阶级政治经济学的劳动价值理论,就在于它排斥了"节欲说""抢劫说""暴力说"和"剥削说"等等的观点以后,正确地解释了资本主义何以能迅速发展。节欲、抢劫、暴力和剥削,都只是转移财富,却无法解释资本主义何以在资产阶级"不到一百年的阶级统治中所创造的生产力,比过去一切世代创造的全部生产力还要多"的事实。马克思在劳动价值学说基础上,进一步揭示出剩余价值这一范畴以后,才算找到了财富增长的源泉在哪里。从资本家对工人创造的财富的无偿占有,从帝国主义对世界落后民族的侵略,说资本主义发展的历史是用血与火铸成的,那都是事实,所以这都不错。但是,资本主义作为一个具有生长活力的经济制度,在于它对商品交易市场的成功保护。按照劳动价值学说,商品的价值是在生产过程中由劳动创造的。商品价值是人类一定劳动量的凝结。不过，商品所凝结的这一定劳动量不是用某个人的具体劳动时间计量的，而是通过一定量的别的商品间接地表现和反映的。商品自身的价值必须通过别的商品或者一定量的货币才可以反映，只有通过交换，或者卖出去以后，才得以实现。对于资本家来说，产品只有卖出去以后，资本的循环才算完成。商品如果卖不出去，包含其中的价值不能实现，资本家所垫付的资本也就收不回来。所以，商品买卖是资本循环中最具有关键性作用的一个环节。

商品价值无法自然计量的性质，决定了它必须通过成千上万次的交易才可以得到比较接近其价值的价格。民族国家的出现，标志着资本主义的产生。所谓民族国家，也就是一个经济共同体，一个统一的大市场。成功的民族国家就在于它成功地保护了商品交易过程，形成了一个较大的统一市场。在那里，政府的职能首先是维护市场秩序，排除暴力挟裹市场，保障国民能够公平交易和自由买卖。这样的民族国家，一方面得到了迅速发展的经济实力，一方面成就了资本主义的法制与国家政治文明。

资本具有不断开放和永不满足的性质。由于自我增值的内在冲动，在国内市场上发展到一定程度就要转向国外市场。所以，对外贸易不过是国内交易的继续，世界市场也就是国内市场的延伸。虽然早期帝国主义是用武力让落后国家强行接受资本主义规则，但开辟世界市场以后，平等贸易和自由买卖则与其国内市场的要求是一致的。

不过，目前的问题倒过来了，是以美国为首的发达国家认为中国在最近一些年取得了快速的发展，中国的发展似乎损害了它们的利益。这样的观点当然是极为荒唐的。

首先，中国是在 2001 年加入世界贸易组织的，中国的巨大发展基本上都是加入世贸组织以后的 17 年取得的。如果说中国的发展受益于"入世"以后所带来的市场开放，也是比较接近事实的。但是，这一问题里还有一个更为重要的事实，那就是中国遵守了世界贸易组织的规则。否则，中国要么被世界贸易组织开除出去了，要么不会有巨大的出口和进口贸易额,这该是个极为简单的道理。中国遵守了世界贸易的规则,才有中国的成就。在这样的前提下,如果认为中国的发展损害了别人的利益,那就意味着世界贸易组织没有维护好平等和公平的贸易秩序。这是对世界贸易组织的否定,也是对国际贸易中自由交易原则的亵渎。

其次,如果承认世界贸易组织的交易规则是合理的,公平的,那就必须承认,第一,中国发展和巨大增长的财富来源于中国人民自己的劳动。且不说中国国内市场的发展,中国的对外贸易出口产品的价值是中国人的劳动凝结,因为这些出口产品本来就包含有那么大的价值,在国外所卖不过是物有所值。第二,中国在国际市场上不可能胁迫别的国家,也不可能要求别的国家用低价出售自己的产品。这就是说,中国的进口商品也是符合其应具有的价值量的。所以,虽然中国出口产品进入到世界市场很重要,但是,如果承认中国的进出口货物贸易都是公平交易的话,那首先是说这些贸易货物是中国人民辛勤劳动的成果。

再其次,由于中国借助世界市场得到了发展,说"中国是世界贸易的受益者",一点也都不过分。但是,根据资本主义平等贸易和自由买卖的原则,中国作为贸易者得到了多大的利益和实惠,与其贸易的另一方也得到同样多的东西。2000 年至 2016 年,全世界国内生产总值(GDP)由 335432 亿美元,提高到 756416 亿,为初期的 2.3 倍。其中,中国由 12113 亿提高到 111991 亿,为初期的 9.3 倍,由占世界份额的 3.6%提高到 14.8%。同期,世界货物贸易总量由 131830 亿美元提高到 321800 亿,是初期的 2.4 倍。同期中国则由 4743 亿提高中到 36856 亿美元,为初期的 7.8 倍,中国由占据世界份额 3.6%提高到 11.5%。说明由于中国的迅速发展,世界才充满了活力。过去说中国是世界新的发动机,新的引擎,也不过分。毫不含糊的命题是:中国是世界贸易的受益者,与中国进行贸易的国家是受益者,世界也是受益者。

(2018 年 8 月 10 日)

14. 为什么中国经济总量排名第二，

人均排名却很落后？

读者都知道，我国按照国内生产总值（GDP）已经连续多年在世界排名第二，但是如果按照人均产值计算则排名十分落后。根据世界经济网的信息，2017 年，我国 GDP 达到 131735.85 亿美元，仅次于美国 195558.74 亿美元，世界排名第比排名第三的日本 43421.6 亿美元多 88314.2 亿。但人均的 GDP 仅只有 9481.881 美元，排名 70，比世界排名第一的卢森堡人均 111062.972 美元少 101581.091 美元，比排名第五的美国人均 60014.895 美元少 50533.014 美元。仅只是卢森堡的 8.5%，美国的 15.8%。

中国人批判了多年的人口众多，所以很容易把原因都归结人口方面，"都是人口多惹的祸"。但是，我们在前两节分析中国迅速发展的时候，已经说明，中国发展快也是因为人多！这其中的区别就在于是传统的自然经济状态里的人口，还是商品经济制度下资本所推动人口。也许有人接着会把问题又推到缺乏资本方面，这是上个世纪 70 年代末政府推行强制性计划生育的最重要的借口。不过，即使 40 年前是这样，今天却不是这样。读者已经看到，中国资本已经过剩，早就开始输出到国外，甚至投资于包括美国在内的发达国家了。中国在资本过剩的情况下，人均的产值却低到令人脸红的程度。

有如我国经济总量巨大发展是中国人民的劳动创造，归功于改革开放一样，人均 GDP 成绩过于落后也在于资本与人民的结合不够，应从改革开放方面寻找不足。

其实，这个问题并不复杂，许多年来人们也都有共识，就是虽然大家一直在说改革开放，但是在发展的实践上却是有不少的领域的确开放了（还有许多领域开放的不够甚至还没有开放），在改革方面却几乎没有做什么。

我们一再引用马克思所总结的资本主义（再次提醒读者，马克思的眼里资本主义就是商品经济、商品生产，它就是在自然经济基础上发展起来的一种生产方式，一种社会形态）的历史逻辑，"资本、土地所有制、雇佣劳动；国家、对外贸易、世界市场"，是由于历史确实是如此发展的。资本、土地和劳动力 3 个生产要素的自由流动，是资本主义经济的起点和发展的必备条件。在传统的自然经济里，人直接与小块土地结合，人受土地制度的束缚，是资本主义起点就须尽早解决的问题。有所不同的是，在西欧那些被认为内部经济制度适合自然生成资本主义的国家里，这一过程早从中世纪的中后期就开始了。譬如马克思以英国为研究对象，认为在资本主义生产方式到来以前，农奴制早已废除，作为英国中世纪顶点的主权城市也早已经衰落。所以，在这些资本主义内生性的国家里，是在历史基本解决了资本、土地所有制和雇佣劳动 3 个资本要素市场的基础上形成了民族国家，而其他落后地区却是在欧美资本主义侵入或扩散一个阶段后取得民族独立，或者在取得民族国家的地位以后，已经开始资本主义生产以后才开始建立资本、土地和劳动力的要素市场。

中国和苏联这两个内陆型农业生产大国，在其早期都是采用了计划经济制度，即政府直接控制资本、土地和劳动力的模式。在苏联，政府把一切资本都收归国有，而在农村则实行集体农庄制度。中国在学习苏联的时候，其方式相对温和与人文一些，除了直接没收外国（帝国主义）、官僚资本和地主富农的土地以外，对城市民族资本采取了公私合营和收买的政策，在农村则先经过互助合作、初级社再到高级社，以及人民公社几个阶段。历史证明，这种以政府直接控制资本、土地和劳动力资源实行经济发展的生产方式，在一个短时期内发展效果是显著的。但历史也已经证明了，它是不可持续的。

从思想认识方面来说，自 20 世纪 70 年代以来，我们已经找到了正确的发展道路，那就是市场化。40 年来，我们也是不断地朝着这个方向发展的。1999 年 11 月 15 日，中国与美国签署的《中美关于中国加入世界贸易组织的双边协议》，标志着中国加入世界贸易组织的漫长谈判即将结束，中国义无反顾地要走市场经济道路了。2001 年正式加入世贸组织以后，表明这一过程已经不可逆转了。市场经济与计划经济是直接对立的。计划经济是由政府配置资源的，而市场经济是由市场自发配置资源的。走市场经济就意味着必须改变由政府审批和决定的传统的计划经济。但是，实事求是地说，直到现在，我们只是对民营资本和外国资本开放了一些领域，允许政府以外的资本适当进入和发展，而在改变政府控制经济的制度上则做的还不多。

在农村改革上，政府还抱着土地属于集体经济的观念不放。其实，斯大林的集体农庄属于集体所有制，是政府为了发展国家资本主义而剥夺个体农民的一种暴力措施。所谓的集体农庄，从生产力发展的阶段上来划分，它连资本主义大农场的生产能力都达不到，所以仍只能和农奴制、村社所有制一样，属于一种自然经济。它只是为有利于国家资本主义的发展，用集体农庄的形式变相剥夺个体农民，——土地是集体农庄的，不是农民个人的，而失去土地的农民则可以随时听从政府资本需要的召唤，使得土地和农民劳动力一下子都成为政府资本的储备资源，从而有利于苏维埃国家资本主义的发展。

我国农村集体经济更为落后。政府和法律承认农村集体所有制的土地属于农民集体所有，但却不允许这个农民集体自己做主买卖或者做出其他用途的使用。更有甚者，80 年代以前，农村劳动力和土地资源，都是由国家直接调拨的（虽然毛泽东反对直接调拨，但它与国家的关系上却没有，也不可能有变化），农民的土地种植计划也是由政府决定的。80 年代以后，农民有了自留地，有了宅基地，但中央一级政府发文不允许买卖。集体经济的财产集体经济不做主，农民的财产农民不做主，这不是说无论农村集体还是农民个人，都没有所有权？可是，问题又不那么简单。农村集体所有制的土地，真还不是与农民没有关系。事实上，以包产到户的名义分配到农民头下的土地，又成了农民不可以离开农村与土地的有形无形的羁绊和包袱，也是政府反对农民进城的一个借口。这是一种所有权关系不明不白的经济制度，它表明我国还处在从传统向现代转变过程中的一个较低阶段上。只有当农民直截了当地拥有了自己的土地，有如20世纪50年代初期，占有中国人口最大多数的农民群体都有了属于自己的土地和其他的私产，再形成自由的土地和劳动市场就容易了。

在城市改革方面，政府一直延缓所属的企业改革。市场经济是由市场自发配置资源的经济制度，政府却把优质资源控制在自己的手里，直到现在仍然把追求经济目标当作政府运行和运作的目标。人们对这一方面的研究已经很多。政府企业对市场变化反应迟钝，资本掌握在政府手里往往效益很差，政府有了企业相当于既当运动员又当裁判员……。企业不和政府切割，政府容易滋生腐败，也不可能建立起市场经济制度，这些道理谁都懂得。问题在于，一方面是意识形态的障碍，另一方面更为重要，那就是特殊利益集团的作用，——在这一方面，我们甚至还得不到任何改革的意图和迹象。属于政府的企业、政府的财产，应该政府主动将其切割、推进市场，没有这一步就谈不上市场制度。这是谁都懂得的道理，可就不去做，徒唤奈何！

另外，还须知道，虽然说中国已经加入了世界贸易组织，走向世界，但是，中国与世界其实都才有了一些初步的、表层的接触，发达国家的资本基本上还未进入中国，而无论国外资本还是中国资本在中国的投资，所引进的生产线，基本上又都是发达国家转移和淘汰的生产力，往往都是一些高耗能、劳动密集型的，比较一般的、甚至低端产业，本来就不具有很高的效率。一般的经济学家用当年产值作比较，比如说2017年，中国GDP是13万亿美元，美国19万亿，说这是两国的差距。这是极为表层的，是混淆了许多深层的和具有本质性区别关系的简单比较。既然把全世界所有民族国家和经济共同体放在一起用国内生产总值作比较，那就是抽象出人类的共同的劳动或产值，已经没有民族的差别，而只有人所推动的生产力，多少人创造了多少的产值所体现的生产效率，它既有生产技术上的因素，也有经济组织和社会体制方面的原因。中国人口是美国的4倍，如果具

有美国的生产力，2017 年的生产总量就不该是 13 万亿美元，而是 78
万亿。13 万亿和 78 万亿，这才是中国和美国的差距。

　　总而言之，改革不可以再拖了。没有自由的资本、土地和劳动力
市场，也就没有真正的市场经济制度，即使开放了，中国在前进的路
上也一直会跌跌撞撞，摩擦不断。

（2018 年 8 月 12 日）

15. 中国制定规则了吗，中国能制订规则吗？

这个问题最初是由奥巴马总统提出来的。奥巴马就任后期，预料到如果共和党上台，会抵制他正在推动的 TPP（跨太平洋伙伴关系协定）。所以，他希望在任期内完成这一国际公约。应该说，就世界发展趋势来说，TPP 促成最发达国家经济体内部关税大幅下降，是个进步的举措。但是，他们那一拨政治精英还从传统的冷战思维里走不出来，所用的策略还是以中国巨大进步吓唬共和党，意美国不尽快推进 TPP，中国在世界贸易中的份额越来越大，将来由中国制定规则，更不利于美国。美国打响贸易战以后，有人进而说中国制定了特别的规则，所以导致美国的贸易战。

害怕中国制订规则，中国制订规则了吗？什么叫规则，中国能制订规则吗？这都是一些似是而非的问题。

规则是指一般运行或者发展过程中应该遵循的行为规范。但是，这里所说的显然是资本主义现时代中的规则，是在社会基本制度与世界秩序的层面和含义上，也就是资本主义现时代的基本制度和秩序。实际上，在资本主义现时代，各个具体行为过程莫不受资本主义基本制度和世界秩序的影响。所以，资本主义制度和在这一制度影响下的世界秩序，乃是现时代的最大和最近本的规则。就这一方面来说，首先必须知道，其实美国也不是规则的制订者。

也许有的读者还记得，笔者所提出的一个观点，即资本主义 600 年历史的最大成果，就是产生了目前世界上将近 200 个民族国家或其他形式的经济共同体。这是当代与未来世界秩序的细胞，或组织基础。而在各民族国家的形成和发展过程中，只有 15 世纪末至 16 世纪初西欧产生的少数几个民族国家，算是其经济内部自然生成的资本主义商品经济制度。由于资本主义具有扩张的本性，在随后向全世界扩张和发展的过程中，18 世纪后期到 19 世纪初，在西欧国家南北美洲的新大陆殖民地，产生了以美国为代表的第二批民族国家。19 世纪初期拿破仑战争到 20 世纪第一次世界大战前后 100 多年，在距离西欧最近的欧洲中部及东部，产生了以德国、意大利为代表的第三批民族国家。20 世纪两次世界大战，尤其是第二次世界大战以后至 70、80 年代，全世界各个大陆上兴起民族独立和解放的潮流，各落后民族和发展中地区挣脱帝国主义和殖民主义的统治，是民族国家形成与发展的第四阶段。当然如果愿意，把 20 世纪 80 年代末至 90 年代初至今，从苏联解体，东欧原来苏联的卫星国家和苏联解体后获得独立的一批民族国家，以及原来的南联盟解体后获得独立的民族国家，也算做一个阶段的话，那就是第五阶段。

从这个视觉出发考察世界规则制定与运行，平等贸易和自由交易的规则，这一最可以反映和体现资本的自由和平等本性的规则，是由西欧的以英国、法国、荷兰、葡萄牙、西班牙为代表的几个少数国家，从它们自身的经济制度的基本规则出发，推向全世界的。所以，资本主义规则的制订者和推行者并不是美国。而美国，现在世界上经济最强大的国家，是在资本主义触觉已经伸到全世界以后，才形成一个独立的经济体，才成为民族国家的。它其实也是资本主义规则的接受者，而不是规则的制订者。

但是，因为规则是一个需要运行者遵守和执行的客观范畴，客观运行过程中难免要检验制订者主观与客观的符合程度，由于运行范围的扩展，客观情况的发展，也都会暴露最初制订的规则的局限性，纠正、补充，甚至重新设置早期的规则，往往都在所难免，或者势在必行。这一修订和补充规则的历史使命，并不都由原来的规则制定者来完成，往往可能由规则的执行者接着做。

美国就是由执行者转变成为旧规则的补充者、纠正者，以及新的规则的设计者、制订者。要知道，1776 年以前，现在的美国还只是英国国王在北美的 13 块殖民地，不是一个独立的民族国家，当然是英国殖民者所制订规则的执行者。美国独立以后，在自后的 100 多年里，经济外交都算不上那么强大的国家，有关世界上的事务也只能跟在英国和法国后面"打酱油"，不是规则的制订者。只是 19 世纪末到 20 世纪初，美国强大起来以后，开始在世界事务上有了发言权，逐渐成为规则的制订者，甚至在世界事务的许多领域都是规则的主要制订者。

19 世纪末、20 世纪初，由于美国初期曾经是别人的殖民地，所以很反感旧殖民主义和帝国主义，在国际事务中首先提出国家主权、领土完整的概念，反对旧殖民主义和帝国主义。在第一次世界大战期间，美国就已经主张民族独立和民族自决的原则。在第二次世界大战中，罗斯福通过《大西洋宪章》，进一步发表了新的理念，成为战后国家事务的新规则，包括不寻求领土或其它方面的扩张，不要求任何与有关人民自由意志不相符合的领土变更，尊重各民族选择的政府形式，主张国家不分大小而相互平等，促成所有国家在经济领域内最充分的合作，反对武力、主张和平，等等。二战结束和即将结束，联合国的成立、关贸总协定和世界贸易组织的形成与发展，以及当前世界的许多领域的发展及秩序，美国都曾做出过贡献。

1943 年 11 月，罗斯福因为要参加开罗会议和德黑兰会议，前后用了一个多月的时间，往返途径非洲和西亚大陆的许多个国家。回国后不久，他在写给联邦法院大法官费利克斯•法兰克福特的信中不由感叹地说："……一路上，我感觉我访问过的国家那么可怕地缺乏文明——但是回国后，我也不敢肯定美国文明程度究竟有多高。"罗斯福领导的美国，的确是二战中世界各国人民的中流砥柱。但是，战后美国民族主义抬头，军事武装领袖和军火工业巨头所结成的联盟又把美国拉到军国主义和追求世界霸权的道路上，把世界各国逼迫到军备竞赛的斜路上。

检视西欧和美国制订规则的历程，凡是符合自由和平等这一资本本质要求的理念和规则，都是正确的，有生命力的。否则，都是有局限的、暂时的，或者根本是不正确的。美国反对老殖民主义侵略和统治落后民族的行为，是正确的，有意义的。但是，美国所继承老殖民主义的"丛林法则"和"有效管辖"的国际法原则，以及标榜"美国优先"和美国霸权主义，则一定要批判的。

"丛林法则"是从老牌殖民主义和帝国主义时代开始就宣传和张扬的一项原则，即世界各国各民族关系有如丛林中野兽一样的状态，弱肉强食。这其实是资本主义初期向世界扩张的时候，西方殖民主义制造的一种国际法原则。即使到目前为止，美国等发达国家的政治学仍然在国际事务中使用这一原则。这个观点当然是错误的，荒谬的。人类不是野兽。人类经过了几十万年甚至上百万年的进化，特别是已经有了 5000 年以上的文明史。人类已经是一种有理性的动物，人类社会早已经不是丛林，即使最落后的民族也都在某种文明里过着有秩序的生活。西方国家用"丛林法则"做借口，强行侵略、占领和掠夺，甚至野蛮杀害落后民族，不过是要稍微慰藉一下那颗基督徒的心。

"有效管辖"是晚于丛林法则的一个国际法原则，说虽然从主权上来说，某个地方是某个国家的，但是，由于不能或者没有实行有效的管辖，就可以被夺走。1895 年，日本就是以这一名义把台湾从晚清政府手里夺走的。1945 年，美国总统杜鲁门也是以此为借口，同意斯大林胁迫国民政府，把外蒙古从中国分裂出去的。最近一些年，美国等国际社会中一部分人，还是以这一理由质疑中国南海主权的。还是从这一理论出发，日本以 40 多年来的"有效行政"，主张钓鱼岛主权的。

其实，"有效管辖"和"丛林法则"一样，是一种强盗逻辑。人类是自然产生、进化与发展的。即使是传统的历史时代，世界各民族也是与自然环境，与周边各民族形成了一定的、约定俗成的关系。这种关系本身就是不同文明的体现。到了资本主义现时代，各文明民族开始接受资本主义理念，有了领土和主权的意识。但是，现代国家的行政管辖是与它的现代化水平相关的，不能用"有效管辖"这种具有很大弹性的概念，去框定国家领土主权这一具体权利。相信美国在 1867 年花费 72000 美元从俄国沙皇手里买下阿拉斯加的许多年里，那块地方都是缺少有效管辖的。用有效管辖夺取一个国家的领土，有点像小偷或盗匪，或偷窃或明火执仗地抢劫别人库房里久未检点的珠宝。

二战以后，美国民族主义泛滥，自大张狂，要做世界的领袖。一方面借助欧洲国家在战争中消耗殆尽和经济疲惫的背景，以贷款和经济援助为诱饵，一方面制造苏联威胁，以军事保护的名义把二战期间发展起来的军事武装放置在欧洲，借用冷战舆论推行世界霸权，这是从罗斯福的《大西洋宪章》基础上的倒退。资本主义时代，一个或者一些个国家保持经济或者文化方面的先进，在世界事务中得到大多数民族国家的拥护和爱戴，是很正常的。但是，资本主义时代却要得到霸权，那没有不失败的。至于呼喊"美国优先"，那更是民族主义狂热得头脑发胀的热昏胡话。国家不分大小，一律平等。美国凭什么优先？如果美国继续这样下去，作为制订规则者的时代，恐怕也该结束了。

至于中国，因为它还是一个落后国家，融入国际大家庭的历史还不很长，对于资本主义的规则还不熟悉，相当于初学者而处在见习期，所以还谈不上制订规则。我所见到的一些观点，说中国已经成为规则的制订者，基本上都是言过其实。譬如说中国加入世贸，承诺政府要取消国有企业的优惠，但至今并未做到。——这就是中国改变或者制订规则。这当然是不正确的。中国是一个未曾经历过资本主义的国家，在其早期阶段，政企不分曾经是那时的中国社会的特点或特征。加入世贸组织以前，企业和政府的关系至少不比现在差。要求中国政府尽快切割与企业的关系，是正确与合理的。但把它说成新的问题，是中国政府在制订规则，是倒退，则是不公正的。

中国有没有权利，能不能制订规则？从资本主义现时代的基本原则出发，不要说中国这样的大国，就是任何一个小国家，也都有参与制订规则的权利。但是，从实际、从现实出发，中国目前还没有能力制订规则，还不可能制定出重要的规则，原因在于它自己还不熟悉资本主义的规则，对资本主义生产、交换和分配的规律缺乏透彻的感悟和认识，即使提出一些规则性的建议，不说别的国家反对，自己都很难通过实践检验这一关。所以，如果不幼稚的话，中国应该想都不想要制定什么规则。相反，它还是要把主要精力放在自己的国家内部事务方面，确确实实以人民利益为最高标准，深化国家经济和政治体制改革，而在国际事务方面，严格遵守世界贸易规则，坦承地与世界各国人民交往，尽最大努力做一个负责任的大国。

最后的话还是要回到美国。中国有没有能力制订规则，以及是否制定了规则，那是一回事。而中国是否有权制定规则，那又是一回事。无论怎样，都犯不着美国总统叫嚣不允许中国制订规则、中国不能制订规则。美国的这一说法是对中国的侮辱，是帝国主义和霸权主义的腔调。中国是一个穷国，是一个弱国，但是一个独立的、有尊严的民族国家。中国有必要对美国总统及其政府官员对中国这一类的言论予以批评和抗议。随着资本主义在向全世界落后国家扩张和发展的过程中，任何西方发达国家的霸权主义和帝国主义的言行都需要像中国这一类落后国家的批评和校正。落后国家不断地富裕和发展，逐渐接近发达国家；发达国家放下身段，逐渐改变霸权主义和帝国主义的蛮横和不讲道理的做法，以平等的态度对待日益接近自己的落后民族。这才是未来的世界。

（2018 年 8 月 13 日）

16. 国民浮夸是美国贸易战的起因吗？

　　前面几节有关中国发展的内容，其实还都是分析美国贸易战的起因的。特朗普发起贸易战，直接的原因，以及说起最多的，似乎是世界各国赚取了过多的贸易顺差，从而占了美国的便宜。所以，我们从贸易顺差、逆差两个概念的涵义，以及美元作为世界贸易货币与原来黄金的区别说起，说明在当前把美元设计为世界货币的格局下，参加世界贸易的各个民族国家必然要把顺差作为贸易的目标，所以美国一定是逆差。但是，一个国家的世界贸易，无论出口进口，完成的交易仅只是实现了商品的价值，并不改变商品的价值量。所以，对于美国以外的其他民族国家来说，无论顺差逆差，本都是它们国内生产总值（GDP）的一部分，它是由有效资本推动的劳动量决定的，而与统计出来的贸易结果表现的顺差或者逆差没有关系。

　　所以，自从美元代替黄金成为世界货币以后，世界贸易已经发生了许多改变。第一，美元既然是世界货币，各国就必须把美元当作一般等价物，追逐美元，追求顺差。

　　第二，读者都知道，黄金、白银本来也都是商品。由于自然属性而适合作货币，所以黄金白银成为一种可以用作其他商品一般等价物即货币的特殊商品。美元是美国的国家货币，美国垄断美元的发行量。自从美元替代黄金成为世界货币以后，就已经转变成为美国的制造的商品。所以，自从布雷顿森林体系把美元设置为世界货币，要求世界贸易使用美元结算以后，世界各国与美国的贸易已经发生了深刻的变化。一方面，对于美国以外的其他各个民族国家来说，它们以顺差形式所获得的美元，其实也是美国的一种特殊商品。所以，对于这些国家来说，过去的顺差充其量也只是一种进出口平衡。但是，当它们超过卖给美国的货物的贸易额而购买的时候，因为必须使用自己的黄金储备，所以那还是逆差。另一方面，对于美国来说，因为除了货物出口以外，超过出口的进口贸易永远都是使用美元这一种特殊商品支付，而并不是用黄金储备，从而就没有逆差。这就是说，在世界各国在与美国的贸易中，世界各个国家会发生实实在在的逆差，却不再有顺差；而美国在与各国的贸易中已不再有逆差，却永远都是顺差。

第三，由于生产力的发展和通货膨胀造成的美元贬值，以及美国政府有意发行的庞大的国债，美国事实上是通过美元向世界各国转嫁美国的通货膨胀，让各个国家共同承担美元贬值的后果的。如果分析美国战后的对外贸易，从 1945 年开始到 1970 年，由于实行美元的世界贸易体系，美国的贸易顺差就一直在缩小。我们从《一九〇〇年以来的美国史》下册第 31 页所给的"1940-1970 年美国对外贸易"图的资料，即使运用战前 1940 年的资料，该年顺差占进出口总额19.1%（其他年份没有具体数据，但从进出口曲线所显示，战后 1945-1950 年美国贸易顺差要比战前比例高多了），到 1970 年顺差缩小到占该年进出口总额的 2.9%。所以，1944 年布雷顿森林决定美元成为世界货币后，美国的贸易顺差就开始减少。70 年代初期尼克松政府实行赤字财政，接着美国宣布美元放弃与黄金直接挂钩而实行自由浮动政策以后，贸易很快就出现了逆差。近半个世纪以来，美国人早就这么过日子的。历史早已证明，保持贸易逆差对美国有利。而特朗普以各国贸易顺差为名发动贸易战，其实就是上海人所说的"捣糨糊"。

既然贸易顺差逆差不是美国发动贸易战的真实原因，那是什么？一些人把视线转向中国，其中一个观点说，个别人狂妄自大（最具代表性的语言："厉害了我的国"），放大了中国的发展，引起美国人的嫉恨，所以打压中国。还有人拉出清华大学国情研究院院长胡鞍钢，把其当作代表人物，似乎他们导致了美国的贸易战。

2016 年，笔者撰写《20 世纪两次世界大战、"冷战时代"和后

"冷战时代"的政治经济学分析》[3]，就批评过那种简单把中国当作"仅次于美国的世界第二经济大国"的观点。文章说：

> 无论作为经济大国还是世界强国，中国其实还都不够格。首先，论经济总量中国排世界第二，但如果按照人均GDP计算，2015年中国人均8280美元，在全世界181个经济实体里排名为第73名，与第一名卢森堡人均103186美元比较，不到其十分之一；与第五位美国55904美元比较，占不到15%。从经济质量来说，按照国家统计局的说法，2015年我国劳动生产率水平仅相当于世界平均水平的40%，相当于美国劳动生产率的7.4%。

至于胡鞍钢现象，那是现阶段我国学界的一个特色。过于强大的政府体制，诸多知识分子依附其下，不靠扎实与严谨的学风，而靠猎奇与钻营过日子。胡鞍钢只不过是做得长久，表现得极致罢了。90年代初，中国改革开放的大戏还没有正式开场，胡鞍钢就标新立异，写出《中国地区差距报告》，提出中国地区经济差距过大，危言耸听地说中国已经出现"诸侯经济"并挑战中央权威，呼吁解决这一问题已是当务之急。那个年代里，他能够给中央建言的办法，当然还是计划经济的平均主义、抽肥补瘦。其实就是退回到计划经济时代。该书出版后，笔者曾写出长篇论文《改革、开放：解决中国地区差距问题的根本途径》，发表在《经济体制改革》1997年第3期上（中国人民大学《国民经济管理与计划》1997年第9期也曾全文转载），特别批驳了他的几个观点，诸如我国地区差距已经发展到很危险的程度，地区差距已经产生诸侯经济并导致分裂，地区差距正在损害并挑战中央权威，地区差距已成为中国突出矛盾，等等。笔者的观点与他相反，即中国出现地区差距是中国改革开放的成果，是发展的表现和象征，地区差距才刚刚开始。笔者与胡鞍钢争论的时候，改革开放才10多年。现在，又是20年过去了，中国的发达省份与落后地区的差距更

---

3 参见 http://liangzhongtang.blog.163.com/blog/static/10942650820161112144532489/

大了。差距拉大了，各自却都富裕了。几十年来，胡鞍钢总是这样，选择一些似乎可以打动党中央的总书记或者国务院总理的题目，剑走偏锋，危言相向。不想前一阵子有关中国经济实力的言论（据说经过他的长期计算，早在 2010 年时，中国的综合国力就已经超过美国，达到了美国的 1.04 倍；到 2020 年时，中国的综合国力相当于美国的 1.75 倍；到 2030 年，中国的综合国力就相当于美国的两倍），却在遭遇到美国打压的关头，受到主旋律的碾压。

引述这些陈年旧事，是要说明，笔者一向是站在相反的营垒的。但是，即使如此，我还是反对要胡鞍钢们承担美国贸易战责任的做法。老实说，美国政府发动贸易战，与中国的胡鞍钢们没有一毛的关系。也许特朗普都不知道中国还有胡鞍钢这样一个人。

（2018 年 8 月 15 日）

17．中国内政外交及施政目标

是美国贸易战的理由吗？

美国政府发动贸易战以后，有人把问题的起因归结到中国政府的身上，认为是中国的内政外交以及施政目标，譬如"一带一路"，《中国制造 2025》，惹恼了美国。还有人把责任归结到靠近中国政府的"王教授""李教授"等一些知识分子身上，说是它们给政府出的馊主意惹的祸。我觉着这个问题没有多少道理可以阐述。自从罗斯福的《大西洋宪章》以来，"尊重所有民族选择他们愿意生活于其下的政府形式之权利"已经得到人们广泛的认同，更不必说一个国家的内政外交政策和施政目标。选择怎样的发展路线和政策，那是每一个有主权的民族国家应该享有的权利，我不认为美国政府不懂得这个道理。即使有材料说，美国政府的贸易战已经明确无理指责《中国制造 2025》这样的产业政策，那也是有如在贸易顺差上做文章，故意无理取闹，"捣糨糊"，而不是他们的真实意图。

（2018 年 8 月 16 日）

18. 美国贸易战是要

"打掉中国蓬勃发展的势头"吗？（上）

这种认识是前文所说的李教授王教授们的宣传。但是，从他们所写的文章来看，支撑其观点的历史是虚构的。

首先，他们虚构中国历史上曾经居于世界中心，现在又走近这个中心。他们说："自鸦片战争以后，经过 100 多年努力，中国重新走近世界舞台的中央，这是我们观察中美贸易摩擦必须清楚地基础性事实。"

但是，他们所说的"基础性事实"并不是事实，而基本的历史事实是，1840 年鸦片战争以前的几千年里，产生于自然农业基础上的中华文明，只是历史上的一个存在，但不在"世界舞台的中央"。如果我们愿意使用中华帝国这样的术语，也未尝不可。不错，中华帝国几千年的历史向来都以我为中心。但是，直到中华帝国的晚期，以它为中心的天下（请注意，中华帝国的语言里没有世界）也就只包含朝鲜半岛、琉球群岛和越南半岛等周围不多的几个附庸或藩国。具有讽刺意味的是，当中国人朦朦胧胧地粗略知道现在的世界的时候，恰好还是鸦片战争以后。林则徐与英国人交手过招，知道了世界之大，遂编写了《四洲志》。幕僚魏源在此基础上，又编写了 100 卷的《四海图志》。这是国人对世界知识的启蒙。

自然经济是人类历史上的一个阶段。中华民族在其自然经济阶段创造了灿烂的农业文化，是人类四大古老文明之一。但是，自然经济都是在一定区域里发生的，相对封闭的。所以，一直到资本主义叩门的时候，这些古老文明是不知道现在的世界的。世界，以及世界中心，是资本主义时代的范畴，资本主义文明的词汇。即使中国文明历经的时间很长，区域很大，那也只是区域文明，而不是现在的世界。当中国人知道世界的时候，不仅世界很大，而且还有中心。不过，这个中心不在中国，甚至与中国都没有多大的关系。

15 世纪末至 16 世纪初，从西欧产生最早的几个民族国家开始，资本主义从海上向世界各地扩展。资本的殖民贸易先是从大西洋出发，沿非洲海岸线绕过好望角发现印度洋的西海岸，再向前到达印度和亚洲东部。在越过印度洋到达太平洋以后，还发现了南太平洋群岛，以及大洋洲。与此同时，西欧国家穿越大西洋的探险，发现了南、北美洲新大陆。由此，西欧人经过几百年的海上贸易与探险、移民，不断把世界碎片拼接起来，才慢慢有了世界的概念。特别是因为民族国家的产生，国家对探险家的支持，对它的商人的保护，以及商人对民族国家的依赖，逐渐发展了海外贸易。因为各自属于不同民族国家，商人们的货船有起点，有终点。连续几百年的海外贸易，先前只有商船，后来又增加了政府所委派的武装船只（它是现代军舰、航母的前身）的保护。商船，以及武装舰只无数次地往返于商贸港口和他的民族国家，这就形成了"世界舞台的中央"或世界中心的概念。所以，世界，以及世界舞台的中央或中心，乃是世界经济、政治、军事和文化借以环绕的发源地、根据地，枢纽和核心，是经过西欧几百年发展才出现的资本主义范畴。因为中国在那个年代里还没有海外贸易，没有资本主义，甚至还没有对世界自然地理的认知，遑论"世界舞台中央"与世界中心！

其次，李教授王教授们的文章说"当年，面对实力强大，意识形态相异的苏联，美国发动'冷战'，'倾其所有，拿出所有的黄金，全部物质力量'，对苏联进行全方位打压和遏制，成为导致苏联解体的重要外因，美国自诩赢得了'历史的终结'"。这也都不是事实。

第一，说苏联"实力强大"，看与谁比较而言。同当时的中华民国比较，可以这么说。但与日本、德国比较，更别说美国了，此话就不可以说。二战期间，苏联人民在斯大林的领导下，抗击德国法西斯，无比英勇顽强。没有苏联人民，就不会有二战的胜利。这也都是事实。但是，那都是在世界历史的局部里所起到的作用。一方面，以苏联为首的马克思主义和共产主义派别放大了苏联在世界里的地位和历史中的作用。另一方面，我们后面还要叙述到，美国某种程度的需要也渲染了苏联的强大。其实，那时的苏联基本上还是一个很落后的国家。——1917年十月革命以前，俄国是一个农奴制改革还未完成的农业国家。苏联共产党执政的20多年里，是在被先进的工业国家包围而与世界先进国家隔绝的状态下存在的。斯大林发展了一些工业化，但因为基本上没有国际贸易，其成就毕竟是有限的。至于苏联的农业，想一想当年我国由农民简单组合的人民公社，大约也就知道了苏联的农村集体农庄。所以，如果靠苏联自己的力量与那个早就超过英国工业生产能力的德国厮杀，究竟鹿死谁手，真的还不好说呢。

二次大战期间，至少从1942年年初开始，苏德战场所上演的就是一场由苏联出人美国出枪出炮抗击德国人的战争。从1942年到1945年欧洲战争结束，前后3年多的时间里，美国以"租借法案"的方式援助（其实就是白送）苏联，有超过100亿美元的军火与战略物资送达到苏联人的手里。援助物资从飞机、坦克、火炮到卡车、火车皮，以及橡胶、粮食、被服，等等，应有尽有。我们仅提其中的2万架飞机，42万辆卡车，5亿发弹药，放在现在也不是个小数。所以，1943年11月德黑兰会议上，斯大林就端着酒杯虔诚地对罗斯福说，感谢美国的制造业，一个月可以生产出一万架飞机来！如果不是美国的飞机，这个仗早就打不下去了。看一看又是70多年过去了，前苏联的主体部分俄罗斯（它在前苏联的经济比重中占据了80%以上的生产力），其2016年的生产能力（GDP）仅相当于改革开放后30多年的中国的11.5%，竟然满口跑火车地说当年的苏联"实力强大"，真不知道该说什么。

第二，关于美国"倾其所有，拿出所有的黄金，全部物质力量"对付苏联，则无需讲很多的道理，只要列举美国的国防开支就行了。笔者曾多次列举剑桥美国经济史的专家们的数据，批评美国在战后的和平时期占用了国民过多的生产成果。其中 1949-1989 年冷战期间，美国的国防开支占国民生产总值（GNP）的 6.9%。冷战以后，美国的国防经费大约保持在国内生产总值（GDP）3-4%之间。即使美国的国防开支都是为了对付苏联或者俄罗斯的，那也不是李教授王教授们的那个说法。更何况，美国与苏联始终是保持外交关系的国家，两个大国在战后的国际事务中虽然有争吵，但还是有合作的。如果知道这样一个道理，那就更不能这样说。国际关系中，不可能，也不允许在保持外交关系的前提下，真的对其"全方位打压和遏制"。这是国际法，是国际关系的基本准则。所以，对民众担负有教育和宣传职责的媒体说那种不靠谱的话，只能说明作者缺少起码的责任心。

第三，再说冷战。所谓冷战，就是没有发生的战争，是嘴皮子上的战争，或者是意识形态方面的假战争。在美国政治学占据国际社会主要阵地的情况下，无论舆论或者学术上，人们都普遍认为，既然是战争，那就是两个阵营两个方面，所以研究冷战的专家们都是从美国和苏联两方面寻找原因的，是美、苏两方面挑起的。其实，那真的是因为人们没有很认真地研究这段历史。斯大林从战争初期与罗斯福建立友好关系的时候开始，一直有战后让美国帮助苏联发展经济的强烈愿望。所以，战后苏联不仅没有与美国为敌的主观动机，而且在许多的事情上都是对美国一味地迁就和忍让的。

从美国一方来说，虽然借着其强大而常常蛮横，但那也不真的就想要和苏联发展到对抗与战争的程度。既然说冷战，那就是假战争。意识形态具有虚幻性。所以，它完全是美国政府为了在国内推行它的方针政策而虚构的苏联威胁，虚假的战争。1945 年 11 月，即战后 3 个月，美国情报部门曾经给美国政府提出一份非常重要的秘密报告，该报告列举了苏联与美国军事上各个方面的显著差距，认为只有经过比如 15-20 年以后"弥补"了这些方面的差距以后，苏联才愿意冒严重武装冲突的风险。战后许多年里，美国的军事领袖，比如马歇尔和艾森豪威尔，都根据战争期间与苏联的交往经验，不承认和不相信苏联有侵略的意向，更不用说主动挑起对美国的威胁了。1947 年 3

月，当美国总统杜鲁门准备对国会发表那个"遏制共产主义"，标志"杜鲁门主义"产生的演说的时候，已经担任国务卿的马歇尔就认为"这篇讲话稿所写的反对共产主义的浮华辞句似乎太多了一些"，而杜鲁门回答旅途中的马歇尔说，"如果不着重叙述共产主义的危险，参议院就不会批准这个主义"。所以，反对苏联一直都是美国政府对付国内对立派别，向国会要求拨款的一种政客伎俩，一个政治策略，而不是真的对抗或战争。

第四，至于苏联解体的原因，当然是那些用冷战意识形态培养出来的美国政治精英和民族主义者们都会"自诩"那是美国"打压"的结果。在中国，至今愿意相信苏联毁于美国的也大有人在。但是，如果我们把视线放到 15 世纪末以来的大约 600 年的近代世界历史里，适应资本发展的需要前后产生了将近 200 个民族国家或经济体的时候，如果承认民族国家是当代世界的基本细胞，以及当代国际秩序的组织保障，从而是资本主义发展的重要成果之一的话，那么，就必须承认苏联的解体是包括 15 个民族共和国的苏联经济体自行发展的产物，是几百年大俄罗斯民族所孕育的各民族已经发育成熟而要独立、自决的结果。

民族国家是资本主义时代的产物，是资本的范畴。它的形成或产生，需要资本在其民族内部有了一定程度的发展。沙皇俄国本就是一个容纳了众多民族的封建专制国家，曾被称之为"欧洲各民族的监狱"。尽管列宁主张民族独立与民族自决，但包括列宁在内的布尔什维克也都不可能过多地超脱与他所处时代的历史的局限。他们也不过是一批民族主义者。并且有如列宁所指出的那样，许多人都还是大俄罗斯民族主义者。所以，当十月革命以后，列宁的布尔什维克仅只是在圣彼得堡举行起义，成功占领彼得堡和莫斯科等少数几个大城市和欧洲重要省份的情况下，包括孟什维克在内的民主党和其他一些政党则在许多民族地区纷纷以民族自决原则成立了新的民族国家的政府而宣布独立，从而大俄罗斯事实上已经陷于崩溃的时候，由全俄罗斯的布尔什维克转变而产生的俄共（布）即后来的苏联共产党，这个极其强调严密组织纪律的所谓无产阶级政党而实质上也是大俄罗斯民族主义组织，却维护了原来沙皇时代的大俄罗斯的统一。十月革命前后产生的各个民族共和国，最终以曾长期在联邦制的瑞士过着流亡生活的领袖列宁所接受的联邦（联盟）的形式产生了苏维埃社会主义共和国联盟即苏联。人们都知道民族问题是伴随苏联始终的一个大问题，但是，几乎所有的历史学家都没有从民族国家的形成与发生的角度研究它。如果把苏联的 15 个加盟共和国当作相对独立的民族共同体，当作还未充分发展的民族国家，需要在苏联这个大民族体里继续发育成长一个时期的话，那么，苏联的存在与解体，就都是自然的、合理的。

其实，即使没有我所讲的这一套理性的阐述，于情于理也都该懂得下面这样一些道理。由于苏联的解体与各民族国家的独立，乃是前苏联各民族的自由选择，所以，从前苏联解体后的各个加盟共和国都已经转变成为具有主权的、独立的民族国家的事实来说，从已经与其建立了完全的外交关系来说，还把苏联的崩溃说成是美国打压的结果，即使不说它不符合马克思唯物历史观对大的社会过程所做的客观规律性的判断，——一个诺大的国家的变化，不是人民的选择，而且别的国家也没有动一枪一炮，仅只是有人从外部施加了什么魔法，吹一口气，说声："变！"它就解体了，垮台了。那不是对从前苏联解体而独立的各民族国家的侮辱和不尊重嘛！

最后，李教授王教授们的文章说："……在美国国际交往逻辑里，存在一个'60%定律'：当另一个国家经济规模达到美国的 60%，并保持强劲的增长势头，甚至快速赶超美国的可能之时，美国就一定会将其定为对手，要千方百计地遏制住对手的成长。不管当年的苏联、日本，还是现在的中国，概莫能外。"

但是，我们根据在长期经济增长和国际比较研究方面享有极高声望的英国经济学家安格斯·麦迪森的数据（该数据统一用 1990 年国际元做了换算），计算了相关国家的数值，发现事情根本就不是这样。譬如，1950 年，前苏联的国内生产总值（GDP）510243 百万元，仅只是当年美国 1455916 百万元的 35.0%。即使到 1990 年，即苏联解体的前夕，苏联也只是美国的 34.3%。利用同一来源的资料，1973 年，日本国内生产总值（GDP）1242935 百万元，是当年美国 3536622 百万元的 35.1%。即使到了 1990 年，日本也仅只有美国的 39.9%。都不是 60%。也不知道是李教授王教授所信奉的"60%定律"根本就不曾存在，还是由于都距离 60%还很远很远，所以美国认为还无此必要而历史上就没有发生过美国打压苏联、打压日本的趣闻轶事？

主流的意识形态常常批评老百姓历史虚无主义，其实李教授王教授们才是历史虚无主义。

（2018 年 8 月 17 日）

18. 美国贸易战是要

"打掉中国蓬勃发展的势头"吗？ （中）

李教授王教授的文章论述当前的中国，是与实际情况不相符合的，与现实世界是脱节的。譬如他们说：

> 作为世界第二大经济体，中国的经济总量已经超过美国的 60%，是日本、德国、英国的 GDP 之和，还是世界第二大货物贸易国、世界最大外汇储备国。特别是党的十八大以来，中国的发展成果进入井喷期，拥有世界四分之一的工业能力，创新科技水平正快速追赶美国……

难怪有些国民要三呼：厉害啦，我的国！

中国是一个刚刚开放和走向世界的国家，是一个由传统的自然经济（计划经济）转向市场制度的国家，所以，一切经济社会的表现还都具有发展与过渡的特征。客观地、实事求是地分析我国的发展现实，科学地向民众展示与说明我国所具有的位置，是有益的。但是，这样的叙述，是在忽悠和误导民众。第一，说中国是世界第二大经济体，这是事实。但是，这个说法不全面，仅讲述这一面还不够，因为它还有另外一个方面，这就是中国还是世界第一人口大国。从人口大国的这一面看问题，中国生产出超过美国 60% 的生产量，是发达国家日本、德国、英国的 GDP 之和，并不意味着了不起。一个 13.7 亿多人口的国家，生产出相当于 3 亿多人口的美国（3 亿 23122 万）的 60% 的产值，以及相当于 2 亿 7000 多万人口的英国（6563 万）、德国（8266 万）和日本（1 亿 2699 万）GDP 之和，有什么可值得夸耀的？所以，除了要国民知道中国是世界第二经济大国以外，更需要知道人均 GDP 还很落后（在西方经济学里，讲述 GDP，往往是，特别是在国际收入和生产率比较领域里主要都讲人均 GDP，但西方经济学移植到中国以后，主流的经济学和政府就只笼统地说一个国家所得到的 GDP 了）。目前，中国在全世界 180 多个民族国家和经济共同体中排在 70 多位，2017 年的人均 GDP 仅只是排名世界第一的卢森堡的 8%，排名世界第 8 位的美国的 14%。——这才是现在的中国。

第二，中国是世界最大货物贸易国，也具有这种性质。一方面，中国最近几十年的工业生产有了很大发展，自己和自己比较，有了很大进步。这都是事实。但是，如果要把这个事实拿出来放到国际舞台上作比较，当作成绩来炫耀，那就是问题，因为它是在发达国家更新换代的机遇和背景下形成的，中国和其他一些发展中国家接受了发达国家淘汰的一些高耗能、高污染的工业企业，劳动密集型的一些工业企业。中国为什么可以成为世界上钢铁产量最大的生产国？美国为什么对土耳其的钢铝产品加税就导致该国经济崩溃？都是因为像美国这样的金属消费的大国把这一类产业转移出去了，迁移出去了，人家不生产了，落后国家接盘了。这样，另一方面，这些所谓新兴市场国家的新企业所接受的也是原发达国家企业的国际市场，所以货物贸易量就特别地大。现在特朗普抱怨中国对美国的贸易顺差大，就是由于中国接受美国所转移的企业多，自然补充这些企业在美国的市场，对美国的贸易量自然就大了。

所以，如果自己和自己比，说中国现在的工业能力提高了，这话是对的。但如果说这就是中国的强大、先进，则是不正确的。因为尽管说中国工业能力增强了，但它还是中国产业的较低阶段。事实上，先进国家早就经历过这个阶段了，而因为中国落后，却才开始这个过程。读者可以看看数据：2016 年，按农业、工业和服务业划分的三次产业计算的国内生产总值，全世界是 23.8:27.1:69.0，其中高收入的发达国家是 1.4:24.4:74.2，美国是 1.1:20.0:78.9，同年中国是 8.6:39.8:51.6。由于李教授王教授特意说工业，读者也可以特别抽取出工业的比例做比较，三次产业间的比例构成中，中国的工业生产还未达到全世界的平均水平，更不用说和发达国家比较，和美国做比较了。

一个大的民族国家不同于城市国家，比如新加坡就可能有特别的发展路径。而大的民族国家，为主体的经济构成则需要历经由农业、工业，再侧重于金融与科学服务业这样的阶段。以美国为例，其殖民时代农业乃是它的支柱，甚至可以说北美殖民地简直就是英国的粮仓。19 世纪 60 年代以后，南北战争加强了美国作为民族国家的功能，特别是铁路、电报等基础性建设的发展，为工业向中西部扩展提供了有利条件。自后大约 100 年左右，以制造业为代表的工业是美国发展与进步的火车头。第一次世界大战前后，在美国制造业就业的人数占到全部就业人数的 27%。但是，这一局面大约到 20 世纪 50 年代有了转变，1970 年美国制造业就业人数下降到 26%，1990 年则一度跌到 18%。（美国数据主要取自杰里米·阿塔克，彼得·帕赛尔：《新美国经济史》，第 455、462 页）所以，工业占比例较高的构成也只是经济发展的一个阶段，从 20 世纪后半期开始，美国的经济发展是以服务业所推动、所带领的。

当然，我们有我们的具体国情，不可能一下子超越。但是，当我国经济总量和传统工业产值迅速增长的时候，必须清醒地知道它究竟意味着什么？工业产值中主要还是大路货的产值，譬如钢铁产量世界第一，仅河北省甚至唐山地区的钢铁产量都可以雄踞世界第一，但那都是粗钢，而且很大部分供给国内自己的市场，这样的情况下，说"拥有世界四分之一的工业能力"，而且竟然要和美国、德国、法国、日本作比较，不觉得脸红？

至于说"创新科技水平正在快速追赶美国"，我们可以引用国家统计局 2016 年的一份报告《中国劳动生产率仅是美国 7.4%》[4]里所说的话：

　　劳动生产率是决定一国经济是否具有未来增长性的标

4　参见 http://news.ifeng.com/a/20160918/49981968_0.shtml

志性指标。国家统计局发布的最新数据表明，近 20 年时间，与美国、欧元区、日本、印度和世界平均水平相比，我国劳动生产率增速是最快的。但同时，2015 年我国劳动生产率水平仅为世界平均水平的 40%，相当于美国劳动生产率的 7.4%。

处在如此这般的低点上，竟敢向老百姓奢谈"创新科技水平正在快速追赶美国"，这与 1958 年的"超英、越美，赶苏联"何其相似乃尔！

举个国内的例子。90 年代初中期，上海的轻纺工业转移到苏南等内地生产了，但上海的消费市场并不因此而发生多大的变化，许多轻纺工业产品还是要拿到上海销售。一个地方，一个国家的经济社会不同于自然条件，譬如美国属于海洋国家，中国属于大陆性国家，这无所谓先进与落后。但是，制造业的水平是有高低、先进与落后之分的。经济构成的发展变化是由低级到高级，由落后到先进发展的，是有一个变化的过程的，我们还处在较低阶段上。而美国等发达国家在全球化经济格局中，由于社会发展起步较早，技术与文化的积累，已经走过了许多产业的工业生产和加工阶段，在金融服务、高等教育、科学研究和技术、互联网产业、虚拟经济、空间技术、文化艺术产业，等等，这些无需烟火，非制造业的行业却引领着人类发展的方向。在这样的背景下，突出货物贸易的龙头老大，有点像苏南和中西部地区接收了上海转移出去的轻纺工业以后，要与上海、北京、广州等大城市一比高低一样。

第三，作者提出中国外汇储备世界第一，其实仍然与我国发展不充分、落后有关。一是中国还未实现人民币的自由兑换，境内所有外汇都由政府管理。二是社会发展水平低，绝大多数国民生活与外汇没有联系，绝大多数企业也还都没有涉外的经济活动，使用外汇消费的几率小。三是社会开放程度低，许多领域都还未开放，这都限制了外汇消费的额度。

　　第四，作者说"中国的发展成果进入井喷期"，也与我国改革开放的历史不符合，与学术界对我国经济现状所达成的共识不符合，与我国政府对中国经济的判断也不符合。自上个世纪 70 年代后期实行改革开放以来，我国经济在其接近 30 年里，平均以接近 10% 的速度增长。自后 10 多年经济增长逐渐放缓，最近一些年稳定在 7% 左右。从这一变化过程来分析，明显放缓了还要说是"井喷"，之前更高的增长该怎么说？其次，经济放缓以后，主流的经济学家们说中国经济已经进入稳定期，这样的增长速度属于"常态化"，而"井喷期"显然不是常态。还有，至少有了 20 多年以上的历史，政府判断我国经济发展还没有走出依靠投资拉动的粗放型经济增长方式的怪圈，而一直在寻找和试探建设一种依靠技术发展的集约型或内涵式经济增长模式。我们知道，这样的模式至今还未找到。如果把目前粗放型经济称之为"发展成果井喷期"，将来实现集约型经济以后又该怎样？

　　上个世纪 90 年代末，我国经济出现波动与放缓迹象，政府与学界先说国民经济运行不单独追求增长，后又提出改革已过经济高增长期。笔者一直不同意主流经济学家的判断。2003 年至 2004 年年初，作者曾集中研究过一段经济增长问题，撰写出《经济增长理论史研究》，分上、下两篇发表在同年《经济问题》杂志第 3 期、第 4 期上。笔者的基本观点是，经济发展当然需要较高的增长，中国现在的经济增长放缓并不是已经过了较高的增长期，而是因为改革滞后而无法获得高增长，如果加快与深化改革，中国至少还有 30 年甚至超过半个世纪的高增长期。

　　在世界历史上，保持较长期的高增长也是有先例的。美国从 19 世纪 60 年代的南北战争以后，有 100 多年都是较高增长率，否则，它不可能超过英国和法国。日本在明治维新以后至第二次世界大战前的 70 多年里，也是高增长。第二次世界大战以后，美国仍可以有较高的增长，但是，一方面是过高的国防经费吃掉了美国的发展基金。70 多年来，世界上最具有国防自然条件的、最不需要投入较多国防预算的美国每年却把国民总收入（GNP）4% 以上投入到所谓的国防上。而美国的"国防"西面竟然可以"防"到了日本、韩国，东面"防"到了东欧，到了海湾、中东。除此以外，美国特别强大的舰艇编队，航母编队，整天在几个大洋的公海里游弋，竟说那也是"防御"。在公海里"自由航行"的舰只和空中飞行的军用飞机，所烧的不仅是石油，那还是美元啊。另一方面，美国政府以"安全"的名义，把大量的新技术冷冻、冷藏起来，高投入的科研技术不允许进入市场，更不允许出境和出口，使得人类历史以来最讲究投入产出的资本主义制度出现了严重的投入与产出不对等，从而使得科学技术最先进的国家科学技术却没有经济效益，没有理想的市场收益，如何有稳定和较高的增长！

那么，中国的问题在哪里？

上个世纪 70 年代末，中国计划经济制度走到了尽头。说到计划经济，人们总以为它仅仅是指城市和企业，常常不把农民、农业和农村放进去。这是不正确的。中国的计划经济从来都是两个部分（计划体制里面往往不包括商业和服务行业，倒是事实）：城市和农村、工业和农业、工人和农民。笔者在 20 世纪 70 年代曾经担任过人民公社的革命委员会主任，每年县里召开由县委书记主持的计划会议，都要接受上面所下达的种植计划。各级政府是由控制各个生产队的粮食和其他农作物的播种面积，来保障国家计划的。所以，从 50 年代初期的新中国开始，计划经济就是两个大头，一个农村，一个城市。

但是，到 70 年代末，计划经济搞到农民种田没有粮食吃，国有企业连续亏损需要财政补贴给职工发工资的地步，恰如政府所说"国民经济走到了崩溃的边缘"，这才提出要改革。自后的确改革了，农村实行"家庭联产承包责任制"，把属于农民集体所有的土地分配给各个农民家庭耕种。城市则先是对企业实行承包制，接着让企业与财政脱钩，90 年代初期"抓大放小"，把亏损的中小企业稍稍作价卖给私人，从政府手里甩了出去。另外，在城市，还破除一系列意识形态的障碍，允许非政府资本和外资进入到许多领域。我们且不去评论这些改革举措的功过得失，它们首先为中国带来几十年的经济高增长。

那么，中国经济何以又放缓放慢了呢？主流经济学家分析中国宏观经济的发展态势，提出财政投资、对外贸易和消费需求拉动的"三驾马车"模型，认为财政投资和对外贸易难以维持经济稳定增长，只有消费需求才是引导经济稳定发展的基本因素。消费需求不足，这是经济学家长期以来给政府所诊断的病症。但是，中国居民远比西方国家消费水平低，甚至比世界平均生活水平还要低，老百姓却为什么不愿意消费从而导致了中国社会消费不足呢？经济学家和政府都不愿意把问题接着分析下去。

1990 年以前，中国农村和城市泾渭分明，农民是不能进城的（当然那时的城市居民也都是单位人，城市间也很难流动的）。1992 年"小平南巡"以后，外资开始进入，人口流动放松了管制。20 多年来，中国社会变动创造出一些新词汇，农民工，流动人口，常住人口，城镇人口，乡村人口，等等。这些词汇反映了我国经济改革的不彻底性，——一位农民在城里劳动时间再长，5 年、10 年，仍然是农民，最终还要回到农村去。在一个地方居住半年以上为常住人口，离开户口居住地不到半年的为流动人口。而城镇人口和乡村人口的划分仅只是为统计方便所设立的概念，城镇人口是居住在城镇的常住人口，其他以外则就是乡村人口。所以，在城里居住了半年以上的农民工也算作是城镇人口。但是，每年 2、3 亿以上的农民工在城里打工，虽被当作城镇人口了，但他们在城里打工所得的报酬是与城市居民不同的，最终还要回到农村去的前途和命运决定他们即使低收入也不敢充分消费。这是消费不足的一个很重要的原因。所以，目前我国城乡人口 57.35∶42.65，掩盖了实际的城市化发展现状。

马克思说："资本主义社会的经济结构是从封建社会的经济构成中产生的。后者的解体使前者的要素得到解放。"马克思的这段话就是揭示个体农业解体，资本所需要的土地和劳动力市场得以形成的过程，也是农民离开土地被解放而完全转变成依靠市场的"自由人"的过程。但是，中国自从 20 世纪 80 年代初期许可农民取得土地使用权以后，就再也没有向前走。占据人口绝大多数的农民既没有拥有土地所有权，却又不得离开土地，所以，我国至今还没有形成商品经济所需要的土地和劳动力两个要素市场。这是一个问题。

我国加入世贸组织就是承诺要走市场经济道路，实行商品经济生产。市场经济是由市场自发配置资源的经济制度。但是，自从 20 多年前实行"抓大放小"的方针，把许多中小企业当作包袱甩开以后，政府却把我国最优质的大企业紧紧攥在手上。政府一边办企业，一边维护市场，这就是人们所说的既当运动员，又当裁判员。这样的结果不仅是没有市场制度，而且随着走向世界在国际贸易中摩擦增多了。这是我国现实中的又一个大问题。

20 世纪 70 年代末以来，我们一直讲改革。而改革就是要解决上述这两个问题：一个农村问题，属于传统的自然经济遗留的问题；一个城市问题，属于几十年的计划经济造成的历史问题。老实说，这两个问题都还未破题。中国什么时候开始解决这两个问题了，那才标志着经济制度的改革开始了，起步了。"好风凭借力，送我上青云。"一个将近 14 亿人口的大国，当它从自然经济走向市场经济以后，当它从计划经济转向市场体制以后，因为有了新的制度与社会机制的保障，这才算真正找到了稳步、高效发展的道路，才可能出现"中国的发展成果井喷期"。

第五，李教授王教授们通篇文章拿不出自己的论说，而全都是引述所谓美国智库或美国教授、美国的国际关系和国际政治评论家们怎么说，活脱脱的一篇美国人的话语集锦。他们引述美国哈佛大学肯尼迪政府学院首任院长格雷厄姆·艾莉森的话说：只要中国不放弃"中华民族伟大复兴"，中国就将继续挑战美国在各个层面的统治。接下来才说："这恐怕才是挑起贸易战的真实意图，那就是堵死中国产业升级的关键阶段向上攀升的机会，打掉中国蓬勃发展的势头。"一个一定要复兴、要发展，一个一定要将其堵死、打掉，那难免就是敌人、冤家对头了。

但是，他们观点都无法解释 3 个最具体的事实：第一个，既然美国是针对中国的，是要打掉中国攀升的机会，那为什么美国的贸易战同时还要针对日本、英国、法国、德国、土耳其、印度、俄罗斯、加拿大、墨西哥、阿根廷，以及全世界几乎所有与它有贸易的国家？第二个，既然美国是要打掉中国发展机会的，一定要阻止中国发展的，那包括特朗普的女儿及其他的家族为什么在中国设置了那么多的企业，还继续和中国做生意？第三个，既然美国与中国要做冤家对头，死掐着中国的脖子不让我们发展，当然是我们的敌人啦。但为什么包括特朗普在内的历届美国总统都与中国领导人保持了十分友好的个人关系。提别是特朗普，他不止一次地给人们提示，他与习近平有着相当好的个人友谊。美国总统的立场和做派可以用虚伪来解释，但历届的中国领导人却从不否认并且声明与他们划清界限？难道中国领导人立场不稳，也有意误导自己的民众？

第六，李教授王教授们说："……经过 100 多年的努力，中国重新走近世界舞台的中央，这是我们观察中美贸易摩擦必须清楚地基础性事实。"读者可以看到，这也是他们引述的"有人"及哈佛大学格雷厄姆？艾莉森的观点，他们实际上是同意美国政治学教授们的观点，中国是在走进世界舞台的中央。"世界舞台的中央"究竟是什么，在哪里？谁发展了，谁就一定走近世界舞台的中央了？中国发展了以后，就果真也走进世界舞台的中央，接近美国从而构成了对美国霸权的威胁了吗？这些果真都是"清楚的基础性事实"吗？李教授王教授们既然把中国硬是逼进与美国对抗和冲突的决斗场里，却一再声明说中国要和平发展，其实这样的逻辑这样的话，可能连他们自己也都不那么相信。

资本主义以来的将近 600 年世界历史，主要是以西欧为首的几个早期民族国家向世界各地扩张与发展的历史。与资本主义扩张的实践相适应的是殖民主义和帝国主义政治哲学与国际政治理论，包括二战以后由强大的美国所制造的以冷战意识形态为核心的强大政治学，它们以侵略、殖民和霸权有理为主要内容，并且一直主导着世界舆论与国际政治。相反地，被殖民、被侵略和被压迫的落后民族由于经济与文化的落后，还未能建立起代表落后民族利益并且足以抵抗殖民主义、帝国主义和霸权主义的新的政治哲学与国际政治理论。而像李教授王教授们这些读着美国政治学教科书长大的所谓理论家，仅只是历史的偶然机遇而站在了中华民族的权力中央，仅只是从感情与立场上要和美国的霸权主义对抗，却从未对殖民主义和帝国主义理论做过理论清算与批判，所以只能自觉不自觉地跟在美国帝国主义和霸权主义后面，用冷战思维解构中美关系，用帝国主义反对帝国主义，霸权主义反霸权主义，民族主义反对民族主义。这样的文章不仅论说得软弱无力，而且无法让人知道人类如何就能一劳永逸地走出国家强大了就一定要称霸的历史怪圈。

（2018 年 8 月 22 日）

18. 美国贸易战是要

"打掉中国蓬勃发展的势头"吗？（下）

苏联解体以前，马克思主义在发展中国家一度很昌盛。苏联解体以后，马克思主义在全球的发展陷入低潮。不过，如果深切反省历史，应该说那个时代的马克思主义是马克思-列宁主义或马列主义，是由列宁所总结的马克思的学说。列宁之后，斯大林又将其发展了。所以，是列宁和斯大林的马克思主义在20世纪里经历了繁荣与衰落的考验。实际上，马克思作为伟大的思想家，其伟大的魅力就在于，他所提出的一些学说能够抓住大时代的本质，从而能够与不同时代的人们直接对话，让人常读常新，给人以启迪、启发和营养。马克思关于资本主义现时代的论述很多，很丰富，但有关资本主义发展的历史逻辑则是这样说的：

我考察资产阶级经济制度是按照以下的次序：**资本、土地所有制、雇佣劳动；国家、对外贸易、世界市场。**

马克思这段话是1860年1月份写下的。50年代后期，马克思终于完成了对以英国古典政治经济学著作家为代表的资产阶级政治经济学的批判工作，写就了标志其在政治经济学领域完成变革的一批重要经济学手稿和著作。虽然许多人都把马克思称之为无产阶级的导师，但马克思最应该顶戴的头衔是古典政治经济学的继承人。劳动价值学说是商品经济最重要的理论，但是，就是劳动价值论的提出者亚当·斯密也分不清商品使用价值与交换价值的区别。马克思从商品的二重性入手，进而发现了劳动的二重性，坚持用劳动价值学说解释了人们身边每天都在发生的事实，即整日叫嚷买卖公平的资本何以能在反复地买进卖出的运动中魔术般地变大和增值，以致造成资本主义生产力比过去一切时代创造的全部还要多，还要大？

马克思阐释和推进了英国古典政治经济学的革命意义，至今仍被人们所忽视。

马克思的劳动价值学说揭示了商品价值是由人类抽象劳动所凝结，而抽象劳动舍弃了种族和肤色，民族和国家等等具体的特征，它是一种人的劳动，即凡是人都可以具有的劳动。这就意味着，资本主义商品生产方式能够成为世界各民族都可以接受的人类共同的经济形态。而且事实上，马克思在 1857-1858 年的经济学手稿里已经用相当明晰的语言表述，"以物的依赖性为基础的""现代社会"是介于自然经济和将来共产主义社会之间的"第二大形态"。所以，马克思的劳动价值学说的意义首先在于，它证明了资本主义生产方式是人类共同的经济形态。这是一方面，

另一方面，马克思的剩余价值理论揭示出了资本增值的秘密，论证了资本的本性与本能，即自强不息的增值愿望和动机。这是全世界各民族得以实行资本主义的充分条件——增殖作为资本的内在冲动，一经产生，它就必然地要克服民族界限和民族偏见，冲破一切自然的和地方性的限制，发展海外贸易，建立世界市场，把全世界连成一个统一的经济体。

了解了马克思以上理论背景以后，再来解构这段引文所包含的历史逻辑。第一，马克思的这段话不仅总结了 15 世纪末至他的时代所发生的世界历史，而且也为自后世界历史的演变所证实。资本主义首先在荷兰、葡萄牙、西班牙、法国和英国等欧洲宗教统治边缘化的西欧一些地方形成民族国家，然后因为对外贸易而向世界各地扩张与发展，至今在全世界已经形成将近 200 个民族国家或具有相近特征的经济与政治共同体。这些产生于 600 年以来不同阶段的民族国家，一方面参加以联合国与其他的形式的国际机构或组织（2017 年，联合国已经拥有 193 个会员国，占到世界总人口的 95%以上），共同协商与他们安全及发展相关的问题。另一方面，以世界贸易组织方

式，共存于统一的世界市场里（目前世贸组织拥有 164 个成员，其间的贸易总额占到全球的 98%）。一个十分显著的事实是，民族国家已经成为世界体系的细胞和世界秩序的基础。所以，产生于不同时期的各个民族国家，是资本主义以来的最大发展成果。

第二，按照马克思的资本逻辑来划分，则可以将现在所有民族国家划分为两种类型，一类是以马克思所考察的对象英国为代表的西欧国家，资本主义从这些民族国家内部的自然经济制度中产生，经历了自然经济的解体，主要是自然结合的小农与小块土地的分离，一方面是农民破产而从小块土地上释放出来，转变成为一无所有的劳动者。另一方面，由于土地的兼并而形成地产商。这样，发展资本所需要的自由的土地和劳动力市场逐步形成和发育，封建时代繁杂的等级制度也转变简化成为资本家、土地所有者和雇佣劳动者三个基本阶级或阶层的社会。——以上是马克思所说的逻辑次序的前半段："资本、土地所有制、雇佣劳动"。

当资本、土地所有者和自由劳动者三大阶级关系基本形成以后，必然性的结果是资产阶级国家取代封建制度。资本主义性质的民族国家意味着资本的对外贸易都是受到国家保护的，以民族国家的名义向世界各地扩展，以及形成世界市场。这是马克思的逻辑次序后半段："国家、对外贸易、世界市场"。

但是，最早一批西欧国家的对外贸易和世界市场的开拓，带来另外一种结果，这就是发现新大陆和移民，侵略和占领落后地区，以及对落后地区的长期统治。当落后地区经历了一定程度的外来资本的发展以后，尽管其传统的自然经济仍旧没有或者仅只有少许的改变，却因为各种机遇或条件而获得独立，成为具有主权地位的民族国家。这是不同于早期西欧地区的民族国家，一方面这些落后地区因为受到西方资本主义的刺激和资本的积累，而形成特定的民族国家。但是，另一方面，这些民族国家的传统历史阶段的自然经济还没有解体，等级制度和特权仍然存在，社会基本构成还不具备形成资本、土地所有者和雇佣劳动三大阶级关系，资本所要求的自由市场也没有发育成熟。

读者现在可以明白，无论就其历史的逻辑还是现实的经济基础，只有马克思才从本质上说明了现时代中发达国家与发展中国家的先进与落后的根源。

第三，马克思论述工业资本家的产生时说，在中世纪城市的幼年时期，逃跑的农奴中谁成为主人，谁成为仆人的问题，多半取决于他们逃跑出来的日期的先后，在资本主义产生的幼年时期，情形往往也是这样。17 世纪到 18 世纪，有些小行会师傅和更多的独立小手工业者，甚至雇佣工人，变成小资本家，并且由于逐渐扩大对雇佣劳动的剥削和相应的积累，成为不折不扣的资本家。进一步分析现时代的各民族国家，其先进与落后，发达与不发达，如果剔除具有垄断性的自然和历史资源的因素以外，就其社会生产方式而产生的效益来评定，主要还是由实行资本主义生产方式的迟早决定的，甚至就某种程度上来说，是与民族国家产生的迟早相关的。

1894 年甲午战败，晚清社会朝野激愤，认为偌大一个中国竟然被一个仅有弹丸之地的日本打败，实在是一种耻辱。当时的清人如此人是，是因为日本距离中国太近了，——在数千年的农业文明中，日本不过是中华帝国旁边的一个岛国。但是，那时的绝大多数国人不知道葡萄牙、荷兰也都是比日本还小的小国，就是西班牙、法国和英国，也比日本大不了多少。但是，1868 年明治维新，标志着日本实行资本主义，那就变成了两种经济形态的较量。自然状态的个体农业与工业文明是不可同日而语的。如果转变个思维，把改革开放前后的中国做个比较，即使只有 30 多年，那也是天上地下的差别了。

第四，抽象劳动创造价值的含义意味着资本主义是种族优劣论的天然反对者和反种族主义者，商品价值排除民族及个人的差异，强调人的共性和一切人的功能。这样，资本主义生产方式下的一切关系都简单化了，——实行资本主义的各民族国家的实力，主要还在于它的人口数量。早期的垄断海洋霸权的葡萄牙、西班牙与荷兰被英国、法国所取代，是因为前一组国家的人口都只有几百万，而英法两国形成民族国家的时候分别拥有几千万的人口。英国和法国是一对天生的冤家对头。14 世纪至 15 世纪，英国和法国互相打了百年的战争。自后至今又是 500 多年，两国时好时坏，打打和和，仍是难分仲伯。究其原因，还是因为它们有着相近的人口（2017 年，英法两国人口分别为 6600 万和 6500 万，排名世界第 20、21 位）。中欧各民族形成统一的民族国家比西欧晚了 300 年，但是，19 世纪 60 年代，当德意志民族在铁血宰相俾斯麦的带领下一出现在欧洲舞台上，就能成为英国和法国的强劲对手，还是因为人口。1870 年前后，英国只有 2000 多万人，法国 3600 万，而德意志是 4100 万。1939 年大战前夕，英国和法国分别是 4100 人口，而德国则接近 7000 万。二战期间，美国具有最强大的实力，也是它的人口。1940 年，美国 1 亿 3000 万人口，比德国多出 5000 万的工业人口，希特勒如何能不输？

第五，商品价值的实体乃是无差别的人类劳动，决定了商品生产方式能够推广到全世界各个民族，最终把各个民族国家连接在一起，组成一个统一的世界市场。但是，世界市场的形成与发展也不是各个民族国家的简单联合，而是经过 600 年来成千上万次的海外贸易的实践。从最初偶然的、极少量的对外贸易，个别的商品交换，甚至是物物交换，逐渐发展成为海外贸易。英国商人用黄金白银购买亚洲的香料、茶叶，以及中国的丝绸织品和瓷器，然后运到伦敦或者欧洲大陆。直接从非洲购买烟草、咖啡，再运到欧洲或者亚洲出售，表面是货物贸易，物与物的交易，实际上是物所掩盖的不同民族间的生产关系，商品贸易把相互隔绝与封闭的民族连接起来了。

如果说国内市场的原则是自由买卖和买卖公平的话，对外贸易在其一开始的旗帜上就写着："自由贸易"。不过，这个"自由贸易"的原则是伴随着枪炮，用舰船送到世界各地的。荷兰、西班牙、葡萄牙、法国和英国，依次曾经逞强于海上，称霸于世界。马克思评论这一历史时说，金银产地的发现，土著居民的被剿灭，对东印度的进行的征服和掠夺，非洲变成商业性地猎获黑人的场所：这一切标志着资本主义生产时代的曙光。特别是 17 世纪在英国的统治下综合发展了殖民制度、国债制度、现代税收制度和保护关税制度，使得广大落后地区极为简单地就融入到统一的世界贸易体系里，促进从封建的和其他各种自然生产方式向资本主义生产方式的转变，促成现代各民族的发展，从而为18世纪中后期作为起点的西欧以外的世界各民族国家的产生，创造了经济和政治条件。难怪马克思说："暴力是每一个孕育着新社会的旧社会的助产婆。"

如果把过去500年到600年的世界历史看作是主要由西欧的几个民族国家及其西欧民族国家所"衍生"的民族国家所创造的历史，那仅只是占据世界总人口10%左右的人们的伟大创举。二战以后，由于世界各民族基本上都取得了独立，从而人类基本上都是以民族国家的形式存在与发展着。那么，今后的人类历史才真正由全人类来谱写。特别是占人类90%以上的落后民族，昔日的被压迫和被统治的人民实行资本主义生产方式以后，当他们摆脱了大自然和人的奴役而获得解放以后，会在新的社会形态下通过劳动创造而取得怎样的成果，当然无法预见。但是，可以肯定地回答，如果时间再向前跨越500年、1000年，甚至更长久以后再来评价，那么，过去600年由少数人创造的辉煌历史，不过是人类正剧以前的一段极短的序幕。

第六，抽象劳动创造价值的含义意味着资本是天然的平等派。特权和霸权都是自然经济的产物。即使说暴力在历史上具有一定的合理性，但是，17世纪到18世纪，当殖民主义、帝国主义和霸权主义还十分昌盛的时候，当世界上还只有西欧几个民族国家的时候，欧洲旧大陆上的人们就已经开始提出主权、领土和尊严问题。19世纪初中叶，民族的范畴被人们迅速地注意并得到广泛传播。随着新大陆和欧洲一大批民族国家的产生，"每个民族都必须获得独立，在自己家里当家作主"，以及自由和平等，主权、领土和尊严，很快都成为民族国家的基本原则。20世纪的两次世界战争，特别是第二次世界大战的实质就是人民反对霸权的斗争，——其中欧洲战场是以美国、英国、苏联为代表的欧美和世界各国人民反对德国法西斯企图在欧洲称霸的战争，亚洲与太平洋战场是以中国和美国为代表的亚洲和世界各国人民反对日本军国主义企图称霸亚洲与太平洋的战争。二战以德国和日本的战败，以美国、英国、苏联、中国四大国为代表的世界绝大多数国家的胜利为结果，标志着霸权主义已经走到了尽头。

以美国政治学为代表的现代政治哲学和国际政治学是适应 600 年来西方资本主义向全世界扩张的需要所产生的，特别是适应战后美国政府的需要所产生的。所以，这种政治哲学和国际关系特别推崇马基雅维里的政治理论，鼓噪丛林理论，宣传国际关系没有永远的朋友也没有永远的敌人，把国际关系描述的永远是利用和限制，甚至统治和反统治。应该说，这些理论都是经验总结。但是，那是过往的历史经验。资本的本性是要和平、自由和平等，因为只有在这些条件下才有贸易，有资本主义生产，才可以增值。而且，当二战以后，这样的历史大背景已经到来了。创造并总结新的政治哲学和新的国际政治理论的历史责任，要落在占人类90%以上的落后国家和落后民族的身上了。

第七，二战后期，以美国为首的同盟国家设计的战后联合国组织，关贸总协定、布雷顿森林体系对世界贸易的安排，表明包括美国在内的世界各个大国本意要否定并抛弃霸权主义的。但是，由于罗斯福在二战胜利前夕突然去世，美国军事领袖和军工集团簇拥着没有执政经验的杜鲁门总统走上了新的霸权主义道路。虽然说世界历史已经否定了霸权主义的合理性，但是，战后美国得以产生霸权主义，还是有其深厚的背景与自然条件的。就美国国内来说，一方面是战争期间迅速壮大的军事领袖集团和生产军火工业的财团已经十分强大，无论政府或者国会都有其强大的代表，有着足够的力量牵引着国家走上另外一条弯路。另一方面，美国在战争中的中流砥柱作用催生了美国的民族主义，而建立在庞大的军事基础上的民族主义极方便地再向前跨越一步，就是世界霸权主义。就国际背景来说，战争打掉了经济实力接近美国的德国，也极大地消耗了以英国和法国为首的欧洲各工业国家，世界上没有一个足以限制或制衡美国的力量。另一个重要原因是，美国在二战期间的巨大贡献在世界各国人民心目中留下了极为高大的形象，人们往往都是把美国与自由、进步等同起来，更不会用霸权主义去理解美国的霸权主义。

但是，经过半个多世纪的历史发展，美国政府在世界上所推行的新霸权主义已经陷进死胡同。首先，强大的军事规模是美国霸权主义的基础，而美国政府在战后和平时期保持强大军事的理由是"苏联共产主义威胁"，1991 年，苏联已经解体了。俄罗斯和其他新独立的前苏联所有加盟共和国都已经转变成为市场经济国家了，"威胁论"已经没有依据了，美国继续保持强大武装的依据也就不存在了。

其次，欧洲盟友对美国的"反叛"。战后美国的霸权主义不同于老的殖民主义和帝国主义，奉行以"胡萝卜加大棒"为特征的美元帝国主义，最著名的案例就是马歇尔计划，在战后欧洲各国经济极为困乏、资本极端缺少的情况下，美国对欧洲国家施加援助。与此同时，美国及时制造"苏联威胁欧洲安全论"，加深历史以来欧洲国家对俄罗斯民族的恐惧，然后用北大西洋公约作为跳板，重新把军队部署到西欧和中欧各个国家。从表面上看，北大西洋公约组织是美国出人、出钱、出枪炮保卫欧洲，但同时意味着欧洲国家对美国的臣服，对其霸主地位的确认。美国的"大棒"主要针对亚洲和非洲旧大陆的落后国家，它往往能得到欧洲国家的支持、默认、默许或沉默。且不说一般的国际事务，朝鲜战争，越南战争，以及阿富汗、南联盟、利比亚、叙利亚，那都是美国粗暴干涉别的主权国家，但几乎都得到了欧洲国家的支持。1991 年第一次海湾战争，美国至少名义上还组织了 28 个国家的"多国部队"。但是，2003 年第二次海湾战争，绝大多数"盟国"已经拒绝参加，而只剩下英国勉强跟随，表明国际社会对于美国的霸权主义有了较多的共识，盟国盟友已经开始在抵制它了。

再其次，特朗普当选表明人民已经抛弃美国政治精英的霸权主义和以冷战意识形态为核心的政治理念。2016 年 11 月 8 日，美国大选计票结果出炉，笔者正在广东靠近香港的一个海滩酒店，比较多地收看了投票和计票的过程。当选票出乎所有人的意料而倒向特朗普的时候，我立即决定启程返回上海，研究特朗普意外胜选究竟意味着什么？2016年12月1日，笔者在博客上发表了这一研究结果：《否定霸权与向民族国家的复归：美国人民对政治精英说不——唐纳德·特朗普"逆袭上位"之我见》[5] 当然，美国民众对战后美国政府及其政治精英的认识还不可能上升到理性的层面，但是，当人民把票投向完全没有执政经验的、美国政治体制外的商人特朗普的时候，是因为特朗普在竞选期间对美国民众所关心的一系列问题的回答不同于以往政治精英们用美国政治学范式所得出的标准答案，特朗普用一个商人即典型的经济人的感悟即兴说出来的话，有时还能符合民众多年来的经验和感受。所以，尽管特朗普并非是很理想的总统候选人，但对美国民众来说，毕竟比政治精英们接近实际，更靠谱些。

再其次，特朗普当然不可能对美国政府及其政治精英的执政理念和霸权主义有清醒的认识，他是靠民众的力量上台的，所以，他的基本做法只能是继续夹裹美国民众，进一步煽动民族主义情绪，采取一些霸权主义甚至极简单粗暴的霸道作风，譬如一上来就否定虽然是民主党提出但实际已由两党共同推进多年的医疗制度，用棍子横扫历届总统的内政外交政策，干涉美联储的独立和批评其加息政策，批评美国出人出钱出枪替盟友盟国站岗的做法，直接会晤金正恩、会晤普京和直接否定冷战的做法，以及退出正在谈判的跨太平洋伙伴关系协议（TPP）、退出已经有148个国家（地区）批准生效的《巴黎协定》，5月8日单方面宣布退出2015年7月由伊朗为一方而与美国、英国、法国、俄罗斯、中国和德国六国为另一方的伊核协议，退出联合国教科文组织，抛开世界贸易组织打贸易战，以及威胁要退出世界贸易组织，等等。要知道，美国是战后国际秩序的主要建构者，不论实际情况如何，战后以来的美国总是以现行秩序的维护者登场亮相的。但是，特朗普有点像大象进了香蕉园，把它积极构建的现行制度破坏得一塌糊涂，反映出美国的霸权主义不灵了，走到尽头了。

____

5　参见 http://liangzhongtang.blog.163.com/blog/#m=0&t=2&c=2016-12

最后，更为重要的是，世界各国对于美国的霸权主义的反应。美国退出 TPP 以后，原来的 TPP 成员国日本等国家继续推进该协定的发展。美国退出《巴黎协定》以后，世界各国继续履行该协定的义务，推进气体排放和改善世界气候的进程。美国退出联合国教科文组织以后，该组织继续照常运转。特朗普抛开世界贸易组织打贸易战，世界各国共同应对美国制造的贸易摩擦，世界贸易组织并不为此而解散或者瘫痪。这一系列现象说明，世界不会"离开胡屠户，要吃生毛猪"。美国不搞霸权了，以平等的姿态与世界各民族国家相处，世界会更好。

第八，中国是一个拥有 13 亿多人口的大国，商品经济制度的光辉迟早会照耀到中华古老的文明国度。既然商品价值是由人的劳动创造的，由一定劳动量所凝结的，中国加入世界贸易的行列，实行资本主义商品生产方式，是一个不可逆转的事情。如果没有民族偏见的话，那就必须承认中国人民在新的经济制度里也一定能够像西方民族一样创造出巨大的财富来，中国成为世界第一经济大国只是一个时间问题。中国在发展不是谁的开明，也不是那个人的慈悲或施舍，而是一个不以任何人的意志为转移的客观过程。

另外，中国发展不只对于中国来说是好事，对世界也是好事。就这一方面来说，与民族个性也没有关系，它是资本主义生产方式的性质所决定的。

第九，中国是一个落后国家，甚至是世界上最晚接受资本主义生产的民族国家。也许有些读者记得，笔者曾经指出 15 世纪末至 16 世纪初，西欧一些民族国家产生以后，立即以海外贸易的方式分东西两个方向分别向世界各地扩展。如果从自然地理上考察，无论向东向西的传播路线，其终点都是最后落到了中国：西欧民族国家向西的传播路线是经过大西洋西行到达美洲，然后越过北美大陆转向太平洋，经过位于太平洋西海岸的岛国日本，再到中国。向东的路线历经中欧、东欧，经过沙皇俄国，最后到达中国。

中国接受资本主义历史的事实，也确实如此。19 世纪末 20 世纪初，中国因为甲午战争而觉醒，晚清社会中上层分离出要求实行改革的士大夫和青年知识分子，它们不约而同地把目光转移到俄国和日本。有人统计，从甲午战争到辛亥革命 16 年间，从日文翻译过来的西方著作多达 129 种，而在此之前的 200 年间，翻译的日文著作总共仅有 12 种，说明日本明治维新对中国的影响。（章念驰：《明治维新对章太炎有何影响》，中华读书报 2018 年 8 月 29 日，第 9 版）现在的国人大都知道共产党和国民党是历史上势不两立的两个政党，其实它们的初期都有着共同的日本和苏联（俄罗斯）的背景。孙中山既接受日本政府的援助也接受苏联政府的帮助，而 1926 年至 1928 年的北伐战争其实是由苏联政府资助的，最初由国共两党共同发起和推动的反对北洋政府的战争。俄国和日本与中国的地缘政治条件，成为向中国传播和扩散资本主义经济与文化的重要中转站。

中国资本主义市场经济的路途还很遥远，还在于它有着沉重的历史负担。中国接受资本主义不同于世界其他许多类型的民族国家。除了西欧类型的自然生成的民族国家，18 世纪中后期到 19 世纪初的新大陆有如美国，是西欧的移民发展起来的民族国家，有人称之为西方衍生国家，其殖民地时代就已经把宗主国的资本主义生产方式移植过来了。19 世纪初拿破仑战争到 20 世纪第一次世界大战，欧洲中部和东部相继产生的一系列民族国家，是由商品交换制度和法治传统的民族整合后独立的民族国家。20 世纪两次世界大战从亚洲和非洲所独立的民族国家，大都是西欧国家自 17 世纪以后所占领的殖民地，它们作为民族国家出现以后，其经济制度往往仍然沿袭殖民地时代。总之以上各种类型，都是有了一定的资本主义经济以后，才产生民族国家。

中国有着 3000 年以上的国家文明，17 世纪到 18 世纪，西欧资本主义国家的触觉延伸到亚洲以后，中国和日本以外的亚洲其他地区都还没有发展到国家文明阶段。西方国家实际上是把中国当作一个具有主权的民族国家对待的。但是，由于中国缺少资本主义，当然是不具有民族国家特质的。虽然像中国的情形，沙皇俄国和日本也都有点类似。但是，三个国家所遇到的机遇和应对方法都很不相同。沙皇俄国从 17 世纪就开始接受资本主义，特别喜欢学习法国宫廷和法国贵族的做派。尽管那是封建阶级，但是，那是几百年资本主义商品经济熏陶中的封建阶级，是资产阶级化的贵族。特别重要的是，拿破仑战争把沙皇政府与欧洲大国连接在了一起，接受资本主义规则，所以从60年代自动选择解放农奴的经济改革，自觉走上资本主义道路。日本改革都是从 19 世纪 50 年代发生的佩里叩关开始的，实际上在这以前的几百年里已经有了日本向太平洋东海岸和东南亚殖民地的移民（虽然统计上这个数据阙如，但日本闭关锁国的时代里有一条法律，即日人海外归国者一律处死），以及美国与日本的贸易。当然最重要的是 1868 年的明治维新，由天皇及其政府自觉实行资本主义。

中国背负大一统天下的沉重包袱，从明末清初开始，对西方资本主义实行"一口通商"的政策，只许西方商船在广州上岸，然后经内陆北上，严重限制了与西方的贸易。晚清以降，中国政府一直采取抵制商品和反对外资的政策。中国不仅具有重农抑商的传统，更有"历史文明"的包袱，共产主义和仇视资本主义的意识形态，特别是传统的农业经济和已计划经济名义所办的政府经济，都是发展商品经济的障碍。

第十，因为时代不同了，即使中国成为世界第一大国，不会、也不能走世界霸权的道路。说"不会"是就其主观方面来说的。中国自 1840 年鸦片战争以后，一直受到帝国主义和世界霸权主义的欺凌，就像美国曾经是别人的殖民地，所以发展壮大以后，坚持反对殖民主义和帝国主义一样，即使强大了也要做到自己不称霸。

说"不能走世界霸权的道路"，是从世界环境方面来说的。现在世界各国的政治学家和从事国际关系的学者大都是美国政治学教科书培养出来的，各国的政治家也都是接受了战后美国的冷战意识形态或者受其影响的人，以为世界永远是霸权主义统治，是极为错误的。世界贸易和世界市场把各民族国家连接在一起，主权和领土完整，国家不分大小，一律平等，都是所有的国家都承认的基本原则。

这些原则不是仅仅说说而已，它们迟早是要完全落实，成为现实的。如果继续停留在自然经济的形态上，民族或部族的关系是天生要相互排斥的，所以矛盾、冲突核战争是经常的。但是在资本主义商品经济条件下，在统一的世界市场里，各民族只有和谐相处才足以支撑不断发展的经济体系。所以，各民族的前景不是传统历史上的冲突和战争，而是和平友好相处，虽然存在市场意义上的竞争，但绝不是你死我活的斗争。如前面所说，中国是最落后的国家，它发展了，各个民族国家也就都发展了，各个民族国家都会自觉抵制和反对霸权。所以，即使中国要称霸，一定会因为各个国家强烈地反对和抵制而使其不可能得逞。采用挑起民族主义情绪的观点撰写文章，说明李教授王教授还是站在美国传统的政治哲学的立场上，继续用冷战思维解构国际政治。

第十一，认识到资本主义现时代对中国发展的基本规定，就懂得了中国的发展是一个必然的过程，从而确定中国自己的方针和政策。中国是一个自然农业大国，改革传统的捆绑劳动生产力的土地所有制还是过渡与转变时代的主要任务。释放政府垄断的经济资源，改变并放弃政府经济，是发展市场经济制度的前提条件。这是中国在发展的大时代必须要完成的历史任务，只有把这两方面的任务完成了，市场经济制度就形成了，几十年来我们梦寐以求的集约型经济增长方式也就建立起来了，"中国的发展成果井喷期"也就出现了。

既然中国的发展是历史的必然，那它在对外政策上就要表现得不急不燥、不卑不亢。不怕霸权，不畏强暴。谁也压不住我们。尊重弱小国家，不欺凌恃强。不以邻为壑，发展睦邻关系。在主权与领土问题上坚持原则，绝不让步。自己的一定守住，别人的决不染指。搞公开外交。不结盟，不拉帮结伙。任何时候都从民族国家的基本原则出发，光明正大。时刻牢记历史使命，扎实、务实，不搞民族主义和民粹主义，不搞虚假的意识形态，也不与人做无谓的纠缠。

现在我们再回头来评述李教授王教授的所谓"美国挑起贸易战的真实意图"是要"打掉中国蓬勃发展的势头"。按照资本主义经济在世界发展的逻辑，中国作为一个世界人口大国，实行资本主义生产是一个不以人们的意志为转移的客观过程。这也是世界上绝大多数国家所走的道路。中国加入世贸组织就表明，中国走世界上绝大多数民族国家的发展道路已经不可逆转，但是，它的发展快慢和是否能少走弯路，其命运则是掌握在中国人自己的手里。中国与美国的贸易仅只是中国经济的一个部分，美国与中国发生点摩擦就说它是要掐脖子，莫不是美国政府也认为给它的进口货物就是中国的命脉，仅靠这点麻烦就能打掉中国"蓬勃发展的势头"？中国这多年的价廉物美的商品本来就很受美国人的欢迎的，之所以如此，出口到美国的货物贸易才增长的那么快。美国和中国相隔着一个世界上最宽阔的太平洋，中国发展了只有对它有好处，为什么要掐中国的脖子，美国政府和它所代表的美国民族怎么就那么的坏！假如事情真的是这样，那美国与土耳其、墨西哥、加拿大、日本、英国、法国、德国，以及全世界各个国家的贸易战呢？莫不是美国掌握着世界各个国家的命脉，也要打掉所有国家"蓬勃发展的势头"？

（2018 年 8 月 30 日）

19. 不满中国入世承诺，是美国贸易战的原因吗？

中国是 2001 年加入世界贸易组织的。按照中国与世界贸易组织的议定，中国一些领域有几年到 10 多年不等的过渡期。所谓过渡期，是指新的市场体兑现加入世贸组织承诺过程中，期间为使在体制转轨和政府改革的时候，能够减缓外部冲击而让社会较少出现震荡，答应推迟执行世贸规则或执行一些与世贸规则有距离的政策或法规。譬如在开放外贸经营权方面，允许外贸经营权由"审批制"过渡到"登记制"的期限是入世后 3 年；关税总体水平由入世前的 14%降到 10%，最长实施期到 2008 年；非关税措施，逐步取消 400 多项世界贸易组织成员方不再保留的非关税措施，在入世后 1-3 年内完成。在服务贸易领域，我国承诺允许外国律师事务所在华设立代表处，并在入世 1 年后取消对驻华代表处的地域和数量限制；银行商业存在方面，入世后 5 年允许外资银行向中国企业和个人提供人民币业务等等。

加入世贸组织 17 年来，中国社会朝着市场化方向有了前所未有的进步。这是基本的事实。但是，从传统的自然经济转向市场体制是一个漫长的过程，西欧国家至少也都有 3、400 年乃至更长的马克思称之为原始积累的历史，然后才是市场经济。中国在传统的自然经济基础上又实行了将近半个世纪的计划经济，政府对商品自由交易的限制范围更广泛了，程度更为深刻了，距离市场制度更难了，更远了。所以，从中国目前的现状来说，如果按照世界贸易组织的规则要求，且不说和西方老的市场经济国家，就是与一些发展中国家比较，与其他比如从东欧转变过来的和前苏联独立出来的新的市场经济体比较，中国在许多方面可能还都有相当大的距离，比如现在 10%的关税总水平还显得有点高（与欧美几乎接近零关税的国家比较高多了），人民币资本项目的开放还存在许多条件的限制，相当多的经济领域还未充分开放，甚至基本上没有开放，或者根本就未开放，等等。所以，美国和其他的世界贸易组织成员国有意见，都是能够理解的，正常的，合理的。

但是，中国在一些方面的不足不是打贸易战的理由。世界贸易组织的职能就是规范世界贸易的活动，它对成员国能否执行贸易规则的相关条款，都制订有明确的规则。商品交易是事关利益的事情，而且每一单贸易都是具体的。以货物贸易来说，每一单都是经进口商和出口商谈判后签订的合同，中国在哪些方面不符合世界贸易组织的规范或者贸易通例和通则，贸易谈判就无法达成协议，签订的合同执行中有问题相互之间都有制约的手段。贸易中发生的问题，以及协议执行过以后发现的问题，都有相关规则予以解决和处理。即使发生纠纷的当事人无法协商处理的，还可以向自己国家驻世界贸易组织的代表反映而在世贸组织里解决。中国加入世贸组织以后，对外贸易大幅度提高，2016 年货物进出口 36855 亿美元，比 2001 年入世前 5096 亿提高了 7.2 倍，占到全世界货物贸易总量的 11.5%。因为中国新加入世界贸易组织，对其各方面的规则都还不很熟悉，甚至不太适应，可说尚处在学习期。但是，如此大的贸易量，遭到投诉的案件却不多，甚至未受到世界贸易组织的制裁，该说明中国还是比较模范地遵守了贸易规则的。所以，即使美国对中国执行世界贸易组织的规则有所不满，那也该通过世界贸易组织来解决。美国没有通过世贸组织表达它的诉求，而是抛开世贸组织打贸易战，说明美国发动贸易战与中国执行世贸规则的现状没有必然的联系。

（2018 年 9 月 3 日）

20. 美国只是和中国打贸易战吗？

许多中国的读者以为，特别是主流媒体上发表了我所批判的那篇李教授王教授的《美国挑起贸易战的真实意图》的文章以后，认为美国就是要和中国过意不去，是要"打掉中国蓬勃发展的势头"，所以仅只是与中国打贸易战。其实并不是这样。

竞选期间，特朗普就挑拨选民，说世界贸易对美国不公平，每年美国获得8000亿美元年的逆差，受了剥削。2017年1月23日，是美国总统特朗普的政权正式起步的第一天，特朗普就把矛头对准了美国最亲近的盟国日本。他在当日与美国企业的经营者们举行的会谈上指出，与日本之间的汽车贸易"不公平"。《日本经济新闻》1月25日报道称，受特朗普的保护主义性质发言影响，24日东京股市上的汽车股纷纷下跌。同年11月上旬访问日本期间，特朗普多次提及美日贸易"不公平"，甚至把美日贸易不平衡问题放在了朝核问题之前。

今年6月1日，美国正式宣布对钢铝产品分别征收25%和10%的关税，涉及到加拿大（占美国市场16%）、巴西（占美国市场13%）、韩国（占10%）、墨西哥（占9%）、俄罗斯（占9%）、土耳其（占7%）、日本（占5%）、中国台湾（占4%）、德国（占3%）、印度（占2%）等等。美国的提升关税的做法引起这些国家的强烈不满，引发了这些贸易伙伴纷纷出台反制措施。其中墨西哥、欧盟、土耳其的反制措施已经生效，对美国出口的摩托车、威士忌、猪肉等产品同样征收高额关税。要知道，这仅只是钢铝产品，美国的贸易摩擦所涉及的范围比这广泛得多，譬如如果分析它的汽车关税，则将涉及德国、日本、法国、韩国等许多国家。

当然，比较起来，由于中国对美国的贸易量要多，"顺差"也高，譬如 2017 年中国对美国的贸易"顺差"的确已经达到了 3000 亿美元。所以，中国就首当其冲地成为美国挑起贸易战的重点对象了。不过从这个问题上可以得出结论，美国政府的贸易战是从其经济贸易的视觉提出的，一方面它所要针对的问题是 8000 亿美元的贸易"逆差"，而不仅仅是中国的 3000 亿。另一方面，它所针对的是几乎所有与它有货物贸易的国家，而不是特别针对中国人和中华民族的。且莫要以为美国贸易战的枪炮只打到中国，或者认为打别的国家不够狠。中国是人口大国、经济大国，而别的国家可能是人口小国、经济小国，美国的枪炮虽然不大却不意味着伤害小。其实，枪打到谁的身上都会疼痛的。以土耳其来说，它销往美国的钢铝产品仅占美国市场的7%，但美国加税后对它的冲击已经致使其经济剧烈震荡，金融市场几乎崩溃。所以，美国的枪炮伤及的任何国家所留下的创伤都不小。认识这点很重要。美国的贸易战是对全世界的，中国固然是大头，但中国的经济体盘大、人口多，受到的冲击并不能说就最大（2016 年中国对美国的货物贸易仅只占中国当年 GDP3%左右，对美贸易"顺差"占 GDP2%），更不能因此就说美国政府和美国人民已经把中国当作它的天生对头和敌人了。我们且不要这么看，也不要这么想，这么做。

（2018 年 9 月 4 日）

21. 美国贸易战真的有什么依据吗？

经过我们层层剥皮，即将进入到主题，揭露美国政府因何挑起贸易战的时候，需要将前面分别叙述过的美国贸易战的理论和现实依据，再提示一遍。

美国政府的贸易战源自于 2015 年到 2016 年美国大选期间，特朗普对选民的承诺。他的现实依据是美国历年来在世界贸易中的极大逆差，说现行的世界贸易体系不公平，是对美国的剥削。特朗普是一个美国商人。甚至可以说是一个纯商人。除此以外，他什么都不是。站在一个商人的立场上，他觉得各个国家都应该拼命购买美国的货物商品，这才算公平。所以，特朗普及其政府拼命抓住美国对外贸易中 8000 亿美元"逆差"说事。

但是，第一，美国的"逆差"即是其他国家的"顺差"，逆差和顺差仅只是会计账单上的统计结果，它与交易中的公平与否没有关系。相反，等价交换，这既是历史以来亿万次的大概率商品交易所得出的一个基本的事实，也为从亚当·斯密到马克思的劳动价值学说予以证明了的现实问题。否则，人们无法说明当代社会是如何在商品交换中迅速壮大和发展的，以及为什么人们都愿意买、买、买！至于现代世界贸易，都是在世界贸易组织的框架下进行的，每一宗进出口货物，都是由出口商和进口商按照世贸组织的规则签订交易合同，自由而公平地交易的。以美国政府为主的世界贸易代表所设计的贸易规则，保障了贸易的公平。所以，无论哪个国家在一定时期内的顺差、逆差，都只代表已经完成的交易，而与公平与否无关。

第二，根据战后的布雷顿森林体系的安排，世界贸易统一用美元结算，标志着美元取代黄金成为世界货币。但是，因为美国垄断着美元的发行，世界各国又必须使用美元在国际市场上支付和购买，即使不为保值而收藏，为了以后突然面临的支付和购买，也都必须有一定的储藏。总之，既然美元做了世界货币，所有这些世界货币的职能，就已经决定了世界各国对美国的贸易都必须多卖少买，即追求绝对的顺差，然后自己才可以保持一定数量的美元。这就是说，在现行的世界贸易的制度安排下，除了美国以外的其他所有国家都要追求"顺差"，而美国一定是"逆差"。

第三，根据货币理论，黄金白银作为天然的货币材料，本来也是一种商品，一种可以充当货币的特殊商品。而美元充当了国际货币，当然也是一种商品。不过，美元作为世界货币还是与黄金白银有所区别。金银属于自然产品，金银充当货币除了稀缺性，任何人都无法垄断。但美元是由美国制造并发行的，所以是美国垄断的特殊商品。这样一来，世界各国对美国的贸易，无论购买美国的货物商品还是获得美元，其实都一样是美国制造、美国货物、美国商品。所以，用美元充当世界货币以后的世界贸易中，美国以外的世界各国的贸易就已经没有了顺差。但是，它们还可能发生逆差。——当某一国对美国出口大于进口时，进出口货物贸易差额是美元，而美元仍是美国的商品，所以，该国对美贸易的状态是经过向美国出口一定货物以后，又从美国获得价值相等量的一定货物商品和一定美元商品。这一状态算是进出口平衡，而不是"顺差"。但是，当该国进口了大于出口额的美国货物商品的时候，因为要使用外汇或黄金储备，那就是逆差。

对于美国来说，即使它从某一国进口的货物商品大于向该国出口的商品，但由于使用的是它所制造的美元，而美元不过是它的一种特殊商品，所以也算是货物出口，而不能叫"逆差"。但是，当美国对某国的货物出口大于进口的时候，因为该国必须动用它的外汇或者黄金储备，所以对它来说是逆差，而对美国来说仍是顺差。

总结战后自从关贸总协定以后就已经发生，但却被人们普遍忽视的一个基本事实，即世界贸易实行美元结算的制度以后，尽管各个国家仍旧按照传统的世界贸易统计口径计算顺差和逆差，但实际上，在现行的制度安排下，只有美国还有顺差，却不再有逆差；而对于美国以外的其他国家来说，仅只有逆差，而不再有顺差。

第四，由于金银是天然的货币，所以，重商主义把金银和国家财富等同起来，单纯追求货币还不算很离谱。因为从理论上来说，金银作为稀有金属，一国流入较多黄金以后，其它国家相对就少了。这必然造成黄金升值，其他国家的货币贬值。但是，在美元作为世界货币的情况下，特别是 70 年代美国宣布美元不再与黄金挂钩的情况下，世界各国贸易"顺差"得到越来越多的美元，直接的后果是美国国内市场流通货币不足，美国则会用增发美元来解决。与稀缺性黄金不同的是，美元可以不断印钞发行得到缓解。所以，各个民族国家的"顺差"实际上已经是在帮助美国承担美元贬值的风险。如果看一看美元与黄金比价的变化，即使再不懂得货币理论的人也能明白这其中的道理。1944 年布雷顿森林体系规定，35 美元可购买 1 盎司黄金。1971 年 8 月，美国政府单方面宣布美元与黄金脱钩，实行自由浮动的货币政策。自后，美元兑换黄金的价格直线攀升，新世纪以后曾出现过 1 盎司黄金接近 1500 美元，40 多年来美元贬了 40 倍。所以，几十年来，美国政府大规模举债而实行赤字财政，其实是让包括美国以外的世界上所有持美元的人都在为它埋单。在这样的情况下，美国总统却还要说现行的世界贸易制度对待美国不公平。

第五，如果以上是从货币理论方面分析美国贸易战是荒唐的，那么，就世界贸易的时间来说，它同样也是荒唐的。因为资本价值是人类共同劳动的凝结，仅这一点就决定了美国与中国具有越来越大的贸易份额。一方面，美国是一个海洋国家，它的发展是紧密地与海外贸易联系在一起的。与美国和欧洲处在大西洋两岸的两端一样，美国和中国处在太平洋东西两岸的两段，美国向太平洋西海岸的亚洲发展，无论如何也绕不过先和中国发生贸易关系。所以，中美两国的贸易是世界经济发展的必然结果。另一方面，美国和中国都是人口大国，本该就应有较多的贸易量。因为中国有比欧洲多出 1 倍的人口，那么，中国和美国的贸易就应该比美国与欧洲的贸易高出 1 倍才算正常。所以，按照这样的标准来算，美国与中国的贸易还有很大的增长空间。

（2018 年 9 月 5 日）

22．美国的贸易战究竟意味着什么？

　　首先，目前世界贸易额的 98%以上都是世界贸易组织成员之间进行的，世贸组织成员间的贸易是按照世贸规则进行交易的，但是，自竞选造势以来，特朗普不断威胁世界贸易组织，多次对其顾问表示，"我们总是被 WTO 压榨。我不明白我们为什么呆在其中。WTO 就是被设计成世界上其他国家一起占美国便宜。"美国虽然没有像特朗普所威胁的那样，真的退出世界贸易组织。但是，美国贸易战的实质首先是抛开世界贸易组织单独向世界各个民族国家表达它的诉求，企图在世贸组织框架以外达到它的目的。

　　其次，二战以来，世界贸易基本上都是在世界贸易组织（此前为关贸总协定）所规范的规则约束下发生的。战后美国政治学一直宣传世界秩序，却无视世界贸易组织的作用。事实上，世界贸易规则即是世界的经济秩序。各民族国家在经济上遵循世界贸易组织的规则，即是维护世界经济秩序，而经济秩序是世界国际关系的基础，也是国际政治的基础。所以，美国政府抛开世界贸易组织直接向各民族国家诉求，是一种破坏世界现行秩序的做法。而且人们确实已经看到，美国贸易战以后，世界已经不安宁了。

　　再其次，世界贸易组织的前身是关贸总协定，而后者则是二战后由美国政府所提出的布雷顿森林体系的重要组成部分。虽然布雷顿森林体系随着美元与黄金脱钩已经崩溃，但是，在布雷顿体系下所形成的世界贸易与金融等经济制度却继续维持下来了。自二战后期开始，美国政府一直在为战后世界经济与政治做出制度安排。从关贸总协定到世界贸易组织，美国在其中都发挥了重要作用。现在美国政府抛弃世界贸易组织，实际意味着它成为反对包括它自己在内所建立的制度和规则，由建制派沦落为反建制派。

再其次，世界贸易不过是国内贸易的继续，世界贸易规则也只是国内商品交易规则的延伸。美国政府抛弃和反对世界贸易规则，意味着对国内经济秩序和商品制度的破坏，而这必然危及国内社会基本关系，必然引发社会分裂和冲突。

再其次，按照马克思的研究，资本主义商品生产方式是人类社会必经的第二大形态，各个民族国家历经资本主义生产，从而形成统一的世界市场，是一个必然的客观过程。美国政府挑起贸易战，反对现行的世界秩序，就是对抗客观历史的发展。虽然美国是一个强大的国家，但是，它在客观规律面前仍旧是无能为力的。美国政府反对市场经济法则，有点像堂吉诃德与风车的战斗一样，不是落得粉身碎骨，也将会遍体鳞伤。

最后，美国敢于冒天下之大不韪而与全世界作对，是战后迅速膨胀的民族主义和民粹主义泛滥的结果，是战后美国一贯的霸权主义表现。二战后期，美国政府积极敦促英国、苏联和中国一起设计了以联合国、关贸总协定和布雷顿森林体系等国际组织和机构为主要架构的战后世界秩序，但是，从 1945 年 4 月 23 日联合国发起国家召开的旧金山会议开始，美国就带头凌驾于联合国之上而表现出霸权主义的姿态。70 多年来，美国总是要联合国和其他国际机构服从它的利益，否则就要脱离开联合国而自行其是。特朗普执政提出"美国优先""美国第一"，则是把霸权主义明明白白地写在白宫上的旗帜上面。资本主义是整个人类的生产方式。资本反对特权，反对霸权。资本总是把自由与平等当作自己的圣经。自由与平等是每一个民族国家所接受的原则，已经深入到每一个人的内心深处。特朗普政府的美国优先、美国第一，当然会遭到世界各民族的反对。

（2018 年 9 月 7 日）

23.　美国政府为什么要发动贸易战？

　　回答这个最为核心的问题，那就必须回到美国的国内。美国在 20 世纪的两次世界大战以前，基本上还都奉行孤立主义。当然，所谓孤立主义，也还是有个底线，那就是门罗主义。那时的美国外交，是把美洲大陆当作它的势力范围，有关美洲大陆的事务是不允许欧洲列强插手的。美国对于新大陆以外的事情，二战以前是不习惯干预的。但是，二战以后，世界几乎成了"美国的世界"，美国总统俨然成了"世界的总统"。美国总统及其政府每天花费在国际事务上的精力，远比国内大多了。全世界的事情几乎没有美国总统不过问的，没有美国政府不插手的。但是，必须懂得，美国再强大，也不过是一个民族国家，美国总统的根仍然在国内。事实上，虽然战后美国体制扭曲了作为一个民族国家应有的政府设置，把别的民族国家的事务当作它的"本职事务"予以处理。但是，它对国际事务的处理还是为了在国内赢分，在国际舞台上的表演还是为了让国内的观众看。所以，是美国的政治走向致使美国政府选择了贸易战这步荒唐棋。

　　首先，贸易战是特朗普总统挑起的，其理由是美国对外贸易逆差，但贸易逆差几乎是战后美国贸易的常态，特别是 20 世纪 70 年代以来的常态。自从 1944 年布雷顿森林体系确定世界贸易用美元结算以后，从 40 年代后期开始，美国对外贸易中的出口所占比例就开始缩小。所以，美国贸易逆差由来已久，美国政府也早都见怪不怪了。特朗普为什么要打出贸易平衡的旗帜，发动打贸易战？因为对于战后美国政府来说，特朗普是一个另类、异数。战后强大美国催生了强大的美国政治学，而强大政治学培养和教育了强大的美国政治精英队伍。美国政治精英几乎垄断了美国政坛所有军、政、法与国会的政府职位，州长和参议员更成了培养美国总统的学校，——战后除了艾森豪威尔以二战英雄资格当选以外，其他竞选上任的总统几乎都有过州长或者参议员的历练。特朗普作为一位非常成功的商人，无疑也属于美国上流社会。但是，他从未有从政的经历，只是一个商人，并不属于美国政治精英那个圈子。特朗普于 2016 年成功当选总统，就在于他既不是战后哈佛那一类美国大学的政治学，也不是美国州长或者参议员那一类学校所培养的政治精英。特朗普由一位纯商人，靠个人一路拼杀当上了总统。认识这一点很重要。

其次，从 1800 年开始，美国为竞选而形成的两党政治制度造就了美国强大的政治学。但是，这个政治学是为美国两党政治服务的。所以，它虽然强大，虽然为如何得到总统而生，却不研究得到手的总统职位究竟应该怎样做？美国宪法对总统职权以及总统机构都没有很确切的规定，所以，美国总统是世界各国政府中最没有约束力从而最具有总统个性特征的一个国家首脑职位。华盛顿担任总统时，宪法并没有为他设置办事机构，自己任命了几位部长，其实都只是总统的顾问。从这里开始，美国行政分支中所有政府的机构，都成了总统顾问性质的设置。即使到 19 世纪末，美国一些文献上才有了总统内阁这样的词汇，但法律上也照样没有什么说法。罗斯福任期内，所谓的总统内阁与他周围的私谊友好比较起来，一点也都不更重要。也就是说，即使用美国政治学经常所指责的罗斯福扩大了政府机构和职权的观点来衡量，罗斯福时代的政府与现在相比较，那还是相当轻型的，特别是具有民事与民政类型而非军事武装性质的。仅仅是因为战争的需要，总统与陆军部部长、海军作战部部长，以及各军种的参谋长，都相应地接触多了一点。除了陆军部、海军作战部是早就有的机构以外，参谋长联席会议可能是媒体和社会上的叫法，罗斯福并没有把它当一回事，更很少有这样的会议。之所以如此，是因为这是战时，战后这些就都回归常态了。所谓常态，想一想战前美国只有 22 万的常备军，战争过后，有关军队和战争的事务在总统那里能有多大的位置？

但是，罗斯福在战争结束的前夕突然去世，打乱了战后世界发展的走向。说罗斯福"战争结束的前夕"去世，这是战后的说法。罗斯福去世的时候，人们并不知道战争很快就要结束。相反，按照罗斯福去世后继任总统杜鲁门和军事领袖第一次会面所做的估计，战争还将持续很久。军事领袖们对新总统说，德国在六个月以内还不会被打败，日本在一年以内也不会被打败。可怜的对战争一无所知，在军事外交方面一点也没有经验的杜鲁门，必须依靠军事领袖。当然，无论陆军部和海军部的文职人员，还是各军种的参谋长们，那都是一些对国家和民族有着崇高责任心的、无私地为公众服务的人。但是，那也都是一批民族主义者，甚至是一批极端的民族主义者，当然更是战争期间迅速膨胀的美国武装力量和军事工业集团的利益代言人。

所以，在艾森豪威尔后来所概括的"军工集团"的挟裹下，国会和杜鲁门总统分别通过一系列的法案，其中最为重要的是 1947 年 7月，美国国会通过的《国家安全法》，改变了战前美国政府的非军事性质，并把战时的总统内阁体制法律化、经常化了。根据这一法案，总统将组建一个最终命名为国防部的内阁机构，其下设立与内阁平行的陆军部、海军部和空军部三个军事部，帮助总统领导全部武装力量。设立一个参谋长联席会议，该机构包括参谋长联席会议主席，以及陆军参谋长、海军参谋长、空军参谋长和海军陆战队司令。在战时军方的战略服务局（OSS）基础上创立直属总统领导的中央情报局。新设立一个由总统主持的国家安全委员会，其成员包括国务卿、国防部长、中央情报局长，参谋长联席会议主席，等等。

二战以前，军方是不参与政治，所以并不是政府的直接构成部分。但是，经过《国家安全法》以后，读者可以看到，战争期间所膨胀的军事武装都以国防部和国家安全委员会议的名义保留下来了。新组建的国防部包括了陆军部、海军部和空军不，下辖三个军种组成的参谋长联席会议和遍布全世界的作战司令部和作战部队，管辖分布全世界的中央情报局，所以成了战后联邦政府最强大的行政部门，它的开支占用联邦政府 30%以上，占政府全部在职人员 60%。除此以外，国防部门在联邦各州还设有 900 多个基地或军用用地，面积总和超过 2400 万英亩，约相当于康涅狄格州、马萨诸塞州、新罕布什尔州、罗德岛州、佛蒙特州或两个特拉华州。二战以前，美国不养庞大的常备军，更没有在海外驻军。战后，美国最多时在世界各地曾拥有多达数千个军事基地，朝鲜战争、越战时期，海外有上百万的作战部队。现在没有大的战争了，常年仍有 20 多万海外部队。战前联邦政府没有军事工业，也不负责研制和制造军火。战后，实验和研发新式武器，生产和制造最前沿的军火，都是国防部的重要工作，都从国防预算中开支。

美国政府的军事化使得世界各个民族国家也都加强了国防部门的职能。笔者没有过多地研究别的国家，但中国的国防部从时间的先后来判断，那却是是在美国的影响下设立的。美国促成了国际紧张局势，引导各个民族国家不得不在和平时期投入大量的国防预算。二战以前，美国政府督促欧洲国家和日本召开裁军会议，要求各个国家削减军事预算，战后直至现在的美国政府却不断胁迫盟国增加军事预算。

第三，但是，美国政府在战后和平时期保持强大军事与国防，却不是建立在国家自身逻辑发展的必然性或者因为国际关系紧张而遇到了战争的危险。相反，那是世界各国人民在美国、英国、苏联和中国为首战胜德国法西斯和日本军国主义之后，是获得和平之后。美国政府为保持战时的强大武装力量，凭空捏造苏联的战争威胁，提出"遏制苏联共产主义"的杜鲁门主义。历届的美国总统都清楚地知道，苏联没有发动战争的能力和动机。提出杜鲁门主义的杜鲁门总统就曾经说，如果不夸张与苏联的对抗，就无法得到国会的拨款。所以，杜鲁门又把冷战称之为"神经战"。说到底，那不是真正的战争，所谓的苏联威胁不过是美国政府所使用的一个稻草人。但是，1989 年至 1991 年，苏联东欧剧变以后，苏联以及苏联的共产主义阵营都已经不存在了，美国强大的国防当然也没有存在的理由了，可是，以冷战意识形态为核心的美国强大政治学和以强大武装为代表的美国政府，却一点都没有缩小的念头，美国政治精英甚至提都不提为什么还要继续保持强大武装力量。

也就是在苏联解体 20 多年以后，当美国政治精英们都还在用高税收继续维持强大国防力量的情况下，特朗普出现了。

特朗普与受美国政治学教育的政治精英们有所不同，他用一个纯商人的感悟提出许多个政治精英们根本就不可能提出来的问题，而且应该说，这些观点都是对的，或者是有一定的道理的。特朗普作为资本家和商人，当然能感悟到恩格斯所总结的"每个民族都必须获得独立，在自己的家里当家做主"的道理，但是，凭什么要美国人出钱、出人，替日本、韩国站岗，替欧洲人站岗？所以，他在竞选时就对选民说，美国保护盟国，盟国就应该花钱。2018 年 1 月 19 日，白宫国家安全委员会的一次有关韩国的会议上，特朗普就直截了当地问："我们美国在朝鲜半岛维持大规模军事存在，得到了什么？"作为商人，特朗普很在意把大量的预算用在派往国外的军队上。他还问："我们从保护台湾中得到了什么？"美国当然不应该替亚洲、中东、以及北约国家的防卫买单。"美国为何要和韩国做朋友，从中能得到什么？"[6] 所以，特朗普不同于那些已经被美国政治学洗脑了的政治精英，把俄罗斯当做美国的天敌。相反，他从直观上感悟出俄罗斯并不是美国的敌人。如果美国不待在韩国和日本，朝鲜对于美国也没有威胁。所以，特朗普在 2016 年竞选的时候就提出，如果当选总统以后，他要与普京会晤，与北朝鲜和谈。

还有，从 90 年代民主党政府提出"全球化"口号，把高污染的冶金、化学工业和劳动密集型企业，以及低端产业转移到发展中国家的时候，就遭到失业的蓝领工人的反对。特朗普竞选时就不失时机地打这张贸易牌，说世界贸易组织和贸易规则的设置对美国不公平，致使美国出现巨大的"逆差"。如果美国没有逆差，或者逆差少一些，就意味着美国就业岗位多一些，失业少一些。譬如中国没有那么大的

6　参见观察者网：《特朗普问幕僚：保护台湾，美国能得到什么？》
　　http://news.ifeng.com/a/20180912/60060189_0.shtml

顺差，能多买一些美国商品，失业的工人就不会有那么多。总之，特朗普完全不同于战后以来的政治精英们对美国社会问题的解读，他对历届美国政府的批评都很合一般民众的感觉和认识。

美国两党制已经很成熟，竞选时两党候选人的选票相互咬得很紧。但是，由于推行全球化是民主党克林顿政府的一项基本政策，特朗普的竞选对手希拉里·克林顿就比较被动，而特朗普不同于传统的政治精英的风格却受到平民的拥护，他所打的贸易平衡和支持蓝领工人反全球化的这张牌，则为他赢得了不少张选票。譬如，2016 年 6 月，在宾夕法尼亚州一废弃金属设施处举行的竞选集会上，特朗普称工业岗位的流失是"政客导致的灾难"和"领导层崇拜全球化而不顾美国精神的后果。""我们的政客剥夺了人民用来养家糊口的方法……把我们的工作岗位、财富和工厂送向墨西哥和海外其他国家。"他痛批"希拉里和她在全球金融领域的朋友们想要吓唬美国，让我们不要好高骛远。"[7] 当然，特朗普和美国一般民众对战后美国政治和政府设置的认识都还没有上升到理性阶段，当特朗普走到总统的位置上的时候也无力动摇战后已经相当牢固的以军事武装为特征的政府设施，从而不得不继续按照传统政治学和政治学方式处理问题，但那都是另外一个问题，我们且先不去讨论它，我们先要知道贸易问题是在怎样的情况下被特朗普提出来的。

下面再讨论特朗普为什么会真的发动贸易战。

首先，美国总统是经过公开的竞选活动，然后由选民一人一票投票选出来的。美国选民是通过总统候选人的竞选纲领和竞选演说，了解他的执政纲领和政策，然后投票的。这样的政治制度，使得胜选的总统和选民事实上形成了一种契约关系，——选民投票给总统候选人，是因为同意他的施政纲领和政策。所以，总统上任以后，应该兑现当初竞选时提出的问题。当然事实上总统不可能兑现竞选时所说

7　参见观察者网：《美名记曝特朗普发动贸易战内情：智囊反复劝说未果》，
　　http://news.ifeng.com/a/20180912/60054121_0.shtml

的全部话，但一些重要的承诺还是要兑现的。同意美国蓝领工人的反全球化，承诺用打贸易战的方式解决美国巨大贸易逆差问题，都是特朗普竞选时提出来的，他绕不过去。特别是特朗普有意争取 2020 年大选连任，就更要兑现当初的承诺。

其次，2018 年是美国国会选举年。美国宪法规定，众议院议员任期 2 年，参议员任期 6 年但每 2 年更换其中 1/3。美国两党制度，一般情况下，在大选年获得总统职位的政党往往会在两院占据多数席位，总统的执政方针和政策也较容易得到国会通过。但现实中也并非总是如此。另外，即使大选年在国会两院赢得多数席位的政党，在届中国会选举时还有可能失去部分席位而成为少数党。1971 年大选，尼克松赢得了总统连任，但他所属的共和党却干得不怎么样，民主党与共和党在众议院的席位是 243:192，参议院为 57:43。所以，尼克松刚当上总统就面临弹劾的纠缠。克林顿第二期任期上遭遇到弹劾，也是由于 1998 年国会选举中民主党失利，11 月 8 日结束投票，12 月 19 日众议院就以简单多数通过弹劾克林顿总统的议案。后来，只是参议院没有达到 2/3 多数票，所以未能通过众议院的弹劾案。2014 年国会选举，民主党失利，共和党在国会中占多数，奥巴马总统成了"跛脚鸭"，最后两年几乎办不了任何事情，十分憋屈，气得在白宫记者团年会上骂大街、拿自己开涮。

特朗普是一位商人，原来并没有从政的打算，即使 2012 年和 2016 年参加竞选总统，也不过是为自己提高一些知名度，很难说有多大的当选期望。但是，时势造英雄。以冷战意识形态为基础的美国战后政治学和政治精英经过苏联解体以后 20 多年的酝酿，已经到了自然崩溃的阶段。所以，2016 年，特朗普按照自己的悟性所理解的美国内政外交问题，大都歪打正着地说到了许多民众的心上，让包括共和党内竞争提名总统候选人的 18 位竞争者在内的竞选对手，甚至还未过招就都一败涂地地倒在脚下。

特朗普虽然赢得了总统宝座，但他自身却不像其他公众人物那样自出道以来就很爱惜羽毛。特朗普当选总统以前，身子就不干净。

就任总统以后，特朗普仍然大嘴说话，在许多事的说法上仍然前后矛盾，有意隐瞒。特朗普当然清楚地知道，当选总统是依靠民众一票一票加权集总的，但对总统的发难却可以由高层少数政治精英在政府或国会里的运作。在美国，选择对总统弹劾主要决定于国会政治力量的对比，而非是由于总统真的有多大的问题。尼克松规避弹劾而选择自动辞职，当然是由于"水门事件"，但国会议论的弹劾则是因为他在这个问题上向民众撒了谎。克林顿受到弹劾，当然是由于和女实习生莱温斯基的性事，但弹劾案却是他在检察官面前的虚假起誓。特朗普是一位精明的商人，他清楚地知道自己的处境。美国近年流行把官场称之为"纸牌屋"。其实，由特朗普搭建起来的美国政府简直是肥皂泡。首先，特朗普自己并非是一贯的共和党人，它只是在美国两党政治体制下，需要"借壳上市"才选择了共和党。共和党内对特朗普严重不满者大有人在，如果机遇恰当，民主党人出来发难，难免会有一批共和党议员反水，落井下石。其次，特朗普不属于美国政治精英那个圈子，他竞选时对美国传统政治学和强大意识形态构造起来的许多问题狂轰乱炸，都直接与主流的媒体严重对立，如果有什么风吹草动，就是那些铺天盖地的媒体都可以把他推倒在地。所以，特朗普的总统地位还真的不牢靠，选择 2018 年发动贸易战，就是为了巩固共和党阵线，期望赢得国会选举的一张王牌。

那么，贸易战为什么就能够为共和党赢得选票？因为贸易战往往都是采用保护性关税，它是针对与国内同类产品具有竞争性威胁的进口商品课以较高的关税，从直观的判断出发，就都以为对国内相同产品和"进口替代品"大有好处。另外，保护性关税似乎也能吸引转移出去的产业再回来，这就能增加就业岗位。所以，保护主义和保护性关税历来都得到底层的劳动群众的拥护。1929-30 年美国共和党国会打贸易战的时候，其保护性关税就深得美国农业组织和劳工联盟的支持。读者在这一阵子也都已经看到，特朗普自打贸易战以来民调居高不下，这是其重要原因。但是，保护关税是否真的可以保护本国工业和促进了经济的发展，甚至对本国的消费者有利？按照《剑桥欧洲经济史》的经济学家们的观点，却都是值得怀疑的。他们说："我们没有也不可能充分说明美国保护主义是否有益。我们确实知道现在自由国际贸易得到许多经济学家和许多政府的赞许，至少是在经济繁荣时期。"

特朗普作为一个商人，当然知道贸易战对各个民族国家的伤害和对国际自由贸易秩序的破坏，也知道贸易战并不会改变美国的经济构成，更不会促成美国的经济发展。但是，它在短期内却能激发起民族主义情绪而提高执政者的声望，仅此一点，就足以让具有商业头脑和冒险精神的特朗普总统孤注一掷了。

（2018 年 9 月 10 日）

24. 美国是经济全球化的受害者吗？

讲清这个道理，首先需要说明，什么是经济全球化？这里所说的经济全球化，特别所指的是上个世纪 90 年代初中期，以美国为代表的发达国家的政府所推动的一项重要经济政策，其宗旨是要连接与推动、发展各个国家的计算机网络，实行全球联网，以及继续把发达国家中污染和高耗能的一些冶金产业工业、化学工业和劳动密集型产业，较为低端的制造业转移到发展中国家。尽管以美国为首的发达国家的政府的全球化战略是从其经济发展的需要出发提出来的，但是，它是符合世界经济社会发展的趋势的。马克思所总结的资本主义的发展逻辑，即"资本、土地所有制、雇佣劳动；国家、对外贸易、世界市场"，所揭示出来的资本主义历史就展现了这样一个过程。资本主义产生以后，由于对外贸易而把各个民族国家连接成为一个统一的世界市场。这是被将近 600 年的世界近代史所证明了的历史过程。

然后再审查美国是不是全球化的受害者。如果把经济全球化理解为资本主义生产方式全球化，那是世界各个民族国家先后都要经历的过程，是人类的必然，那么，在这一过程中就没有受害者。但是，由于参与或参加这一全球化过程的事件前后，以及程度的不同，所受益的程度也就有所不同。今天的美国作为当今世界上最大的海外贸易国家，如果没有 600 年以来的经济全球化，就没有今天的美国。这是一个方面。另一方面，美国既然是最大的海外贸易国，那么，它也就是全球化最大的受益国。

那么，美国为什么要反全球化？

如果确切点说，是部分人反对这一波的经济全球化，因为特朗普以前的美国历届政府并不反对全球化。经济发展本身就是一种经济变化，涉及到不同经济集团之间的利益调整，难免伤害到一部分人。有的时候，甚至还会发生对抗，引发冲突。譬如资本主义发展逐步导致小农自然经济的解体，农民与土地的剥离和分离，占封建时代的社会人口最大多数的个体农民最终转变成为一无所有的无产者。这在西方资本主义国家是一个漫长的过程，是极为缓慢发展的历史，可以用"随风潜入夜，润物细无声"来形容。即使如此，它也是遭到人们的反对的，经济浪漫主义、空想主义和社会主义思潮，都是持久不衰的代表个体农民反对资本主义的。至于资本主义在由西欧民族国家向其他地区的推进过程中，所遇到过的各民族的反对与反抗的暴力事件，甚至长久的战争，就更不必去说了。

上个世纪 90 年代初中期开始的这一波经济全球化，是以克林顿总统为代表的美国政府对战后经济发展的准确的把握。经过近半个世纪的发展，到 80 年代、90 年代的时候，一方面，以美国为领头羊的发达国家通过对战争经济的吸收和军事技术的消化，不少常规的生产技术已显得落后，经济结构固化，发达国家市场饱和，致使经济增长多年乏力。另一方面，美国的计算机和网络技术已经有了相当长久的酝酿和发展，积蓄了向全世界推广与发展的条件。所以，克林顿提出互联网经济与全球化的概念，不失时机地推动了发达国家的技术进步与经济调整的发展战略。

但是，发达国家的资本和工业向发展中国家转移以后，不少的工人却失业了。应该说，这在经济调整与发展的过程中难以避免要发生的现象。举个国内的例子，90 年代初中期，上海的不少轻纺工业淘汰，也发生过包括纺织厂女工在内的大量企业工人失去工作的现象，只是由于那时的中国工厂都属于政府企业，失业的工人有政府兜底，再加上中国与美国具有不同的制度，所以没有工人闹事。经济全球化是指资本主义生产方式逐渐替代传统的自然经济的这个历史过程，本来是好事。可是，由于美国和欧洲等发达国家的政府把这一波经济调整命名为"经济全球化"，所以，欧美发达国家里失业或者职业受到威胁的以蓝领工人为主的反对者，也公开打出了反全球化的旗帜。

笔者曾经在 2016 年 11 月分析特朗普成功竞选的文章里指出过，在推动这一波经济全球化发展的最初阶段，即资本即将进入发展中地区的时候，主要表现为发展中国家的以民族资本家和企业家为主的人权。在全球化发展了一个时期以后，由于经济调整促进了发展中国家的经济繁荣和就业，发展中国家反对的浪潮平息了，而发达国家的蓝领工人反对全球化的浪潮却仍旧持续着。具体到美国来说，90 年代克林顿总统推动全球化，2016 年民主党推出希拉里·克林顿作为总统候选人，特朗普作为共和党所提名的总统候选人与其竞选，就一定要打这张支持蓝领工人和民族主义者反全球化的牌。

如果再进一步具体分析美国在这一波全球化浪潮中的受益情况，就不难发现，它的政府是最不该站在反对者的立场上了。首先，通过 90 年代以来的全球互联网经济的发展，美国涌现出一批像微软、苹果的电脑和计算机、移动通讯等全球顶尖级的计算机和互联网企业，特别是美国垄断着全球的计算机和互联网技术，甚至在看得见的历史未来中，也没有哪个民族国家在这方面可以强大到足以替代美国的程度。美国的互联网技术与经济引领着人类的发展趋向，围绕着互联网经济和技术形成一大批产业，乃是支撑美国当前经济的主要支柱。其次，美国成功地把一批高耗能和高污染的企业推送到发展中国家，极大地降低了治理环境的成本，提高了美国居民的生活质量。第三，美国政府利用全球化意识形态进一步撬开了发展中国家的大门，成功地把一批低端制造业和劳动密集型产业转移到发展中国家，通过拓展发展中国家的市场而延长了传统技术的寿命，维护和保护了工业资本家的利益。第四，由于发展中国家自然资源和劳动力价格低廉的缘故，美国和发达国家转移出去的工业产品的生产成本降低了，发达国家以进口的方式所获得的商品价格便宜了，人民的生活成本普遍降低了。譬如有人计算，仅中国的商品让低收入的家庭每年可以减少 800 美元的开支。总之，全球化为美国带来的好处无限，它应是最不该反全球化的国家了。

（2018 年 9 月 16 日）

25. 为什么贸易战没有赢家？

　　贸易战没有赢家，首先是人们的经验之谈。历史上最为典型的贸易战，皆非美国人所挑起而莫属。1929-30 年美国国会通过的斯穆特-哈利关税法案，向其他国家大约 2500 种产品征收高达 59%以上的高额关税。美国之举引起世界其他 39 个与美国有贸易关系的国家的报复，给美国出口商品以沉重打击，使得美国的进口额和出口额都骤降50%以上。斯穆特-哈利法案是 30 年代包括美国在内的资本主义世界经济萧条的导火索，1933 年世界贸易量仅只有 1929 年的 1/3 左右。30 年代的长期经济萧条，最终演变为第二次世界大战。70 年代至 80年代美国对日本施压的贸易摩擦，由于日本不敢对美国实行报复性关税，似乎美国是赢家。实际并非如此。资本主义市场经济是一种通过市场竞争获得增长活力的社会形态，过度保护则是维护落后。美国对日本半导体和汽车等产品的遏制，只是暂时守护了美国市场，但由于这是对美国相关产业的保守性保护，实际上是害了美国。日本的相关产业在美国的打压下暂时受到了遏制和损失，但从最终结果看，受压制的日本企业卧薪尝胆，激发出更大的创造力。70 年代到 80 年代，几乎在日本企业的发展史上看不到明显的被打压，以汽车和半导体为龙头的日本工业制造业不仅还是以极低的价格进入美国，而且至今都是世界同类市场的翘楚。相比之下，美国由于保护反而在这两个领域落后于日本。

　　贸易战之所以没有赢家，是由于它不符合市场化的规律。切莫说海外贸易，即使是国内的市场交易，发生矛盾和纠纷都属于正常的。但是，经济纠纷应该通过经济谈判和磋商来解决。即使分歧不可弥合，达不成协议，自古以来还有一条原则，那就是"生意不成，仁义在"。而贸易战的出发点就不是要解决贸易的纠纷，它的基点和出发点就是借题发挥，设置高额关税壁垒和非关税壁垒，对贸易伙伴实施报复。在现代国际关系中，受到打击的贸易伙伴从维护尊严和民族利益的原则出发，必然施以对等的报复性措施。所以，贸易战的实质是一种内耗，属于市场经济体制下的一种人为的摩擦。

另外，从资本主义发生与发展的逻辑来说，贸易战也不符合市场经济在全球发展的历史趋势。资本发展的逻辑就是建立起统一的世界市场。所谓统一的世界市场，也就是各个民族国家逐步取消关税壁垒，商品可以在各个国家自由通行。几百年来，资本主义在世界上各地扩张的旗帜就是"自由贸易"，而自由贸易的目标和实质就是零关税。但贸易战是设置较高关税，使用关税壁垒和非关税壁垒手段，其目的是为了阻碍别的国家的商品进入。这是与经济全球化的趋势背道而驰的，不是构建世界市场应有的做法。贸易战作为一种内耗而或多或少地扩大了世界贸易的成本，而这一情况必然地会影响到世界贸易的发生和世界经济的发展。——至于它所影响的程度，以及可能给包括美国自己在内的世界经济造成多大的危害，致使世界经济达到怎样程度的萧条或者衰败，那都将取决于美国政府手上的大棒能够挥动多久，朝着历史相反的方向可以走多远了。

（2018 年 9 月 18 日）

26. 中国该如何应对美国的贸易战？（上）

　　如何应对美国的贸易战？这该是我们所讨论问题的至关重要的内容。应对举措是否恰当和适宜，则取决于对所想要解决的那个问题的性质和目标的理解是否正确。特朗普政府是拿世界各国对美国贸易的顺差说事，这是典型的重商主义，而且是老重商主义的观念。重商主义又称为货币主义，或者是货币主义的一个变种。马克思所说的货币主义，甚至是在货币拜物教，黄金崇拜、货币崇拜的意义上来说的。马克思认为，重商主义是资本主义经济的最初的也是最粗俗和最野蛮的理论表形式。而包括亚当·斯密和大卫·李嘉图在内的古典政治经济学在内，则都对重商主义刻薄得多，他们不承认重商主义具有任何历史地位，至少否定大于肯定的成分。特别是西方经济学的开山鼻祖亚当·斯密的《国富论》，可说就是建立在对重商主义的批判和否定基础上的。不过，在马克思看来，重商主义及其包括亚当·斯密和大卫·李嘉图在内的反对者们都是在对货币的错误认识基础上展开的。马克思的话是这样说的："重商主义体系把通过金银来结算贸易顺差当作世界贸易的目的，而重商主义体系的反对者也完全误解了世界货币的职能。"（马克思《资本论》第一卷，第 164 页脚注 109）马克思以后 100 多年，人类对资本主义的认识，几乎在原地踏步。所以，重商主义的经济观点不时再现，而反对重商主义的经济学几乎也还是站在几百年前的认识基础上重复几乎同样错误的货币主义观点。有的时候，反对重商主义的经济学甚至比重商主义走得还要远。譬如，战后世界贸易体制决定美国贸易逆差，美国政府反对各个国家对美国的贸易顺差，而许多年来，其他国家也愿意迎合美国的观点去购买本来并一定愿意购买的美国货来减少自己的顺差。这是典型的重商主义。还有，布雷顿森林体系之所以失败，就是由于它是建立在错误的货币理论基础之上的，是因为当初的世界贸易体系的设计者们"把通过金银来结算贸易顺差当做世界贸易的目的"。布雷顿森林体系失败以后，建立在该体系上的世界货币组织及其世界金融体系，以及世界贸易体系，继续沿着该体系的理论和制度在那里修修补补，惨淡经营和维持。这次特朗普政府通过提高关税制衡与美国发生贸易的国家，而包括被制衡的国家和世界舆论则都把美国的发难称之为"贸易战"或"贸易摩擦"，以为美国的发难就是起因于贸易逆差，岂不知它完全超乎具体的世界贸易，并不是起因于美国与其他国家的贸易纠纷，所以不是、也不该称之为贸易战或贸易摩擦。在这个问题上，差不多全世界对美国政府所发动的所谓的"贸易战"的认识，都是错误的。

说美国贸易战起因于世界贸易活动，首先不符合事实。战后美国与世界各国的贸易虽然也有矛盾或纠纷，但并没有发展到目前美国政府退出世界贸易组织而采取单边主义与高额关税壁垒的程度。相反，美国与世界各国的贸易基本上还是和谐的。我们且用事实说话。2016 年，美国对外贸易 37060 亿美元，占当年国内生产总值 185691 亿的 20%左右，相当于 2000 年贸易量 20412 亿美元的 181.56%，17 年平均每年增长接近 3.6%，比年平均增长不到 2%的国内生产总值（GDP）增长速度高多了。美国对外贸易的这一状况充分说明，美国的外贸经济是推动美国经济增长的重要因素，是为美国经济增长与社会发展添分的。这应该是直白而浅显的道理。因为美国占据了世界贸易总量的 1/10 以上，如果世界各国与美国的贸易不公平，各个国家剥削了美国，那就该贸易摩擦不断，世界各地早都吵翻了天。世界现实却并非如此。虽说各地还不时发生矛盾和冲突，但是世界总体上越来越安宁了。另外，即使现在的世界冲突却还都不是贸易冲突，世界贸易的矛盾和纠纷都是在世界贸易组织的框架下通过谈判可以解决的。这是其一。其二，假使其他国家盘剥了美国，现实世界中的美国每年的对外贸易既不可能长期持续地保持较快速度增长，也不可能为国内生产总值的增长起积极的推动作用。

其次，说世界各国对美国贸易不公平，也不符合情理。一个国家的对外贸易究竟顺差还是逆差，仅只是会计做账时的统计、核计或核算的结果，它与具体交易是否公平无关。如果说顺差就是剥削或掠夺，逆差就是被剥削被掠夺，那么，首先是美国等西方国家剥削和掠夺了发展中国家。因为毫无疑问，当西方国家的工业品首先到达落后地区，而落后国家在这个时期几乎还没有什么货物商品可以出口。在那个时代里，落后国家落后地区几乎都是用黄金白银换取西方国家的工业制品的，所以，那个时代里，西方国家的贸易大都是表现为顺差的。譬如晚清时代，首先是中国政府用白银购买英国和德国的枪炮、舰船等军火，然后是冶金和纺织等工厂生产设备，接着大量的工业制品涌进中国。所以，当大到福特汽车，细小到壳牌石油，以及几乎所有新式知识分子都很向往的派克钢笔等美国工业产品销往中国的时候，美国一定持续保持了很长时期的对中国贸易的顺差，美国政府是否认为那都是对中国不公平？

世界贸易即是各个民族国家的对外贸易。它是各个国家国内市场的商品交换的延续，其通行的基本原则是一致的，那就是自由交易、买卖公平。如果说它不公平，那么，世界经济是如何得到发展的，美国是如何发展壮大的？特朗普在全世界制造摩擦的时候，最喜欢拿中国的顺差说事，说中国抢了美国工人的饭碗，是对美国的不公。但是，中国对美国的大宗贸易是近些年才发生的事情，许多年以来欧盟、日本对美国贸易的大量顺差，那该做如何解释呢？难道战后以来所有美国贸易伙伴和政治盟友都对它不公平了？这显然于情于理，都难以自圆其说。

再其次，美国政府总是拿货物贸易的顺差、逆差说事，但是，根据现代经济学的理论框架，国民经济是由农业、制造业和服务业三次产业构成的。特别是发达国家的产业构成中，非物质类生产部门在经济构成中所占比例要大得多。2015 年，美国在金融、教育、文化、科学技术产业和互联网经济等第三产业各领域中就业人口，占据全部就业人口的 79.9%。既然接近 80% 的人口都在非物质类生产部门就业，那么，美国在吃、穿、用等生活用品的消费依靠进口就很正常了。实际上，世界贸易的发展也即是世界市场的形成，各个国家按照世界市场的需要形成国际分工，如果按照三次产业的构成分析世界贸易，那就不一样了。2015年，美国的货物贸易有7127亿美元的逆差，但是，同一年的服务出口收入7306亿，进口4671亿，顺差2635亿；旅游支付1483亿，收入2462亿，顺差979亿。合计计算，2015年美国的对外贸易逆差是3513亿，而不是7127亿或特朗普所说的8000亿。用同样的道理计算发展中国家，譬如中国，2015年货物贸易顺差5939亿美元，合并计算服务贸易逆差2168亿，旅游收入逆差1881亿，实际贸易顺差只有1890亿。

事情还不只如此。如果考虑到世界经的发展和各个国家具体情况，其他国家对美国的贸易顺差和美国的逆差，实际都更要小。因为美国是一个经济与文化发达的国家，它的国际化成都要高得多。市场经济有一个十分显著的特点，那就是聚集效应，越是发达的地方越是具有更强的吸引力。战后强大的美国经济自然使得美国成为世界经济、政治、教育和文化的中心，除此以外，它还集中了相当多的国际组织和机构，世界各国都有许多公务或私事要来往甚至常驻美国，大批的留学生生活在美国。这些外国人在美国的消费，有许多是无法统计从而也不计算在世界贸易的活动里面的。但是，他们的实际消费却直接影响了世界贸易。一方面，这些外国人在美国所购买的美国商品和服务，一定程度上缩小了美国的出口和其他国家对美国的进口。另一方面，由于民族文化和生活习惯的影响，他们在美国所购买的本国商品和服务，却是扩大了美国的进口和其他国家对美国的出口。所以，其他国家对美国的贸易顺差和美国的逆差，实际比我们所计算的还要小。

以上还都是局限于十分表面化的认识，如果用马克思的政治经济学原理分析的话，战后美元替代黄金以后，世界贸易的内容和形式就都发生了深刻的变化。

一方面，虽然布雷顿体系内部约定美元代替黄金，但美元毕竟不是黄金。马克思说："金银天然不是货币，但货币天然是金银。"黄金之所以成为货币，在于它的稀缺性和质地均匀、易于分割的自然特征，在于它是自然产品，而不是哪个民族所能独占或特别制作。所以，黄金身上没有任何民族国家的烙印。这是黄金能够经过数千年世界贸易过程，相继驱逐了曾经在不同区域和不同的民族文化背景下的各种奇特货币，最终成为世界货币的原因。但是，美元就不一样了。美元是美国的货币，美国控制和垄断着美元的发行。当美元充当世界货币以后，各个国家原来的平等的贸易地位就变得不平等了。——由于美元是世界货币，它自然就成了各国贸易追求的目的和对象。美元的中央在美国，其他国家只能从美国获得美元，所以必须把贸易的重点放在美国，美国自然处于世界贸易的中央，成为世界贸易的中心。

另一方面，顺差、逆差是黄金充当世界货币时的世界贸易的统计概念，而美元替代黄金成为世界货币以后，则改变了这两个重要范畴的内涵和外延。读者都知道，在市场经济中，市场上流通的一切都是商品。黄金充当货币，也是商品。美元充当货币，从而也是商品。但是，原来的顺差所得到的是黄金，现在改成了美元，即美国的商品。这样以来，因为其他国家对美国贸易的所谓"顺差"实际都是美国的商品，从而只可以说进出口平衡。——它一手向美国出口了多少本国商品，另一手又购买了相同价值的美国商品（至少是用美元计算的相同价值量的商品）。所以，它们已经没有了顺差，但是，还有逆差。——当与美国发生贸易的国家超过出口商品的时候，必须用黄金或外汇储备购买美国货，所以，这仍是逆差。

同一个过程对于美国来说，却只有顺差，没有了逆差。所谓顺差，即美国的出口大于进口，即使回流的是美元，但那是别的国家或者用出口商品或者使用黄金白银兑换的，所以仍是原来意义的顺差。但是美国的"逆差"却发生了本质性的改变。——逆差本来是在黄金充当货币的条件下，一个国家对外贸易中超过出口所发生的购买，但是在美元成为世界货币以后，因为美国所超过出口的部分照例也是用美元结算，而美元是美国所制作的一种特殊商品，从而就变成了美国用自己一种商品交换别的国家另外一种商品。所以，它不是逆差，而只是进出口的平衡。

截至目前为止，我们的讨论还只局限在最初的美元与黄金固定挂钩的时代里。随着时间的推移，事情发生了进一步的变化。

布雷顿森林体系设定美元替代黄金充当世界货币，并确定 35 美元可兑换 1 盎司黄金。但是，作为纸币，它只是一个货币单位的符号，其自身并不具有所印刷的货币价值量，没有黄金的保值增值功能，也就没有自动退出市场流通的机制。它得以流通，一是靠国家暴力强制推行，二是靠其自身的信誉度，而信誉度主要取决于美国的黄金储备。战后美国一度的确拥有充足的黄金储备。但是，经过一段时间的发展，50 年代、60 年代，因为美国贸易"逆差"的累积，美元开始在各国中央银行积累起来，这些银行（主要是戴高乐总统的法国带头）根据美国所承诺的用美元自由兑换黄金，再加上经过朝鲜和越南战争，以及美国政府推行杜鲁门主义的外交政策，大量使用美元"援助"把它的军队和政治影响力扩展到世界各个地方，所以不得不实行赤字财政，大规模发行国债，黄金储备大幅度减少，美元与黄金、与其他国家的货币比价都发生了极大的改变。

1971 年，美国政府单方面宣布放弃美元与黄金的固定价格，实行自由浮动。从此，美元兑换黄金的比价一路大跌。2008 年，美国发生次贷危机。2011 年 9 月 6 日，每盎司黄金卖到 1920.80 美元，大约是布雷顿体系所确定的 35 美元的 55 倍。但是，世界贸易运用美元结算的体制却没有改变，各国商人继续用美元结算，经济学家也没有深究自由浮动的美元究竟意味着什么。战后用美元结算的世界贸易体制本是建立在美元与黄金的固定比价，以及美国承诺可以用美元自由兑换黄金基础上的。这种体制意味着美元仅仅是结算的工具，真正的世界货币还是黄金。但是，美元与黄金脱钩以后用自由浮动的美元继续结算，这才最终完成了以美元为世界货币的贸易体制。这样一来，布雷顿体系下的世界贸易制度也变了，一方面，由于美元已经不可以自由兑换黄金，各国对美国的"顺差"和美国的"逆差"，其实质已经转变成为美国用它的一张纸"购买"它所需要的别的国家的商品。另一方面，世界各国手里所掌握的大量美元，不过是各个民族国家给美国所提供的"贡赋"，是世界上所有持有美元的人们共同承担美利坚合众国民族的通货膨胀的责任。

问题是在这样的世界经济的背景下，几乎所有的民族国家的经济学家和商人们对美元和决定美元投放的美联储及其美国金融货币制度的痴迷与崇拜。美国是一个公共事务相对分权的国家。毫无疑问，且不说那些仍还停留在专制集权的历史阶段上的落后国家，即使把它和西欧那些从王室皇权历史里走过来的所谓具有民主传统的民族国家做一些基本层面的比较，美国多方面对权力的制衡与分权的制度，其优越性也是相当显著的。2018 年 7 月 19 日，特朗普总统批评美联储加息延缓了美国的经济增长。但是，美联储自后的加息计划并没有发生改变，表明作为调节美国货币职能的机构，确实相对独立于联邦政府，确实要比那些自己印刷钞票自己花的政府好了千百倍。但是，美联储毕竟还是政府机构，是由那些有利益、有立场、有倾向的人们所组成，特别是它只能在政府投放了若干国债和物价发生了若干浮动以后，是在美元已经贬值或者升值的情况下去决定一些技术层面的货币政策。这是一方面。另一方面，更为重要的是，美元毕竟是美国的货币。美国是一个民族国家，这是历史对它的基本定位。美元作为美国的货币，是为美国人的经济生活服务的。尽管人们又把美元确定为世界货币，但是，像其他所有的民族国家决定自己的货币一样，美元却是由美国政府决定的，也理所当然地服从美国利益的。

历史发展常常是在作弄人。二战以前，除了英联邦内部运用英镑结算以外，世界贸易仍是以黄金充当世界货币。二战期间，英美等大国在筹划战后的世界贸易体制时，英国代表是经济学家约翰·凯恩斯。由于英国世界霸权主义的衰落，凯恩斯从战前的自由主义转变为贸易保护主义，信奉重商主义的贸易差额，所以提出维护金本位和着眼于民族国家利益的世界贸易方案。而战前信奉孤立主义和保护主义的美国代表、财政部长助理哈利•怀特，却提出一个用"黄金-美元"并重的自由主义方案，严重冲击了历史以来的传统金本位的贸易制度。事实上，当布雷顿森林会议接受怀特方案，让具有民族主义特质的美元充当世界贸易的结算工具的时候，这一贸易体制就已经陷入了不可克服的矛盾之中。——美元与黄金固定挂钩，然后充当世界货币，要求美元必须坚挺，而美元坚挺的前提条件是有充足的黄金储备，这不只是美国已经占有全世界 3/4 的黄金储备，而且要求美国今后对外贸易还必须保持顺差，没有逆差。但是，既然美元充当世界货币，它又是美国的货币，其他国家则必须从美国手里才可以得到，那么，它们只能在与美国的贸易中保持顺差，不能有逆差。——这是一个近似于鱼与熊掌不可兼得的两难问题，是因为美元固有的民族性质却被人为地被赋予世界货币职能而引发的。这是战后世界贸易体制所固有的一个致命性的矛盾，而它又决定了布雷顿森林体系和战后世界贸易体制的短命或阶段性、暂时性。

如果现在审视布雷顿森林体系所接受的怀特方案，完全可以评价那是一个具有帝国主义性质的东西。但是，如果历史地分析，具有自由主义思想的怀特本意上不一定具有帝国主义的倾向。战后很快走上军国主义道路的美国政府，凭借强大的美国经济力量挟裹着世界经济体制，一步一步走到以美国为中心的发展方向和道路上，从而成就了战后美国在经济上的帝国主义和政治上的霸权主义，以及世界贸易中的美元中心主义。但是，经济社会的客观发展总是在对美国政府所引导的世界发展方向实行纠偏。战后美元曾一次次爆发危机，每次危机都是对人们的提醒。1971 年第 7 次美元危机后，尼克松总统宣布放弃美元与黄金的固定比价，停止其他国家向美国自由兑换黄金。特别是 1973 年第 8 次美元危机后，欧盟国家相继与美元脱钩也实行自由浮动的货币政策以后，布雷顿森林体系已经崩溃了。但是，由于世界经济仍然脆弱，各个民族国家都无力挑战美国经济，以美元结算的世界贸易制度则继续存在下来了。现在，40 多年过去了，一个经济上强盛的欧洲出现了，一个经济上强盛的日本和东亚出现了，中国也开始崛起了，美元重归民族国家的货币性质和职能，改变美元帝国主义的世界贸易体制的问题被再次提了出来。

不过，这一使命并不是被人们十分理性而明确提出来的。战争期间迅速凝聚而形成的军事领袖集团和军火工业财团结合在一起，战后很快通过立法把美国政府改造成为具有军国主义性质的军政府。美国政府在战后 70 多年的和平年代里，却把大量的费用拨付给国防部，让它在全世界维持一个强大的美国军事武装力量，用武力威胁别的国家，用军事手段干涉别过的内政。二战期间，美国曾是反对霸权主义阵营中的英雄和中流砥柱，战后却迅速堕落成为世界上唯一的霸权主义者。2016 年美国人民选出一个商人特朗普担任他们的总统，其实是对战后建立在冷战意识形态基础上的美国传统政治学和政治精英的否定，是对美国过多涉足世界事务的否定，以及对美国民族国家性质与职能的呼吁与复归。李嘉图说过："即使在闹饥荒的时候，输入谷物也不是由于国民挨饿，而是由于谷商要赚钱。"由于美元帝国主义对美国的经济利益的十分显著的原因，美国人并没有提出改变美元结算的世界贸易制度，但是，特朗普总统为了赢得中期选举却抛开世界贸易组织而采取单边主义行动，利用重商主义贸易顺差的口号向全世界发难，则在客观上提醒了人们：是该研究并结束用美元结算的世界贸易体制的时候了。

（2018 年 9 月 25 日）

26．中国该如何应对美国的贸易战？（中）

从马克思抽象劳动创造价值的理论，直接所引出来的一个基本的原理，就是资本主义商品经济是适合一切人的生产劳动的经济形态。中国目前是世界上第一人口大国，因为世界第一经济大国的美国只有 3 亿多人口，而中国接近 14 亿人，所以，实行资本主义生产以后在某个时间点上成为世界第一经济大国，都只是迟早的事情。一方面，此乃资本主义经济制度的必然，既不拜哪个民族、哪个国家的福，也不怕什么人阻拦。在资本主义现时代，一个接近人类五分之一的庞大人口群体的大发展，乃是社会文明的巨大进步和谁也无法抵挡的历史大潮流。另一方面，即使中国目前有了一点发展，也不要飘飘然，因为它还只是处在引进与模仿的阶段，算是起点或开端。当完成从传统到现代的转变，从而 14 亿人口进入到市场经济的形态以后，那可是比现在的所有发达国家的人口总和还要多的一个大人口群体。现在的所谓发达国家的人口，在国际社会的统计中以"高收入国家"出现，也只有不到 10 亿的人。确切点说，资本主义文明与成就，主要是由目前那些"高收入国家"的大约 10 亿人口创造的，而当一个 14 亿人口群体也进入到这一种能够激发起人的创造与发明的社会体制以后，那将是多么辉煌的前景呀！

美国政府的贸易战就是在这样的背景下出现的。早期局限于狭小地域的资本主义意识形态，当然认识不到新的经济形态是无差别的人的经济形式。所以，那些先进入资本主义经济形态的民族国家产生了以民族优越感为中心的一系列民族主义、民粹主义和种族主义的思想观念，构建出以西方为中心的人类知识体系。在这样的传统意识形态影响下，包括中国在内的发展中国家的发展必然地引起了一些具有西方中心主义思想的人们的焦虑。特朗普政府就是利用部分民众的这一焦虑情绪搞贸易摩擦，以索取较多的选票。但是，我们必须清醒地认识到，这不过是中美关系中的一小段插曲。10 月 8 日，美国国务卿蓬佩奥东亚之行，特意安排在北京停留 3 个小时，对王毅外长说，美国不反对中国发展，无意围堵中国，也没有全面遏制中国的政策。[8] 中国应该把蓬佩奥的这三句话当作美国政府公开传递的一个不与中国对抗的信号和声明。因为从大历史的视野来观察，中美作为世界上第一和第三人口大国，迟早都会有较为广泛的交往。如果认识到两国有着太平洋西东两端海岸的地缘关系，美国作为目前世界最发达的海洋国家，它的进一步发展，特别是美国中西部地区的发展离不开中国这个大市场；而中国作为正在发展的落后国家，只有与先进的美国进行尽可能多的贸易往来才可能少走弯路。中美之间经济这一发展关系的前景，毛泽东甚至在 1944 年就有过多次相当精辟透彻的分析。（约瑟夫·W. 埃谢里克《在中国失掉的机会——美国前驻华外交官约翰·S. 谢伟思第二次世界大战时期的报告》，国际文化出版公司，1989 年，第 246、260、268、327 页）经过战后世界经济巨大发展，特别是中国越来越走向世界以后，中美经济合作的辉煌前景是稍有头脑的人都可以理会的，两国密切关系的背后强大力量也是任何人都无法抵挡的。中国需要保持定力，不把美国政府当前的发难上纲上线，不煽动民族情绪，不分散精力，而只把贸易摩擦搁置在中美贸易的领域里一招一式地去应对，用主要的精力去做好自己国家内部该做的事情。

中国应该做什么？上面说过，人类处在从传统自然经济向现代资本主义市场形态转变的大时代里，各个民族国家所要完成的是相同的历史任务。中国也需要从传统走向现代，这在国人中似乎没有分歧。但是，在所要走的道路和实现的方法上，则认识就不同了。其中主流的观点是强调中国特殊，要求普遍的现代原则适合中国得国情。其实，各个民族在其长期的历史过程里，都是在各自不同的自然环境

---

8 环球网新媒体：http://www.sohu.com/a/258318550_419342?_f=index_news_6

下生存与发展的，狭隘的地方性与封闭状态里所形成的各具特色的自然经济形式，以及建立在这一经济基础上的狭隘的排他性的民族文化和民族偏见，都是各个民族的特殊性。但是，资本主义商品生产是一种适合一切人的劳动的生产形态，它通过世界贸易能够把各个民族国家连接在一起，构成一个融合世界各民族的国际体系，强调的是人类的共同性。所以，在现时代里，各个民族必须解决的恰好是要克服特殊性，增长共同性。

为了深刻理解中国的历史使命，我们先分析全世界的同一个历史过程。

资本主义是在西欧大西洋东岸的几个边陲小国发生的。马克思在《资本论》里以"原始积累的秘密"（法文版的提法）为题考察了英国资本主义发生的历史过程，指出它的基础"是对农民的剥夺"。（《资本论》法文版，第 770 页）马克思所说的农民，就是传统时代中土地与劳动者"自然结合"，被束缚在一小块、一小块土地上的个体劳动者。当商品交换有了一定程度的发展以后，个体农民或者由于自然灾害，或者因为家庭成员的生老病死之类的变故，导致个体农民破产，被迫出卖土地，并致使自己成为只能出卖劳动谋生的雇佣劳动者。所以，资本主义市场经济取代传统的个体农业，是通过一个一个个体农民的破产，土地和劳动力被释放出来，形成资本主义的要素市场。当社会基本上由资本、土地所有者和雇佣劳动者三大阶级构成的时候，表明社会已经发生了质的变化，历史由自然经济成长到资本主义生产阶段，民族国家诞生了。由于民族国家之间的对外贸易，把原来相互隔绝而分居于世界不同地域的各个民族连接成为一个世界市场。这就是马克思所总结的"资本、土地所有制、雇佣劳动；国家、对外贸易、世界市场"。资本主义这一发展逻辑是一个长历史过程，他在写作《资本论》的时候，认为小农解体和资本主义市场经济的形成，从而从传统到现代的转变，是一个历经了 500 年以上的"自然"过程，而且它"只是在英国才彻底完成了"。补充一句，由于法国和西班牙所拥有的庞大的农民群体，这两个国家的"原始积累"在马克思评述 150 年以后，仍未完成。换句话说，西欧除了英国以外的其他民族国家，现在仍处在从自然农业向资本主义经济形态的转变进程中。

以上是西欧地区资本主义的形成和发展，属于新制度经济学所说的内生性经济制度，是由其民族国家传统的个体农业自然发生的。对于西欧以外的世界各个民族国家，处在新大陆的南北美洲、大洋洲，基本上是西欧的移民，最初则是以西欧国家的殖民地出现的，照搬了宗主国的经济制度，所以又被人称之为西欧的衍生国，可以近似视之为与西欧同类型发生。而对于西欧以外的欧洲、亚洲和非洲旧大陆的广大区域，资本主义到来以前，已经存在许多古老民族，他们因不同的自然条件从事不同的自然劳动，实行不同的个体经济活动。随着西欧早期民族国家的对外贸易和扩张，接触到资本主义生产。由于民族具有共同的语言、历史文化、传统经济，共同的民俗与生活习惯，以及共同的感情，占有共同的地域空间等因素，决定了资本主义都是以民族国家为单位形成、存在和发展的。与西欧各国的资本主义有所区别，旧大陆上的各个民族国家的资本主义生产是从外部嵌入的，属于嵌入式的市场经济国家。

大约 600 多年的世界历史表明，资本主义向欧洲、亚洲和非洲旧大陆发展的过程中，或多或少地都曾经遇到过冲突，有时候甚至是经过长期的战争。但是，必须有所区分的是，除了个别仍处在商品交换以前的物物交换阶段上的原住民以外，对于绝大多数以嵌入方式获得资本主义经济制度的国家来说，它们与西方国家的矛盾和斗争，主要都是由争夺国土资源、索取赔款之类的民族间的具体利益引起的冲突，而不是资本主义商品生产方式与落后民族的传统经济制度之间的矛盾和冲突。相反，由于这些古老民族实际生活中所存在的一定程度的商品货币制度，所以，有如资本主义在英国等西欧地区传统的自然经济中自然发生的一样，从外部嵌入的新经济在与这些地方的传统经济实行对接或接轨的时候，是没有障碍的。也就是说，资本主义在这些民族国家出现以后，由于商品经济所通行的自由与等价交换的原则都是相同的，资本对传统的自然经济的销蚀致其逐渐解体，从而资本主义市场经济制度在这些国家的成长与发展，则可以说是"无缝连接"的。只是人们没有这么详细地思考过，其实它没有什么难以理解的。举个旧中国的例子，湖南农民没有接触过资本主义，但第一次到上海就可以用在乡下出卖土地的钱购买生活用品。或者，上海的资本主义现代工厂所生产的棉织物拿到乡下去出售，期间与消费者即第一次接触资本主义产品的农民也没有障碍。所以，人们把西欧和西欧以外的这些能够与其传统的自然经济无冲突相处的国家，都统称为自由资本主义。十月革命以后，特别是冷战以后，人们往往从自由与民主的政治制度上来理解"自由资本主义"的含义，其实这一概念更重要的该是指资本主义从传统经济中自然发生，以及在移植到落后地区时与几乎所有民族国家的传统经济自然融合的自由状态。

但是，这一过程在新中国却出了问题。究其原因，在于 20 世纪50 年代初中期以来的经济政治制度改变了历史以来的自然经济形态，人为割断了数千年社会发展所形成的商品交换传统。一方面，新生的共产党政权受到了以美国为首的西方资本主义国家的封锁，中断了所谓自由资本主义经济向中国的输入（嵌入）。另一方面，新中国只能实行"一边倒"的外交政策，（毛泽东《论人民民主专政》，《毛泽东选集》第四卷，人民出版社，1960 年，第一四七七——一四七五页）建立苏联的社会模式。所谓苏联模式，主要包括两个方面，一个是土地归国家所有，另一个是政府掌握一切经济命脉或掌握最重要的工业部门。（列宁《共产国际第四次代表大会文献》，《列宁全集》中文第二版第 43 卷，人民出版社，1987 年，第 283、284 页）由于这是一种人为割断历史连续性的经济制度，到 70 年代末，新中国的这一体制已经走到了尽头。用当时人民日报社论的话说，"国民经济发展缓慢，甚至到了崩溃的边缘"。（《把全党工作的重点转移到现代化建设上来》，1978 年 12 月 25 日人民日报）那时的邓小平就说："我们国家的体制，包括机构体制等，基本上是从苏联来的……总的来说，我们的体制不适应现代化，上层建筑不适应新的要求。"(《邓小平年谱：一九七五——一九九七》上，第 376 页；李正军《邓小平"北方谈话"》，《党史纵横》2018 年第 8 期）邓小平所说的"现代化"，当然是国际资本主义所发展的现代成就；"上层建筑"，指的是我国计划经济体制和国家政治制度。所以，中国共产党提出了改革诉求。虽然直到现在人们还没有清醒地意识到，中国面临着与其他民族国家是一样要从传统走向现代的历史使命，但是，40 年来的所谓改革开放实践已经表明，中国所遇到的国内国外的矛盾和纠纷，虽然不可以说根源上和根本上都是如此，但至少从现象上看，包括这次美中贸易摩擦在内主要都还是引进（嵌入）西方自由资本主义生产过程中与 50 年代所接受的苏联模式及其意识形态之间的矛盾、冲突和障碍。所以，改革与改变 50 年代以来所实行的经济形态，让社会回归于自然，乃是中国顺利实现由传统到现代历史使命的基本前提。

首先，改革农村经济制度，归还农民土地所有权。早在 1949 年 9 月 29 日通过并颁布的《中国人民政治协商会议共同纲领》中，新中国就确定了农民占有土地的私有制度。这部起到临时宪法作用的共同纲领第三条说，国家将"有步骤地将封建半封建的土地所有制改变为农民的土地所有制"。所谓"有步骤地"是指正在进行的土地改革运动，其第二十七条进一步补充说："土地改革为发展生产力和国家工业化的必要条件。凡已实行土地改革的地区，必须保护农民已得土地的所有权。凡尚未实行土地改革的地区，必须发动农民群众，建立农民团体，经过清除土匪恶霸、减租减息和分配土地等项步骤，实现耕者有其田。"耕者有其田，这本来是新中国人民安居乐业和繁荣昌盛的基础，所以，1954 年第一部宪法也明确规定："国家依照法律保护农民的土地所有权和其他生产资料所有权。"

但是，也就是在国家颁布第一部宪法的同时，政府却引导农民由互助组上升为合作社，继而到 1958 年，几个乡，甚至几个县的大范围的农业合作社合并到一起，组成更大规模的农业集体组织——人民公社。互助组是农民家庭互换劳动性质的活动，并没有固定的组织形式，也不承担法定的义务。所以，它并没有改变农民占有土地的基本制度。但是，农业合作社的性质就不同了。合作社是把农民的土地转变成为合作社社员的集体所有，农民个人及其家庭就再不拥有土地所有权了。历史常常怪异的是，也许当事人并没有这样的自觉和意识，但是，他们所推动的事情无意间却是为其中心服务的。50 年代的农业合作化和人民公社，其本质是以集体经济的形式直接剥夺了农民的土地，以方便政府以较小的成本，甚至有的时候采取直接调拨的方式取得工业化过程中所需要的土地和农村劳动力。所以，农业合作社和人民公社制度，不过是计划经济时代政府对农民土地的一种赤裸裸的剥夺，是为适应政府工业化需要对小农经济所采取的一种改造形式。

改革往往都是被逼出来的。虽然说计划经济在 70 年代已经走到了尽头，但是，一方面是国家仍然处于封闭状态，人民普遍都不了解自己如何落后。另一方面，中国幅员辽阔，回旋的余地大，中央政府总有办法调度周转，无论国民经济如何糟糕，总不至于影响中央政府自己所必须的财政支出。所以，那时还无意对国有企业这一计划体制的经济基础实行改革。工业不改革，农业集体经济这一准计划经济形式也就没有彻底改革的必要。80 年代的农村改革，其实有点甩包袱的味道。所谓"联产承包责任制"，允许农民有"宅基地""自留地"和"责任田"，都只是赋予了农民不同程度的土地使用权，不仅农民没有，就连村民集体单位也都继续没有实质性的土地所有权。30 多年来，政府反而成为不彻底改革的受益者。——即使说土地属于农民集体（村民委员会）所有，但政府一纸"不允许改变土地使用性质"的法令，使得所谓土地所有人村民委员会也不得出卖或者随意在土地上发生种植或农业以外的其他经营，而政府却可以借助城市化扩张继续用低成本从农村拿到土地，然后以商品价转卖出去，以至 20 多年以来形成极为突出的"土地财政"，让政府过上了好日子。但是另一方面，由于不彻底的改革，农民、农业和农村问题和不完全的农民土地所有权制度，却已经成为目前我国改革与经济发展过程中的几乎所有弊端的主要经济根源。

市场经济是由市场自发配置资源的经济制度，所以，有关资本、土地和劳动力资源的市场设置是资本主义生产的基本条件。但是，如何构建和形成资本、土地和劳动力市场？原来，它们都是在自然经济的自然解体的过程中自然形成的。在传统的自然经济中，个体农民与土地自然结合，小块土地牢固地捆绑着农民，把一个一个农民束缚在小块土地上。威廉·配第说"劳动是财富之父，土地是财富之母"，数千年的农业文明，就是农民劳动力与土地两种自然资源的简单结合。但是，在农民与小块土地"标配"的时代里，不可能产生资本主义。只是在个体农业生产力有了一定提高以后，在一定的社会环境下，劳动力和土地自然分离，自然形成资本所需要的土地与劳动力市场。一方面，由于自然经济过程中的财富积累，有一部分人积聚到一定量货币。另一方面，在自然经济的后期，在传统的土地与劳动力密切结合的经济制度得以解体，而土地和劳动力可以不断进入到流通的领域，社会才能够发育和形成资本主义生产所需要的土地和劳动力市场。当然，资本主义的起源与发展，是一个非常复杂的历史问题，包括宗教的、法律的渊源，包括政治制度的竞争。比如新制度经济学就认为，欧洲的城邦分割和竞争对于资本主义制度的产生就起到很重要的作用，以至有"欧洲的不统一曾是我们的幸运"这样的说法。而中国大一统的强大帝国，不具有人才流动的机制，资本所有者和各种人才都不可能迁移到邻近的国家，因而统治者具有无上的权力，可以专横和任意地没收财产，也就难以出现资本主义。（柯武刚史漫飞：《制度经济学：社会秩序与公共政策》，商务印书馆，2000 年，第 468、250-251 页）这是另外一个问题，且先不论。我们这里讨论个体农业在资本、土地和劳动力市场形成过程中的作用，一个重要结论是：如果没有长期和持续的个体农业的解体，没有自然发育的土地和劳动力自由市场，也就没有自由的资本市场。

其次，市场经济是一种建立在私人产权基础上的经济制度，没有私人产权的确立，没有一个个个体农民的破产即农民对他的小块土地的出卖和处置过程，没有一个一个失去土地和"一无所有"的农民进城而永远无法再倒退到自然状态，就不仅没有资本主义经济所需要的资本、土地和劳动力市场，而且也没有在这一基础上所产生的法律和社会制度，以及深入到国民脑海里的法权意识。所以，当人们反省和批判新中国何以容易产生极左的思潮和左倾主义错误的时候，却很少追根溯源地寻找它的根子究竟在哪里？很难设想，当政府用"走社会主义集体经济道路"这样的虚幻理念就轻易地剥夺了农民的土地的情况下，在一个小农有如汪洋大海般的国度里，当他们被剥夺得一无所有的时候，如果人们不进一步剥夺那些仅占人口极少部分的民族资本家和小资产经营者，不打击那些自恃才气横溢的知识分子，打击那些在各级政府部门里掌握权力的大大小小的"当权派"，那才是咄咄怪事！

所以，当政府对历史上剥夺占据人口总数 90%以上的农民，剥夺资本家和个体经营者的事件还没有任何反省和认识的情况下，国家就不可能形成一个具有良好的产权氛围的社会环境。而当国民普遍没有梳理产权关系和根本不具有产权意识的情况下，底层民众遭受强拆、毁林、毁田，发了财的民营企业家心里不踏实、睡不好觉，凡有条件的人就要再申办国外绿卡、移民，就都是容易理解的了。

再其次，80 年代以来，农民对土地只具有不完全的产权，已经造成一系列的负面后果。第一，政府以农民有宅基地、自留地和责任田等土地"私产"为由，不允许农民"转为"城市市民。这样，农民永远不能得到与"非农户"的城镇市民相同的国民待遇，而只可进城打工，却永远成不了市民，所以就成了"农民工"。笔者多次强调指出，农民工是世界各民族国家从自然经济转向资本主义市场经济过程中，唯有中国才独有的现象。第二，由于城乡经济生活水平的实际差距，刚进城的农民只能接受、也可以接受较低的报酬。应该说，这在西方国家也是正常的。但是，不正常的是，由于政府对我国农民所持有的不完全土地所有权的身份认定，农民工在城市工作和劳动的时间再长，即使已经成为非常熟练的技术工人，却还只能是农民工。

各个年龄段的农民工这一最大的社会群体，成为我国社会低收入阶层，人为地扭曲了我国社会集团的收入分配。第三，极为浅显的道理，农民工不能转变为城市市民，在城市临时性居住则必然地限制了本来就收入不高的生活，又人为地限制了它们本来就不高的消费。第四，农民工在城里有一份工作，有一份收入，并且常住在城市，但却不能成为市民，无法像城市市民那样可以有一个稳定的家庭生活，再加上绝大多数农民工的孩子难以逃脱留守儿童的命运，以及无法享受城市的教育，这都极大地压低了整个农民工这一最大社会群体的生育预期。

市场经济是一种开放型的社会，但它同时又是一种相对稳定发展的经济形态。市场经济之所以相对稳定，是依靠居民相对稳定的生活消费。主流经济学解构国民经济运行提出投资、外贸和居民消费"三驾马车"。传统的计划经济主要依靠投资拉动，得到的是一种粗放型经济。外贸拉动，受外部不可控因素制约，有如这次遇到特朗普贸易战，就要受影响。在比较成熟的市场经济形态里，经济增长主要依靠技术创新和居民的消费。但是，农民工这一最大社会群体的存在，一方面它的收入低和没有理想预期，所以不敢消费。另一方面，劳动市场上永久存在一个低薪的农民工劳动群体，又必然地压低整个工薪阶层的劳动报酬。这是我国经济中收入分配所存在的最大问题，也是政府20多年来虽然希望消费拉动经济增长，却长期没有实际效果的根本原因。

我国是一个农业国家，农民、农业和农村问题始终都是传统向现代转变过程中社会借以旋转的枢纽。而农民、农业和农村的核心还是土地问题。土地本来就是农民的。中国的改革只有从归还农民土地，承认农民对自己的宅基地、自留地和责任田都具有土地私有权，允许农民把土地当作自己最重要的财产，能够自由处置包括土地在内的所有财富，才算走上了从传统向现代过渡的正确道路。

除了农民和土地问题以外，第二个大问题是必须改变包括国有企业在内的政府控制和垄断经济资源的经济制度。当年中国的工农业经济制度，都是照搬苏联的。现在回过头来分析当年的苏联计划经济，其实是在一个比较大的农业国家里进行工业化的时候，由政府集中和垄断一切资源而发展国家资本主义的经济制度。这对于一个落后的民族来说，在资本极端短缺和困难的条件下，在一个短的时间内，似乎是有多、快、好、省的效果。但是，苏联与中国，以及东欧和东亚的许多个苏联模式的国家历史实践都已经证明了，所谓的计划经济是一种不可持续的经济制度。当年的社会主义阵营中的所有国家（包括现在的朝鲜），已经通过不同的道路走到或者正在走向市场经济。中国至少在加入世界贸易组织的那一刻算起，就已经表明要坚定不移地实行市场经济。特别有趣的是，通过在世界贸易组织内部运行 10 多年以后，对于以美国和欧盟为首的西方国家不承认、不给予市场经济待遇，中国政府还十分气愤。

不过，市场经济与计划经济的确不一样。读者都已经知道，市场经济是通过市场自发配置资源的。在市场经济中，政府仅只是充当维护市场秩序卫士的角色，其他都交由市场来做。而计划经济不只是由政府直接配置资源，它实际上已经是由政府投资办企业，控制经济运行、组织生产和决定分配了。当然，在转向市场经济的道路上，重要的不在乎别人怎么说，而在于自己应该怎么做。如果政府继续拥有企业，直接组织生产、配置资源和干预经济的运行，那就没有市场经济。所以，尽快实行私有化，把国有企业转变成为非政府的企业，都是中国改革无法回避的重大问题。

很久以来，代表国有企业利益的主流意识形态向国民灌输一种观点，说国有企业是为民族利益服务的，私有企业则是唯利是图的。这不符合事实。我可以列举几个例子。

今年以来，以北京、上海等为代表的各大城市的空气质量都有了显著的改善。这很大程度上都应该归功于汽车排尾标准发生的改变。汽车排尾实施什么标准，取决于石油化工企业生产的油气标准。在我国，汽车生产企业、石油化工企业，都属于国有企业。如果提高石油化工产品的等级，会涉及企业技术改造和生产设备更新，说到底有一个增加成本的问题。所以，在欧美等国家都已经实行许多年标准III，而且空气污染程度明显得到改善的情况下，我国仍然迁就石油化工部门生产较低标号的油气产品，让机动车排尾继续执行标准II甚至I。2015 年，柴静制作并播放了《穹顶之下》以后，仅过去了一年多，全改变过来了。说明本来做这件事并不难，只是因为国有企业不愿意做，竟让国民长期生活在极恶劣的空气质量里。所以，涉及国家和民族的根本利益的事情，只在于政府是否代表人民利益而严格执法，却不在于生产企业属于国有还是非国有。

再说笔者亲历的一件事。10 多年前，儿子为笔者申请了随家庭座机享用的限时上网套餐。笔者使用笔记本电脑工作，休息时将屏幕扣下，电脑则自动处于休眠状态。所以，我以为电脑已经不工作，上网也就自动终止了。谁知道事情根本不是这么回事。因为有了手机以后，座机已经很少使用了，每个月电信账单也就不超过 100 元，时间长了，每月收到的账单常常都不查看了。一天偶然间，瞥见每月不超过百元的账单似乎一下子高达 1200 多元，翻检以后发现，这样高的收费竟然连续几个月了。到电信营业厅打出细目，原来超过申请上网套餐的时限，上网费翻倍收取。但是，如果每天 24 小时上网，一个月也不到 200 元（也就是从那时开始，我改为 24 小时上网的套餐，每月上网费用约 160 元）。我当时就在想，在一个市场经济的国家里，无论什么企业都不会这么做。因为 24 小时上网的费用是一个底线，超过这个费用是无法解释的。但是，只有在我们国家里，而且只有那些国有企业才敢于做那种比"唯利是图"的奸商还要黑心的事情。

国有企业处处由政府来扶植，它该为政府服务吧？未必。去年两会期间，李克强总理的政府工作报告中，提出取消手机国内长途和漫游费，"让企业广泛受益、群众普遍受惠"。两会以后，电讯部门却提出要做一些准备工作，须在半年以后才可实行。移动电话的收费模式都是按照设计的程序自动操作，修改收费套餐几乎是不花费多大精力的事情，更何况政府工作报告至少是 3 个月以前就在各个部门间提交和准备了的工作，如果电讯部门以政府为要，懂得惠民的政策及早实行，可以赢得人民更为广泛的拥护，那么，它当然懂得政府工作报告一旦宣布，它即刻实行，足以取得最佳效果。但是，它却要再延迟半年。在网络时代，移动通讯的市内和国内长途，以及所谓漫游，都是由通信卫星来做，其运行成本几乎是相同的。电信部门已经利用人们对移动通讯工作原理不了解，导入有线电话的成本原理，多收取了消费者20多年的黑心钱，在即将结束前，仍要延迟半年，足见自然经济转变时代的早期资本的贪婪，哪里有国有企业为国家为政府负责的半点影子！

企业是要讲效益的。最近20多年人们不太计较国有企业的效益，似乎是因为国有企业总在盈利，不存在效益问题。其实不是这样。90年代初中期以前，中国市场还很小，国有企业只能紧贴在政府身上，要财政弥补亏损，政府则必须和它算账，追究它的效益。政府把企业推到市场上以后，国有企业面向全社会，单个的消费者与国有企业庞然大物不对等，没有办法核算它的效益。我们和发达国家较劲的时候，一直手上有一张王牌，那就是中国14亿人口的大市场。其实，20多年来，中国的这一市场优势是由国有企业独占并享受着（中国保持高关税首先保护了国有企业的垄断，成为最大的受益者，其次是政府的财政收入）。中国处在城市化发展的早期阶段上，农村人口城市化，是一个社会发生质变的过程，而发生质的变化就是自然经济状态（自给自足）的人们转向依靠市场生活。国有企业占据着我国的经济命脉，人民生活须臾不可离开，在能源、交通、电讯等许多领域里，国有企业几乎占据100%的市场。既然垄断了市场，接下来就是垄断价格。政府对非竞争性领域的价格予以管制，其实是按照国有企业的运营状况来定价，总要保障这些"国家命脉"能够正常运营。所以，我国油价、电价、电话费用，铁路运输价格，都比发达国家高很多。比如美国1度电按照经济学家周其仁的说法不到0.1元人民币[9]，我

---

9 《周其仁最新演讲：中国经济改革如何突围？》，
  http://www.sohu.com/a/271209014_100160903?spm=smpc.ch15.pict-footer.2.
  15405 108772489BG0F4x）

刚才查了我家里的用电收费账单，1度电0.617元，其实生产用电还要贵。三是政府运用审批制把主要的国有企业都推到股票市场，让这些大公司都具有相当低成本的融资手段。四是国有大企业都和商业银行联手，绑架金融企业，具有民营企业根本就无法比拟的筹资能力。还有，80年代以前的国有企业，至今都是无偿使用土地，即使现在的国有企业比如高铁也都是以优惠的价格拿到土地，以至不少企业还可以利用土地资源出租场地或房产取得收入。类似这一类的优待条件，政府给予国有企业的条件，不一而举，只是没有改变思维、改变体制，人们往往把国有企业当作政府的组织，所以不与它计较，不和它算账，它其实是没有效益的，是依靠全体人民分摊成本维持运营的。

国有企业能不能私有化，该不该私有化，我以为除了涉及利益关系以外，其他都已经不是问题。首先，如果说只有国有企业才能担当起民族发展的重任，那么，这一观点连发达国家是如何发展的这一基本事实都无法说明。其次，即使说私有化必然造成国有资产流失，它也没有什么不好。25年前，我国政府提出"抓大放小"，把比现在国有企业数量还要多得多的许多中小企业都卖给了个人。说是卖，其实有些价格低得简直就是白送。但是，所有权改变以后，很快迎来了90年代以来的经济繁荣，有了今天的中国。再其次，如果继续用老的理论来辩解，说只有国有企业是中华民族的脊梁，只有国企是为人民服务的，政府的企业在我国经济中具有不可替代的作用。那么，现在的美国，以及世界上绝大多数国家都没有国企，至少是政府的企业没有在国民经济中占据重要，支撑国民经济的工业制造业或者其他各种工业金融业不是政府企业，那些国家的人民是靠谁"服务"的？现在中国的资本甚至首先是国有企业已经走向世界，包括国企在内的中国企业在别的国家是不是，以及能不能为所在国的人民服务？我国经济已经发展到目前的程度上，特别是还提出"一带一路"这样的战略方案，要把中国资本扩展到世界各个地方，甚至已经深入到美国的中西部地区，如果还不改变观念，还不实行改革，继续用落后阶段上所获得的狭隘理论做解释、做宣传，政府还是把企业紧紧地攥在自己的手里，继续接受政府的领导和控制，它就很难走向世界；即使走向世界了，也会遭到批评说中国政府在向世界各地扩张（侵略），说中国的企业与他们不在一个平等的地位上竞争，造成中国的对外贸易纷争不断。当然，问题还不在于别人的批评，而是从实际情况来说，企业如果是政府所有，它确实和必然地具有非政府企业所不可能有的许多优越的条件，确实与民营企业，与自由资本主义国家的企业不在一个平台上。这的确不公平。一方面，不平等，挣了钱，心也不安。另一方面，企业由政府扶植，尽管在国家提供的各种优待条件下做大了，但永远也不成熟。中华民族的强大与发展，是需要一大批成熟、稳健，具有时代精神和富有长远战略眼光的企业簇拥着，而这样的精神都必须是通过市场培养和锻造的，依靠政府扶植和垄断国内市场而强大的企业不可能获得这样的品格，所以不能肩负起这样的历史重任。

第三，政府要尽快转变职能，把发展经济的事情交由市场来做，以便用最大的精力从事国家公共事务，维护宪法，确保每一位国民的基本权利不受到伤害。宪法是现代国家的根本大法，是人人都可以背诵出来的一句话。但是，却很少有人懂得，人权理念才是构建宪法的灵魂。之所以如此，是由于法权规范本质上是资本主义物质生产的产物，而决定权利意识与人权理念的经济关系和客观范畴，都是资本主义发展到一定程度以后才可以出现的。中华人民共和国成立以前，尽管已经有过好几部宪法，但资本主义进入中国也还只有几十年的时间，所以，尽管人们可以借助文字翻译照搬美国和法国的法律，颁布堂而皇之的中国宪法，其实那时的人们并不懂法，还没有理解它的本质及含义。新中国以后很长的一段时间里，因为封闭、不发展，再加上经济成分的单一，社会构成简单，国民整体的权利意识也还是相当有限的。只是如此情况下，共和国才得以发生以下令人啼笑皆非的事情。在现代国家中，国民权利本来最重要的是财产所有权，我们却一面颁布新宪法保障公民基本权利，一面鼓动农民敲锣打鼓地把自己的土地交出去搞所谓的"农村集体经济"，而在城市则让资本家把工厂交出来与政府"公私合营"。人们根本就不懂得这个原理，即没有私产，就没有法治。所以，在共和国的历史上会出现一个运动接着一个运动，而历次运动中都会发生肆意抄家、捆绑人、批斗人，办专案、办学习班，随意关押，隔离审查，连续许多天、几个月、几年、十几年失踪，等等各种没有人权保障的事件。

为什么说宪法是现代国家的根本大法？因为宪法明确规定了人民和政府的关系。自从国家文明出现以后，政府权力无限扩张，未有边界。"溥天之下，莫非王土；率土之滨，莫非王臣"。在一个强大的国家内部，人们最需要防范的是政府对人民的伤害和侵犯。但是，只有历史发展到现时代以后，当自由贸易成为社会的基本经济方式，平等意识成为国民的固定成见以后，人民才有可能通过宪法确定政府的边界了。宪法是如何确定的？那就是每部宪法都会确立"一切权力属于人民"的根本原则，（1954 年中华人民共和国宪法）或者明示"人民掌握了国家的权力，成为国家的主人"。（1982 年中华人民共和国宪法）这就是人民主权论。人民才是国家权力的来源，人民委托政府管理或处理人民所交付的公共事务。既然政府的权利是由人民派生的，那么，它的权利就不是无限的，而是有限的。人民委托了什么，它就只可以做什么。超越了，就是违宪。不言而喻，在这样的关系下，在一个现代国家里，首先确定国民不再受政府的危害了，然后才谈得上政府对国民的保护。政府不侵犯国民，这是一个现代国家的基本点或底线。笔者经常回答来自不同方面的朋友提出的同一个问题，那就是中国是否现代了，进步了？我的回答是：毫无疑问，中国是比过去进步多了。如果更为确切地回答，中国不仅真的进步了，且还相当全面，进步的速度也相当地快。但是，权利是一个随着经济进步和社会的发展而不断成长的社会范畴，随着几十年来中国经济的巨大进步，人民会有更高的要求。所以，在已经有了巨大进步的背景下，特别是当国民已经越来越多地了解到西方国家的人民与政府间的关系以后，国民就必然地对政府有了更高的要求，要政府做得更多、更好。

那么，政府如何才可以做的更好？那就是把保护宪法中"公民基本权利和义务"当作最根本的原则和最重要的任务。由于没有经历资本主义，特别是因为长期封建专制的传统影响，特别要把政府工作的重点放在防止政府侵犯人民利益，危害和压制人民的事情不再发生，确实让"中华人民共和国公民有言论、出版、集会、结社、游行、示威的自由"落到实处，保障"中华人民共和国公民对于任何国家机关和工作人员，有提出批评和建议的权利，对于任何国家机关和工作人员的违法失职行为，有向国家机关提出申诉、控告或者检举的权利……"其实，作为后发展中国家，真心要做这些事情也并不难，那就是看别的国家是怎么做的，特别的是发达国家的国民是如何享受自由权利的。上个世纪80年代，那还是里根担任美国总统的时候，苏联流行一段笑话，是说一个美国人和一个苏联人之间的对话。

美国人说："我敢在白宫外面大喊，里根下台，你敢吗？"

苏联人回答说："有什么不敢的？"

说完，苏联人就走到克里姆林宫外大喊："里根下台！"

这段政治幽默把美国的自由和苏联的专制刻画到了极致。多年来，总有人指责国民这样的要求是西方化、自由化。其实，资本主义文明和现代化本来就是从西方过来的，学习西方有什么错？即使说它是西方化、自由化，可西方国家的人民正在那里充分地享受着，中国为什么不可以呢？正是由于没有，得不到，所以才要追求。人民追求这方面的自由，说明我们还缺少这些自由。人民有权利去追求，宪法保障他们有这样的权利，政府保护了人民的权利，才算是合格的与合法的政府。

多年以来，笔者曾经反复阅读与思考美国社会何以民主与强大？1800年，托马斯·杰斐逊竞选担任第三任总统。美国也正是从这一次竞选活动开创了两党制度。两党竞争似乎撕裂了美国社会。但是，美国人民也正是在这种表面分裂的社会里享受着世界公认的最大自由和民主，美国也是在这种表面分裂的形式下获得了最强劲的增长与发展，至少从 19 世纪末至今 100 多年来在经济、社会和文化各个方面都保持了强大。为什么？我觉得杰斐逊在他的就职演说里已经做了说明。

> 我们大家要牢记这一神圣的原则：虽然在任何情况下都应该以多数人的意志为重，但是那个意志必须是合理的才能站得住脚，而且少数人也享有同样的权利，必须受平等的法律保护，如果加以侵犯就是压迫。……只要理性能够自由地与错误观点对抗，即使错误观点也是可以容忍的。

1800 年选举过程中，杰斐逊所代表的民主党（那时叫共和党）从联邦主义阵营中分裂出来，与在位总统约翰·亚当斯所代表的、势力强大的联邦党人（共和党的前身）相对抗。杰斐逊胜利当选。但是，他却在就职演说中高喊："我们都是共和党人，我们都是联邦党人。"从此，这一句口号几乎是每次美国总统竞选活动结束的时候，胜选的候任总统和参选失败的总统候选人发表告别竞选活动演说中反复申述的话语。我以为，杰斐逊所概括的上述所谓"神圣的原则"和这句口号，就是美国何以民主，何以能长久不衰的精髓。

不只第三任总统杰斐逊是这么说的，后来凡有所作为的总统也都是这么做的。1957 年 9 月 2 日，根据联邦最高法院的判决，黑人学生将有史以来第一次踏进美国南方阿肯色州的小石城中心中学。但是，因为州长奥瓦尔·福布斯希望第三次连任，不惜挑动种族主义情绪，制造动乱，甚至调动了国民警卫队去制止黑人学生注册。在接连 10 多天的对抗里，从各地前往到小石城中心学校围堵黑人学生的种族主义者和白人，多达数千人。9 月 14 日，暴乱事件发生的第 11 天，艾森豪威尔总统与州长福布斯举行会晤，但并无结果。总统一方面命令国防部长将阿肯色州的国民警卫队严格控制在联邦政府的领导之下，不再听从州长的调遣。另一方面，总统直接派出空降师保护黑人学生进入学校，实际上是对小石城中心中学实行军事管制。这一状态一直持续到第二年 5 月，小石城完全恢复平静，黑人学生已经不再遭受骚扰以后。

美国奴隶制是在 19 世纪 60 年代通过内战解决的。但是，自后美国一直处于"隔离但平等"的状态。实际上，美国南北战争以后将近 100 年里，种族问题不只在南方，甚至在北方也都很严重。第二次世界大战中，前线的黑人士兵和后方的黑人劳动者都为战争做出了重要的贡献。黑人在战争中的表现证明了自己的价值和尊严，战后自然要把他们应有的权利贯彻到一切领域中去。这似乎都是自然明了的问题。不过，笔者认为难能可贵的是，这一个时期的美国总统和联邦最高法院在黑人需要他们的时候，能够不为地方政府背书，毫不犹豫地站在了黑人一边。不难设想，如果没有美国总统的支持，黑人的前途将要艰难得多。但是，也正是因为 50 年代到 60 年代数百万黑人群体权利的提升，美国才获得了自后半个多世纪以来的提升与发展。

民主并不是美国的专利，甚至也都与资本主义形态无关。自由与民主是人性的选择。恩格斯说过："当一种生产方式处在自身上升阶段的时候，甚至在和这种生产方式相适应的分配方式里吃亏的那些人也会热烈欢迎这种生产。"（恩格斯《反杜林论》，《马克思恩格斯选集》第三卷，人民出版社，1973 年，第 188 页）人们把资本主义生产方式当作是迄今为止最适合表达自由和民主的经济形态，所以才被各个民族所选择的、所接受，从而也得以在全世界被广泛实行的。笔者的这一认识，隐含着另外一种观点，那就是随着社会的发展，将来有一天人们还会因为人性的选择而像历史上已经发生过抛弃原始公社制度、奴隶制度、封建制度那样抛弃资本主义，而实行另外一种更为符合人性的高级社会形态。从 19 世纪末期以来，美国保持有最强盛的经济增长势头，拥有最先进和最强大生产力，其民主政治也最为显著。但是，如果由此就以为民主是美国的专利，犹如只适合美国国土生长的美国灌木或山茶花，只能实行于美国，那是极为片面的认识。

　　由于战后美国的冷战思潮把中国推到了苏联这一个极端，而自后中国也有意无意自觉沿着苏联一方的意识形态发展，使得历史湮没了中国共产党早期的许多历史事实。事实上，毛泽东就很欣赏美国的民主制度。1944 年在延安的时候，毛泽东与美国外交官谢伟思谈话中多次表达了对美国民主的兴致与向往。8 月 3 日，毛泽东说："中国人民理解民主并且要求民主。""我们不怕民主的美国影响——我们愿意欢迎它。我们并不愚蠢地像只吸取西方的机械技术。"据谢伟思 8 月 27 日给国务院发送的报告，毛泽东就曾经设想，通过美国政府影响中国，建立起一个新的民主的全国性政府。1945 年 4 月 1 日，毛泽东对谢伟思说："共产党对美国的政策，现在是将来仍然是，寻求友好的美国支持在中国实现民主和对日作战中进行合作。""中国需要和平。但是它更需要民主，因为对和平来说民主是根本的。"根据毛泽东对谢伟思的谈话，中国共产党在延安时代的政治目标，是要促成中国建立起一个包括主要党派参加的民主的联合政府。(《在中国失掉的机会》，第 246、259、337、339 页)毛泽东甚至在发现最初以罗斯福特使身份负责调停国共两党，并主动书写出美国民主制度的中国联合政府方案的赫尔利改变了立场以后，还提出他或者周恩来，或者毛泽东和周恩来两人一起，到美国与罗斯福会晤的要求。后来，由于赫尔利的反对，未能实现。(《在中国失掉的机会》，325 页。不过依据另外的资料，赫尔利也曾建议罗斯福邀请蒋介石和毛泽东同他会谈，以实现统一。只是罗斯福对这样的方案不感兴趣，其原因可能是担心美国政府这样做以后，有可能使得罗斯福在美国国内承担蒋介石垮台的责任。至于毛泽东周恩来主动要求与罗斯福会谈的要求，是延安方面通过魏德迈的渠道秘密地表达的。罗伯特·达莱克：《罗斯福与美国对外政策 1932-1945》，商务印书馆，1984 年，第 714-715 页)虽然毛泽东没能实现其美国会晤罗斯福的愿望，但说明毛泽东对于建立美国式民主制共和国是做过认真思考的。

　　早从 1943 年开始，在美国国务院与驻中国的外交官，以及包括罗斯福给蒋介石推荐的军事顾问史迪威上将在内的美国军人中形成了一个相当重要的认识，那就是如果发生内战，中国共产党很有可能获胜。所以，职业外交官们建议美国政府在不放弃蒋介石的同时，也应与中国共产党发展关系。（约翰·帕顿·戴维斯：《未了中国缘：一部自传》，社会科学文献出版社，2016 年，第 326 页）而且那时的毛泽东也极为看好中国与美国发展的前景。毛泽东甚至比较了中国分别与美国、苏联发展友好关系的可能性，认为中国与美国的发展前景更为现实一些。谢伟思总结毛泽东与他的几次谈话，得出结论说："共产党领导人自己不断发表的谈话，就是对中国说，美国的友谊和支持比俄国的更重要。自然，中国共产党人也认为，中国和苏联保持亲密、友好关系是必须的，但是他们坚持认为，这种关系不牵涉美苏利害冲突问题。"谢伟思还总结了毛泽东关于战后如果中国共产党取得政权，中国照样也能与美国友好的政治与经济的必然逻辑。从经济方面来说，1. 共产党人同意中国必须工业化，2. 中国目前只有在资本主义经营基础上才能工业化，3. 实现这种工业化需要有外援，4. 苏联没有力量给予中国所急需的大规模的经济援助，5. 美国是唯一能帮助中国的国家，等等。一直到 1945 年 4 月 1 日，毛泽东最后一次与谢伟思的谈话中，还明确地说："共产党人将继续寻求美国的友谊和了解，因为中国在战后建设时期需要它。"（《在中国失掉的机会》第 262、266-269、337 页）

　　如果继续追溯延安时期中国共产党人向往美国的经济与民主制度，会写出许多本大部头的著作。其实，即使因为历史后来遵循另外的逻辑，导致毛泽东建立了一个与苏联相仿佛的政治制度，但是，他还是忘不了美国的民主。根据邓小平所说，斯大林专制集权和肃反扩大化的问题暴露以后，毛泽东就说："这样的事件在英、法、美这样的西方国家不可能发生。"（《邓小平文选》第二卷，第 333 页）尽管历史仅透露了极为简单的一句话，也足以反映出毛泽东对美国民主制度的向往。只是人们没有转换一个思维整理二战以后世界发展潮流何以转向，如果按照美国职业外交家和毛泽东的分析，战后中国本来就有一个直接与美国接轨而友好的新中国。我们应该意识到，从 20

世纪 80 年代末到 90 年代初期的东欧剧变，以及此后 20 多年包括中国和俄罗斯几乎所有所谓的社会主义国家加入世界贸易组织，表明世界历史不过是在战后转了一个弯，现在又回来了。何以如此？

资本主义在全世界发展的一个很重要的成果就是一系列民族国家的诞生，而民族国家以及民族国家之间的发展与进步，又是推动世界历史发展的强大动力。但是，战后美国军工集团很快攫取战争的成果，出于维持战时形成的强大军事工业和庞大军事武装力量集团的利益需要，人为地利用西方国家对苏联共产主义的恐惧心理制造出冷战意识形态。苏联共产党的源头里本来也有民主政治的追求。苏共的前身就是俄国社会民主工党。另外，自由与民主也是列宁思想的重要组成部分，包括民族自决和独立，本来都是列宁的重要思想。即使阅读最体现列宁暴力革命论的《国家与革命》，其中阐述的民主思想也应算作该书的一个主要特色，甚至是十月革命前后列宁能够打动民众，让工人、农民和士兵拥护并跟随布尔什维克的重要原因。客观分析列宁思想或列宁主义，其核心内容也是以民主政治的形式出现。列宁说，资本主义是少数人的民主，而代替资本主义的无产阶级专政是多数人的民主，人民大众的民主。所以，与许多人把列宁当作专制和独裁的化身相反，列宁是主张民主的。只是列宁所处时代的局限性，当他获得国家政权的时候，他别无选择地实行专制。这不是个人问题。当俄国从沙皇时代起步再向前发展的时候，不可能不经过某种形式的过渡问题而一下子跨越到高度民主。

当然，在东西方冷战的时代里，以苏联为首的共产主义阵营在冷战意识形态的斗争中，以美国为首的西方国家特别批评苏联等国家由于社会发展程度低而特别多地发生的违反民主制度和侵犯公民自由的现象，而以苏联为首的共产主义国家也有意把自由与民主当作美国等西方国家的专利予以批判，不仅把自由和民主当作坏的东西予以抛弃，甚至还将自己历史上的追求也予以清理。譬如中国共产党所建立的新中国本来就叫中华人民民主共和国，其政府叫民主联合政府，后来把其中的"民主"都删节掉了。读者可以对照 1949 年 6

月 20 日人民日报刊登的毛泽东《在新政治协商会议筹备会上的讲话》，毛泽东所呼的口号"中华人民民主共和国万岁！"在收入《毛泽东选集》第四卷时，"民主"一词就删去了。

国际政治当然是影响中国民主政治发展的一个重要因素。但是，决定它的发展的根本原因还是现代资本主义经济在中国的进展。新中国以来，特别是最近 40 多年来，中国现代化有了特别快的发展。中国虽然还很落后，但已经不同于半个世纪以前基本上还处于传统自然经济的状态，特别是由于中国人口众多，当人们在说中国已经成长为世界第二大经济体的时候，没有意识到在中国城市已经拥有一个人口众多的经济收入优裕的阶层。当人民普遍解决了生活问题以后，特别是那个人数越来越多的经济优裕阶层，都会把精神追求当作他们的奋斗目标。中国政府必须主动把政治现代化和民主政治建设提升到自己的日程上来，保障人民的基本权利，为人民更广泛地涉入政治领域提供便利条件，才能合理化解社会发展新阶段势必出现的新矛盾，从而体现执政的合法性。要说，这也没有什么难处。不是说不忘初心吗，自由与民主本来就是中国共产党的追求。所以，它本可以呼喊：我们既是共产党，又是民主党。

第四，放弃传统的马克思主义意识形态，欣然接受自由、平等、人权等普世价值理念，与包括西方发达国家民族在内的世界各国人民和谐融洽地相处。我国民众所接受的马克思主义，又称之为马克思列宁主义，有时直接称之为列宁主义。邓小平说："马克思主义的另一个名词就是共产主义。"（中共中央文献研究室编：《邓小平年谱：1975—1997》，中央文献研究室，2004 年，第 1069 页）所以，还有共产主义，这几个概念在我们国家的语境里，都是相同的。按照一般人的理解，马克思主义就是马克思学说，是马克思的思想。其实并非如此。确切点说，中国共产党所接受的马克思主义或共产主义理念，都是列宁按照当时俄国革命的需要，总结和解构马克思的思想观点，是列宁所编辑和阐释的马克思主义，所以是马克思列宁主义。阅读这一个词汇，需要把重心放在"列宁主义"上来。因为它是列宁所理解的马克思，是列宁自觉地为他的革命政党和群众构造的思想体系，所以，有的时候，人们直接用列宁主义替代马克思主义。马克思主义、马克思列宁主义、列宁主义和共产主义，这在 20 世纪 20 年代以后的中国，常常是一个含义，即都是列宁的共产主义世界观及其思想体系。

列宁是一位知识渊博的学者型革命家，他对马克思的研究相当深入而精细。可以说，在列宁的同时代革命家和马克思的研究者里面，没有人能超过列宁对马克思的文本的深刻耕读。但是，正是由于列宁认真从马克思那里寻取材料并且构造出供人们实践的信仰体系，我们才说列宁的马克思主义是一种意识形态。

由于涉及到马克思的学说和马克思主义意识形态问题，我们不得不多做一些讨论。

马克思早年曾在黑格尔哲学的基础上，称意识形态是一种虚假的意识和颠倒的世界。（马克思恩格斯：《德意志意识形态》，《马克思恩格斯全集》第 3 卷，人民出版社，1960 年，第 15 页；马克思：《＜黑格尔法哲学批判>导言》，《马克思恩格斯全集》第 1 卷，人民出版社，1956 年年，第 452 页）50 年代完成政治经济学的批判工作以后，也许是重心由早年的哲学批判转向经济领域，马克思则较少有这方面的论述了。20 世纪初期，特别是由于列宁主义的兴盛（当然还有弗洛伊德学说在内的心理学等学科的兴起。不过我们主要研究作为社会范畴的意识形态），人们重拾意识形态这一概念。在这样的语境下，有人说马克思主义本身就是一种意识形态。（U. 迪尔泽：《意识形态》，中央编译局《马克思恩格斯列宁斯大林研究》1996 年第 2 辑，内部刊物准印号：Z2874-961083，第 292 页）

应该承认，"马克思主义也是一种意识形态"的命题是正确的，没有错误的。但是，我们必须把马克思的著作、文本，甚至马克思的学说，和马克思主义区分开来。前 3 个词汇，可以近似地看作是一个相同的概念，即马克思所撰写的文章、著作、书信、手稿、笔记和札记，等等，一句话，由马克思所书写的一切总和。如果愿意，在相当大的程度内，它还包括恩格斯的书写在内，都笼统地称之为马克思的学说。它们当然属于意识，是马克思的意识或认识，思想或观念。但是，它们不是虚假的，而是真实的马克思的所思所写，是一种客观的存在。即使它们是主观意识，但却不虚假。这是一方面。

另一方面，虽然任何书写者都希望读者相信自己的认识，但是，马克思没有制造要人们信仰和实践的体系，所以马克思的文本仅只是作为学者或者研究者的成果，却不是我们所讨论意义上的意识形态。因为作为实践的信仰体系，它们都是由思想领袖自觉构造，同时还要发展忠实的信徒，并要他们承担义务，为之奋斗。而马克思和恩格斯从青年时代开始就有一个明晰的原则，那就是不制造体系或理论大厦。（恩格斯：《反杜林论》，《马克思恩格斯选集》第三卷，人民出版社，1973 年，第 342 页。其实，马克思和恩格斯这方面的声明和提示有很多）早在上个世纪 80 年代，笔者就曾说过："马克思只是根据客观事物发展提供的材料为依据，揭示那些事物本质性的从而是一般性的联系，解决那些属于自己应该解决的问题，完成那些属于自己应该完成的任务和使命，而不凭空幻想和设计未来社会细节和形式。"（梁中堂《马克思主义与现时代》，山西人民出版社，1992 年，第 29 页）

马克思的文本作为人类优秀思想，当然是为社会、为人类服务的，但他又不强制人们相信它，更不需要人为它承担义务，不要人们必须怎样去认识、怎样去做。马克思提出唯物历史观，但相信唯物史观的人们不能"把它当作不研究历史的借口"。（恩格斯 1890 年 8 月 5 日《致康·施密特》，《马克思恩格斯全集》第 37 卷，人民出版社，1971 年，第 432 页。着重号是原文就有的）马克思主义却正好是马克思恩格斯所批评的"不研究历史的"结果。马克思主义作为一种思想意识形态，一种思想潮流，是从马克思那里摘取出片言只句，作为标签，然后作为一种信仰和实践的体系，要求人们必须怎样去思想，怎样去行动。当马克思在世的时候，这样的马克思主义就已经出现了。虽然前苏联的马克思主义者总是把马克思和恩格斯塑造成为列宁那样的革命政党的领袖人物，但是，我们所读到的马克思无论在早年的共产主义同盟，还是后来的所谓第一国际，马克思恩格斯并不属于主要的领袖，譬如在后一个国际组织中只是担任"通讯书记"的角色。这和列宁制订马克思列宁主义并缔造信仰为之奋斗与实践的布尔什维克革命队伍，都是绝然不同的。所以，以马克思为名的马克思主义，确实与马克思本人无关。关于这一点，恩格斯说，马克思曾经针对法国的"马克思主义者"说过："我只知道我自己不是马克思主义者。"（《马克思恩格斯全集》第 37 卷，第 432 页）恩格斯这里用引号标识马克思主义者，是由于马克思是有特指的，那是包括他的两位女婿沙尔·龙格和保尔·拉法格在内的法国的马克思主义者。可见，马克思是把马克思的著作或者作为思想家的马克思与具有虚假性的马克思主义加以区别的。恩格斯晚年时候，曾经就意识形态的这一虚假性质做过比较深刻地分析。他说：

> 意识形态是由所谓的思想家有意识地、但是以虚假的意识完成的过程。推动他完成的真正动力始终是他所不知道的，否则这就不是意识形态的过程了。因此，他想象出虚假的或表面的动力。因为这是思维过程，所以它的内容和形式都是他从纯粹的思维中——不是从他自己的思维中，就是从他先辈的思维中得出的。他和纯粹的思维材料打交道，他直率地认为这种材料是由思维产生的，而不去研究任何其他的、比较疏远的、不从属于思维的根源。（恩格斯 1893 年 7 月 14 日《致弗·梅林》，《马克思恩格斯全集》第 39 卷，人民出版社，1974 年，第 94-95 页）

列宁所总结的马克思主义作为一种意识形态，除了因为"虚假的意识"而具有的虚假性质以外，还在于列宁所处时代的局限性。一方面，列宁时代的资本主义发展还不够充分，没有充分发展的时代决定了列宁对资本主义的理解与认识还不充分，不全面，有局限，有偏差。另一方面，列宁在世的时候，马克思作为一位人类历史上最伟大的思想家，其学术著作还没有人做过系统的整理，即使说列宁对马克思的哲学、经济学和政治学的文本做过最精细的阅读和研究，那也只是限于马克思在世自己公开发表和出版的著作。而实际的情况是，除了马克思自己公开发表和出版的著作以外，还写就了大量的笔记和手稿。马克思的许多深刻思想，都包含在他去世以后所发现并陆续整理出版的笔记和手稿里面。由于列宁与马克思相距的时代比较接近，马克思浩瀚的文稿没有来得及整理出版，所以列宁并不了解。伟大思想家的理论往往都需要历史的检验，也需要后人多视角的阅读，多方面的诠释，以及各个学派长期的争论和争议，才有可能被正确理解。以上各方面情况综合起来，决定了列宁所理解的马克思主义的局限性，特别是有关现时代和共产主义关系这一最重要的理论问题上，列宁对马克思的理解是有错误、有偏差的。

我们先来看马克思是如何表述的。马克思关于资本主义现时代，主要有以下几点：1. 整个人类历史可以划分为三个大形态，其中最初、最早的形态都是自然发生的，人的生产能力只是在狭小的范围内和孤立的地点上发展着，人与人的严重依赖关系是它的基本特征。第二个形态，马克思表述为"以物的依赖性为基础的人的独立性"。所谓独立性，相对于原始氏族关系即血缘关系中人的依赖性，封建时代的人们的依附性关系，而资本主义时代的人们宣示人的解放，以及标榜人及人格的独立性。这是一个方面。另一方面，读者知道，马克思在《资本论》里是把商品生产关系表述为物所掩盖的人之间的关系，所以，这里的"物的依赖为基础"该是商品交换基础上的社会形态，也即通常所说的资本主义商品生产方式。第三个形态，是建立在个人全面发展和他们共同的社会生产能力基础上的自由个性。该是指共产主义了。（马克思：《1857-1858 年草稿》，《马克思恩格斯全集》第46 卷上，人民出版社，1979 年，第 104 页）不过需要说明，这里说的共产主义，是我们的说法，马克思并没有说第三大形态就是共产主义。事实上，50 年代以后，马克思就很少再提及共产主义这个词汇。在《资本论》写作过程中，不得不涉及到未来社会的时候，马克思所使用的语言都十分谨慎，不会随意直用共产主义来指代。这一方面，笔者曾经有一篇题为《马克思是怎样对待"预言"的》，专门讨论了这个问题。（梁中堂《马克思主义与现时代》，第 25-38 页）

关于三大社会形态之间的关系，特别是对于马克思列宁主义者往往产生最大困扰的，该是社会主义（共产主义）代替资本主义的问题。马克思完成这部手稿以后，包括后来所完成的《资本论》，以及有关《资本论》的手稿里，都很多次地谈到过，说资本主义为另外一种更高的社会形态创造条件，却没有说共产主义。而在上面引述的同一段话里，马克思对此就有所说明，他说，第二形态是在第一形态内部产生的，第二形态又为第三形态创造条件。不过，马克思最为精辟地阐述这一个问题，还是在完成政治经济学批判以后，对历史唯物主义原理做了经典式的论述之后所说的那几句话：

> 无论哪一个社会形态，在它们所能容纳的全部生产力发挥出来以前，是决不会灭亡的；而新的更高的生产关系，在它存在的物质条件在旧社会的胎胞里成熟以前，是决不会出现的。（马克思：《〈政治经济学批判〉序言》，《马克思恩格斯全集》第 13 卷，人民出版社，1962 年，第 9 页）

另外，虽然马克思在这里没有具体说明，但是，考虑到马克思是把整个人类的历史划分为三个大形态，而资本主义以前的第一形态从人类脱离动物界开始进化到 600 年以前出现第一批民族国家，因为人类进化是一个缓慢递进的过程，特别是划分早期人类的不同标准，马克所说的人类第一大形态应该经过了几十万年，甚至上百万年进化与发展的历史。而作为第三形态的共产主义是指一旦进入到那个新阶段以后，一直到人类毁灭以前（如果人类在将来漫长的发展中会有末日的话），即使不是永恒和永远，那也是一个相当长的历史时代。那么，作为与漫长的第一和第三形态所并列的第二大形态的资本主义生产方式，无论怎样设想都将是一个很长的历史阶段。

2. 马克思所总结的资本主义大历史发展的逻辑是：**资本、土地所**

有制、雇佣劳动；国家、对外贸易、世界市场。（马克思：《<政治经济学批判>序言》，《马克思恩格斯全集》第 13 卷，第 7 页）笔者这里说"大历史"，一方面是说它将是一个很长的历史阶段，另一方面是说它将是全人类的历史。资本主义在自然经济基础上产生出资本所有者、土地占有者和雇佣劳动者三大阶级。当历史发展到资本、土地所有者和雇佣劳动者三个阶级为主要构成的社会阶段以后，社会必然转变成为资本占统治地位（通常说资产阶级统治）的民族国家。最早的西欧少数民族国家产生以后，因为对外贸易而发生向外扩散和扩张，从而把资本主义生产带到世界各地，各古老民族因为接受和实行资本主义生产，或迟或早地形成资本、土地所有者和雇佣劳动阶层，也最终转变为不同的民族国家。各民族国家的对外贸易把世界连接成一体，这也就是通常说的世界市场。500 多年来的世界历史，已经证明了马克思所总结的这一资本主义的逻辑。

3. 马克思的劳动价值理论认为抽象劳动创造价值，所谓抽象劳动，就是人类无差别的、同样的、简单的、抽象的、一般人类的劳动。（马克思：《政治经济学批判》，《马克思恩格斯全集》第 13 卷，第 18、19 页；《资本论》第一卷，人民出版社，1975 年，第 54-60 页）人类抽象劳动即无差别的人的劳动才凝结为商品价值的思想，即隐含了资本主义商品经济是一种全世界所有民族都可以实行的经济形式，它否决和排斥民族优越论，预示了人类最终都要被融于一个统一的世界市场体系的前景。不难理解，现在人们所说的经济全球化、经济一体化，已经被马克思的劳动价值学说和资本主义发展逻辑所证明和预示到了。

4. 一个原因是，年轻时的马克思和恩格斯的确都曾是激进青年，另一方面则是列宁主义的解读，所以不少人都把马克思和恩格斯当作具有列宁色彩的暴力革命家。其实，即使早年，1847 年 10 月，恩格斯在《共产主义原理》中回答"能不能用和平的办法废除私有制"时说："但愿如此，共产主义者也会是最不反对这种办法的人。"同一时期，马克思和恩格斯还认为，资本主义是世界性的，共产主义运动也必须是世界的。它不能在一个国家里单独发生，而是在一切文明国度里，至少要在资本主义发达的英国、法国、美国、德国同时发生。（恩格斯：《共产主义原理》，马克思恩格斯：《共产党宣言》，《马克思恩格斯选集》第 1 卷，人民出版社，1972 年，第 219、221、270 页）到了晚年，马克思恩格斯的革命思想又有了发展和转变。1872 年 9 月 8 日，马克思在阿姆斯特丹的一次群众集会上演讲说，必须考虑到各国的制度、风俗和传统，有些国家，像美国、英国的工人可能不需要经过暴力革命，而采用和平手段达到自己的目的。（马克思：《关于海牙代表大会》，《马克思恩格斯全集》第 18 卷，人民出版社，1965 年，第 179 页）恩格斯比马克思更长寿，所以较多地看到了资本主义的发展，这方面的论述就更多一些。譬如，1891 年讨论德国社会民主党纲领的时候，他就认为，如果经过代议制和民主共和国这一政治形式，"旧社会可能和平长入新社会"。（恩格斯：《1891 年社会民主党纲领草案批判》，《马克思恩格斯全集》第 22 卷，人民出版社，1965 年，第 273、274 页）所以，如果简单把马克思当作暴力革命家，甚至描述为是暴力革命的鼻祖，还是有悖于事实的。

列宁从马克思的资本主义现时代理论出发，所构建的列宁主义主要包括以下几个方面的内容。1.列宁把资本主义以后的历史划分的 4 个阶段：资本主义，资本主义向共产主义的过渡，共产主义社会第一阶段，共产主义社会的高级阶段。（列宁：《国家与革命》，《列宁全集》中文第二版第 31 卷，人民出版社，1985 年，第 79-98 页）如果仅从经济制度上来区分，资本主义是资本家阶级私有制度。在资本主义向共产主义过渡的阶段里，资本家的财产已经被剥夺，社会已经实现了生产资料的公共所有，但资本家阶级还存在。共产主义第一阶段和共产主义高级阶段都是共产主义，所以，因为所讨论问题的侧重不同，列宁常常并不对它们加以区分，泛指已经实现了生产资料公共所有的历史阶段。

2.帝国主义论是列宁的重要思想之一。列宁的帝国主义理论主要包括两个内容，其一，帝国主义是作为一般资本主义基本特性的发展和直接继续而成长起来的。但是，它只是发展到一定的、很高的阶段，才变成了资本帝国主义。总体来说，这一阶段是 19 世纪末到 20 世纪初期完成的。其二，帝国主义是垄断的、腐朽的、垂死的资本主义，是资本主义的最高、最后的阶段，是无产阶级革命的前夜。

必须指出的是，列宁的帝国主义论是在第一次世界大战中形成的。列宁认为，1914 年爆发的第一次世界大战，是帝国主义的分赃的战争，各个国家的无产阶级政党应该反对帝国主义的战争，反对本国政府，把帝国主义战争转变为国内战争，发动社会主义革命。（列宁：《帝国主义是资本主义的最高阶段》，《列宁全集》中文第二版第 27 卷，人民出版社，1990 年，第 323-439 页）列宁从第一次世界大战中捕捉到革命的机遇，是同时代的其他马克思主义者所不及的。

3. 与帝国主义论相对应，列宁还改变了马克思关于共产主义运动在一切国家或主要发达国家同时发生的原理。列宁说："经济和政治发展的不平衡性是资本主义的绝对规律。由此就应当得出结论：社会主义可能首先在少数甚至单独一个资本主义国家内获得胜利。这个国家的获得胜利的无产阶级既然剥夺了资本家并在本国组织了社会主义生产，就会奋起同其余的资本主义世界抗衡，把其他国家的被压迫阶级吸引到自己方面来，在这些国家中发动反对资本家的起义，必要时甚至用武力去反对各剥削阶级及其国家。"（列宁：《论欧洲联邦口号》，《列宁全集》中文第二版第 26 卷，人民出版社，1988 年，第 367 页。文中的着重号是原文就有的）相反，"社会主义不能在所有国家内同时获得胜利。它将首先在一个或者几个国家内获得胜利，而其余的国家在一段时间内仍将是资产阶级的或资产阶级以前的国家。"（列宁：《无产阶级革命的军事纲领》，《列宁全集》中文第二版第 28 卷，人民出版社，1990 年，第 88 页。文中的着重号是原文就有的）

4. 无产阶级革命与无产阶级专政的理论是列宁所引申的马克思学说的主要内容，也是列宁主义的核心。所谓无产阶级革命理论是列宁关于无产阶级及其政党在资产阶级国家内部发动武装暴力革命夺取政权的学说，而无产阶级专政则是推翻资产阶级统治以后社会处于"资本主义向社会主义的过渡"阶段上工人阶级所建立的统治。虽然说无产阶级革命和无产阶级专政理论贯彻列宁一生的著作中，但它却是集中体现在第一次世界大战到十月革命前后的一系列著作中，如《国家与革命》（《列宁全集》中文第二版第31卷，人民出版社，1985年，第1-116页）、《无产阶级革命和叛徒考茨基》（《列宁全集》中文第二版第35卷，人民出版社，1985年，第229-327页），等等。

列宁是从政治制度即自由和民主的视角，提出无产阶级专政条件下工人阶级和其他劳动人民将享受广泛民主，以及资产阶级共和国制度下的民主与无产阶级专政条件下的民主的区别的。在资本主义社会里，比较完全的民主制度就是民主共和国。但是这种民主始终受到资本主义剥削制度狭窄框子的限制，因此它始终都是少数人的即有产阶级的、富人的民主。在那里，由于资本主义剥削制度的统治，现代的雇佣劳动者被压得喘不过气，结果都只能"无暇过问民主"，"无暇过问政治"，大多数居民在通常的平静的局势下被排斥在社会政治生活之外。而无产阶级专政，即被压迫者先锋队组织成为统治阶级来镇压压迫者，则把民主制度大规模地扩大，使它第一次成为穷人的、人民大众的民主制度。（《国家与革命》，《列宁全集》中文第二版第31卷，第83、84、85页）

5. 列宁把二月革命产生的彼得格勒工人苏维埃称之为巴黎公社式的政治组织，是无产阶级专政的具体形式。所谓十月革命，其实就是彼得格勒苏维埃武装起义赶走了临时政府，结束了自二月革命以来两个政权同时并存的政治局面。所以，列宁很自然地把他所领导的苏维埃政权视之为无产阶级专政，属于"资本主义向共产主义的过渡"阶段的国家形式。列宁认为，这是一个很短的时期。1920年，列宁恰好50岁。他在俄国共产主义青年团代表大会上说，现在50岁左右的人，是不能希望看到共产主义社会了，而15岁的这一代人，再过一二十年就会生活在共产主义社会里。（列宁：《青年团的任

务》，《列宁全集》中文第二版第 39 卷，人民出版社，1986 年，第 311 页）

列宁这里所说的"共产主义"，应该是他在《国家与革命》中所说的"共产主义第一阶段"，也即通常所说的社会主义。不过，"共产主义第一阶段"也是共产主义。列宁认为，在共产主义社会中，资本家阶级的反抗已经彻底粉碎，资本家已经消失，阶级已经不存在，"人们既然摆脱了资本主义奴隶制，摆脱了资本主义剥削所造成的无数残暴、野蛮、荒谬和丑恶的现象，也就会逐渐习惯于遵守多少世纪以来人们就知道的、千百年来在一切行为守则上反复谈到的、起码的公共生活规则，而不需要暴力，不需要强制，不需要服从，不需要所谓国家……"资本家已经没有了，阶级已经没有了，因而也就没有什么阶级可以镇压了，国家将逐渐以至完全消亡。（《国家与革命》，《列宁全集》中文第二版第 31 卷，第 91、85、91 页）

以上是列宁所构建的意识形态即作为信仰体系的列宁主义的主要内容。列宁制造信仰体系的过程，可说相当经典，也很典型。早在 1902 年，列宁就郑重其事地说："工人本来也不可能有社会民主主义的意识。这种意识只能从外面灌输进去。各国历史都证明：工人阶级单靠自己本身的力量，只能形成工联主义的意识，即必须结成工会、必须同厂主斗争，必须向政府争取颁布工人所必要的某些法律等等的信念。而社会主义学说则是由有产阶级的有教养的人即知识分子创造的哲学、历史和经济的理论中成长起来的。""阶级政治意识只能从外面灌输给工人，即只能从经济斗争外面，从工人同厂主的关系范围外面灌输给工人。"（列宁：《怎么办？》，《列宁全集》中文第二版第 6 卷，人民出版社，1986 年，第 29、76 页。文中的着重号是原文就有的）按照列宁的说法，共产主义取代资本主义的历史必然性是通过工人阶级完成的，但是，工人阶级自己却不可能产生指导其完成这一历史使命的革命理论。所以，必须由某个或某些有教养的有产阶级知识分子为这个承担历史使命的伟大阶级构造一种信仰与实践的理论体系，然后从外部灌输给工人阶级，领导和引导它们开展无产阶级革命，打碎资产阶级国家机器并同时建立起无产阶级的统治，通过无产阶级专政实现社会主义（共产主义）。

其实，除了以上主体性的内容以外，列宁主义还包括其他一些重要内容，如党的建设也是列宁主义不可或缺的重要组成部分。早在革命初期阶段，列宁就已经认识到政党在革命事业中的重要作用，他说："无产阶级在争取政权的斗争中，除了组织而外，没有别的武器。"（列宁：《进一步，退两步》，《列宁全集》中文第二版第 8 卷，人民出版社，1986 年，第 415 页）政党如此之重要，以至于列宁说："给我们一个革命家组织，我们就能把俄国翻转过来！"（《列宁全集》中文第二版第 6 卷，第 121 页）

列宁对阶级、政党和领袖关系，有着相当深刻的认识，他说："群众是划分为阶级的；……阶级是由政党来领导的；政党通常是由最有威信、最有影响、最有经验、被选出担任最重要职务而成为领袖的人们所组成的比较稳定的集团来主持的。"（列宁：《共产主义运动中的"左派"幼稚病》，《列宁全集》中文第二版第 39 卷，第 21 页）列宁为塑造一个革命党花费了几乎终生的时间和精力。事实上，十月革是列宁依靠布尔什维克在彼得格勒和全俄苏维埃占据多数的情况下实现的，革命后列宁能够继沙皇之后统一庞大的俄罗斯帝国（1905 年的二月革命以后，各民族地区纷纷成立苏维埃，宣布脱离俄国版图而独立，沙皇俄国事实上已经分裂了，崩溃了），建立起苏维埃社会主义共和国联盟，也是依靠布尔什维克即俄国共产党完成的。可以说，如果没有布尔什维克党，就没有十月革命和苏维埃社会主义联盟共和国，那样的话，作为意识形态的列宁主义在 20 世纪的影响也就要大打折扣了。

我们现在把列宁主义定义为虚假的意识形态，但是，列宁自己以及至少包括了列宁和斯大林在内的那一代布尔什维克党却都毫不怀疑地相信，他们正是在列宁主义的指导下取得十月"社会主义"革命的胜利，苏联即苏维埃社会主义共和国联盟的诞生也都证明了列宁的无产阶级革命和无产阶级专政理论是正确的，真实的，而不是虚幻的。所以，要认识列宁主义的虚幻性，还不能绕开列宁如何赢得十月革命，以及列宁斯大林依靠什么最终又整合了已经四分五裂的俄国。

为了分析十月革命与列宁主义的关系，笔者重新审视 1917 年的俄国革命，充分认识这一时期的社会大背景。首先，沙皇政权如同一座已经腐化的建筑，风雨飘摇，经不起任何革命的冲击，稍有震荡就倒塌了。拿破仑战争中，亚历山大大帝捍卫俄罗斯民族的统一而对拿破仑侵略的反击，已经把 200 多年的沙皇事业推到了顶峰。但是，西欧工业化之下的资本主义迅速发展，进一步衬托出俄国农奴制度的腐朽。19 世纪中期以后的 3 次对外战争，即 1854-1855 年的克里米亚战争，1904-1905 年的日俄战争，都以沙皇俄国的战败而告终。俄国在 1914 年以来在第一次世界大战中的表现，又一次表明沙皇政权已经担当不起领导俄罗斯民族的重任了。1914 至 1916 年连年的战争，沙皇把超过 1500 万的农民送到了前线。但是，脆弱的国内经济已经无力支撑长期的战争，在 1915 年的一段时间内，25%的俄国军队是在没有任何装备的情况下就被送往前线的。据说，让没有武器的士兵上前线是为了叫他们去捡那些阵亡者的武器。所以，俄国的战败是迟早的事情。而当俄国军队遭受德国打击从前线溃败的时候，骚动的民意理应要求沙皇尼古拉二世和他的德裔皇后负责。战场上的失利，后防城市和乡村的普遍饥荒，以及在这种情况下普遍出现的肆无忌惮的投机倒把活动，士兵成群结队地从前线溃逃，农民此起彼伏的起义，以及城市市民要面包、工人罢工……，国家陷入日益高涨的动乱和危机当中。沙皇政府像一枚腐烂的苹果，风轻轻地一吹就掉落在地上了。

剑桥的历史学家曾用刻薄的语言描述二月革命中的沙皇政权，说"革命的帷幕刚一拉开，他们就从舞台上消失了"。（《剑桥世界近代史》第 12 卷，中国社会科学出版社，1987 年，第 551 页）不过，具体分析 1917 年二月革命中的沙皇的这一表现，其实并不奇怪，至少也不是前无古人，后无来者。稍早一点的 1911 年，发生在中国的所谓辛亥革命，只是少数武昌守军起事，袁世凯利用起义军与政府军对峙的局面逼迫清帝退位，也是几乎没有发生革命与反革命的战争，就结束了 300 年的清王朝，结束了沿袭中国 3000 年封建制度之"大变局"。70 多年以后，1991 年，庞大的苏联轰然倒塌，竟然也是这样。因为亲历了那个时代，有几个经典的画面，永远被定格在笔者的脑海里：

8 月 19 日以苏联副总统根纳季·伊万诺维奇·亚纳耶夫为首举行政变后，俄罗斯联邦总统叶利钦站在莫斯科红场的一辆坦克车上发表讲话，谴责政变者软禁苏联总统戈尔巴乔夫。

12 月 21 日，除早已宣布独立的波罗的海 3 国和格鲁吉亚等 4 个国家以外，前苏联的其他 11 个联盟共和国在哈萨克斯坦的阿拉木图签字加盟独联体，标志着苏联事实上已经不在存在了。之后，叶利钦发表讲话说："我曾经用自己大半生的时间冥思苦想苏联的未来，现在已经不需要了。"

12 月 25 日，戈尔巴乔夫发表电视讲话："鉴于独立国家联合体成立后形成的局势，我停止自己作为苏联总统职务的活动。"庞大的军事强国苏联将不存在了，竟然一点都没有经过流血的斗争！那时，我们距离文化大革命还不太久远，运动中经常诵念的"头可断，血可流，红色江山不可丢！"，"誓死捍卫红色江山！"的话语时不时地还会自然地浮现在脑海里。所以，当时令人惊诧的是，苏联社会主义江山不存在了，可前苏联的国民表现得比外国人还要平静。——不，实事求是地说，那时真觉得他们竟然如此之麻木！

现在分析当年沙皇、晚清和苏联 3 个不同的政权，之所以能在不同的革命大潮中表现出相同的结局，有一个共同的原因，那就是当民族面临学习和实行资本主义的情况下，执政者不愿意充当领导的角色，一味拖延甚至反对改革。如果确切点讲，作为国家上层建筑的执政者只愿意引进生产技术，实行经济领域里的变革，而不愿意顺应经济发展的变化而积极主动地调整社会利益集团的关系，不敢也不愿意触动传统的政治上层建筑。在这一方面，虽然人们对于"客观规律是不以人们的主观意志为转移的"都会讲，但它的深刻的含义却很少被人们所领会。生产力与生产关系，经济基础与上层建筑，它们总是以客观必然性表现出相互适应的。生产关系和上层建筑方面的因素成长，包括社会阶级和利益集团的变动，人们思想观念的成长和变化，都存在着许许多多政府和法令其实根本无法约束的重要社会成份，它们事实上一直是在变动的。尽管政府不愿意主动革除和改变，但社会发展的进程已经达到可以把旧政权当作无关紧要的因素而轻轻抹掉的程度了。

笔者反复申明，世界近代史就是一部资本主义向全世界扩展的历史，一部世界各民族国家产生与发展的历史。19 世纪中期，东方的沙皇俄国、日本和大清帝国中的有识之士，都把工业革命以后的大英帝国当作楷模，一心学习并实行英国的君主立宪。如果沙皇的改革不是一味地严厉拒绝，而是带头实行君主立宪，那就不会有 1917 年的二月革命，从而也不存在沙皇尼古拉二世退位这一说。笔者经常沿长安大街从天安门前经过，感叹若大清王朝如果能体谅时务，学习日本天皇效仿英国体制，主动实行君主立宪，也许清室后人至今仍在故宫和中南海里居住。至于讲到苏联，那一定要把苏联和苏联共产党的命运区分开来。沙皇俄国作为一个容纳了数百个民族的封建国家，虽然说资本主义时代民族国家的独立和解放是不可避免的，但是，如果苏联共产党最迟能够以斯大林逝世为契机，担当起领导改革的历史责任，毫不回避地坚持列宁在第一次世界大战中曾经阐释的民族自决原则，支持各民族的独立和自决权利，主动改革和改变专制集权制度，实行政治民主，保障人权，一句话，作为政党能走在时代的前列。那么，包括俄罗斯联邦在内的前苏联各个加盟共和国即使独立以后，原来执政的共产党在各民族国家内仍然是不可忽视的，甚至是唯一不可取代的主要政党。在这一方面，台湾的国民党是一个榜样。当年的中国国民党也是以苏联共产党为榜样组建的，甚至是在苏联共产党的具体参与下组建的。80 年代后期，蒋经国根据台湾的政治局势，解除戒严令，开放党禁，实行自由选举的民主政治。虽然举措晚了一点，人民还是认可他的主动改革精神，国民党终未像前苏联的人民抛弃苏联共产党那样被台湾人民所抛弃，国民党至今还是台湾政治舞台上的主要角色，还有执政的机会。

回到我们所讨论的问题上来，二月革命发生在圣彼得堡（这是一个按照德语发音形成的词汇），那是俄国的首都，当时还是沙皇尼古拉二世和他的德裔皇后在执政。但是，爆发革命后，原来执政的沙皇悄无声息地就结束了几百年的强大统治。俄国历史一下子就由专制跳到了共和。沙皇从此就没有了哪怕一丁点的影响。列宁所属的社会民主党，以及由他一手所缔造的布尔什维克，本来都是以反抗沙皇政权为历史使命的。但是，当列宁 4 月 3 日夜间从国外到达彼得格勒（人们没有从民族主义角度分析这次革命，而革命发生以后，那个极富有德国意味的词汇很快被它所取代，反映了二月革命的民族主义性质和背景），直到十月革命，根本就没有与沙皇政权的人物发生过关系，甚至连提都很少提他们，更不用说对抗了。

其次，仔细分析二月革命以后出现的所谓临时政府，它其实是由沙皇所玩弄的国家杜马转变过来的。从 19 世纪 60 年代开始的由沙皇主导的解放农奴的改革，并不触动沙皇的独裁统治。但是，许多贵族和依附于沙皇的资产阶级却向往英国的君主立宪。1905 年革命以后，沙皇迫于压力同意产生国家杜马。不过，这个俄国特有的议会形式，却从来没有议会的权力。它是沙皇手上的玩物，不仅可以随意由他宣布予以解散，甚至还能将他们投进监狱。所以，沙皇时代的国家杜马经受着各种屈辱。即使如此，国家杜马的最激烈的要求也仅限于君主立宪，不仅不反沙皇，甚至可说对沙皇俯首帖耳。3 月 11 日，即彼得格勒的革命以后第 4 天，沙皇尼古拉二世从他的军事大本营发出一道敕令，下令解散了国家杜马。只是严峻的形势，解散了的国家杜马没有即行离去。3 月 14 日，面临越来越高涨的革命形势和苏维埃的支配地位，以那些不敢向沙皇挑战的国家杜马成员为主，组成了一个所谓的"临时政府"。因为他们属于依附沙皇的势力，自然得不到人民的信任。在革命大潮中得不到人民的信任，当然就谈不上临时政府的威权，更何况已经凋敝的国家早已丧失了所有行使国家权力的手段，临时政府还不像苏维埃那样从中央到地方还有各级代表大会，它像断了线的风筝一样漂浮在空中，一点底气也没有。

再其次，二月革命本是一场革命，但是，战争期间沙皇对革命政党的清除造成了革命初期几乎所有革命政党的缺位。所以，彼得格勒的二月革命堪称历史上少有的纯粹的人民革命，它与任何政党都没有关系，更遑论哪个政客插手其中了。在革命初起的一些天里，彼得格勒根本就没有政党的活动。而后面闻讯到达首都的革命政党，包括最革命的社会民主党的孟什维克和布尔什维克派别，都一个个表现得犹如谦谦君子，温良恭谦让，声称只做资产阶级临时政府的合法的反对派，而无意染指国家政权，更不用说武装夺取政权了。原来，俄国的革命者被沙皇赶出国外以后，广泛接触马克思主义，特别是受法国和德国的马克思主义的影响，相信社会主义是在资本主义基础上产生的，俄国经济落后，还没有发展到实行社会主义革命的阶段。所以，二月革命以后，几乎所有的俄国政党，包括社会民主党中的布尔什维克（至少在列宁 4 月 3 日到达彼得格勒以前是这样）和孟什维克在内，都把自己定位在担当资产阶级临时政府的反对党的角色，实行承认临时政府的政策，而没有夺取政权的动机。

再其次，读者必须知道，二月革命是在没有任何预兆的情况下爆发的。当 3 月 8 日（俄历 2 月 23 日）彼得格勒的妇女和工人走上街头，从呼喊要面包、要燃料，发展到呼吁结束战争，反对独裁统治，进而爆发革命的时候，当沙皇尼古拉二世要求军队镇压而士兵倒戈站在彼得格勒市民一边的时候，当自发革命的群众建立起工人和士兵苏维埃担当起维持治安和分配面包的工作的时候，包括社会民主党的领袖在内的各个政党都不在现场，譬如孟什维克的马尔代夫和布尔什维克领袖列宁都还在瑞士，斯大林和加米涅夫在流放地，托洛茨基和布哈林在美国……。只是由于闻讯匆忙赶来的包括列宁在内的各个政党的领袖及其主要职业革命家的积极参与，俄国革命才转向具有了特定含义的政治革命。

最后，除了以上的所叙述的各种原因以外，如果从机遇向来都特别钟爱于有所准备的人来说，列宁的成功就具有其必然性了。当二月革命导致沙皇政权倒台，临时政府和苏维埃两个政权同时并存，——"两个政权同时并存"是列宁的判断，但是如果要分析起来并不正确。临时政府虽然受到西方国家的承认，但俄国国内正发生革命，因为它在革命大潮中从不具有国家威权，同时又没有施政手段，所以基本上就没有行使过国家职权。而工人和士兵苏维埃其实就是一种群众性组织，尽管列宁赋予其政治的属性，但它的活动也仅限于维持地方和社区的治安，给居民平均分配战时十分贫乏的面包之类的食品和其他具体而琐碎的事务，其活动属于地方或社区性的公共事务，严格来说也不是国家政权。所以，实事求是地讲，二月革命造成了俄国权力的真空。那是俄国出现的一段权力真空的时段。——沙皇以及附属于沙皇的传统势力已经没有能力统治了，但是，所有的革命政党及其革命者却都拒绝国家权力。就在这个时候，列宁回来了。

列宁在芬兰车站一下火车，就开始鼓吹夺取政权。当布尔什维克的机关报《真理报》发表列宁的《四月提纲》主张夺权的时候，几乎没有任何人支持。由加米涅夫和斯大林领导的《真理报》前一天发表列宁的提纲，第二天加米涅夫就发表署名文章《我们的分歧》，说列宁的文章是他个人的观点，并不代表布尔什维克党。所以，列宁不得不在党内做大量的解释和说服工作。他说："一切革命的根本问题是国家政权问题。不弄清这一点，便谈不上自觉地参加革命，更不用说领导革命。"（列宁：《论两个政权》，《列宁全集》中文第二版第 29 卷，人民出版社，1985 年，第 131 页）他还说："一般政党，特别是先进阶级的政党，如果在可能夺得政权的时候拒绝掌握政权，那它就没有权利存在下去，就不配称为政党，就是一块道地的废料。"（列宁：《布尔什维克能保持国家政权吗？》，《列宁全集》中文第二版第 32 卷，人民出版社，1985 年，第 283 页。不过，我所摘引的文字来自于《列宁全集》中文第一版第 26 卷第 70 页。我觉得后一个版本的这段翻译比较符合列宁的原意）列宁认为革命政党从事革命活动，其目的本来就是要夺取政权的，现在的俄国出现了取得政权的机会，就应该牢牢抓住它。这是一方面。

另一方面，列宁十分自然地把他的有关无产阶级革命和无产阶级专政的意识形态转化为夺取政权的政治纲领，以及在这一纲领的支配下正确把握了俄国特别是彼得格勒的政治局势，适时领导了武装夺取政权的革命斗争。如果仔细阅读前面所介绍的列宁主义，可以发现列宁主义意识形态几乎是概括在《四月提纲》里面，而在二月革命到十月革命之间这短短的几个月里只是把它细化和落实罢了。

《四月提纲》是列宁到达彼得格勒的第二天，就向布尔什维克和孟什维克召开的欢迎列宁回国的联席会议上宣读的。这个提纲相当具体地提出以下几个政治问题：第一，由于第一次世界大战还在继续，俄国还处于交战状态。与资产阶级临时政府以爱国主义的姿态继续沙皇的战争政策相反，列宁提出了不割地、不赔款，立即谈判结束战争，号召前线作战的士兵与敌人在战壕里联欢；第二，与布尔什维克和孟什维克此前实际奉行的承认临时政府合法性的政策相反，提出"不给临时政府任何支持"，"工人代表苏维埃是革命政府唯一可能的形式"，"全部国家政权归工人代表苏维埃"；第三，废除警察、官僚和官吏，废除资产阶级议会共和国；第四，没收地主的全部土地，把国内一切土地收归为国有，由当地雇农和农民代表苏维埃支配；第五，把一切银行合并成为一个国家银行，并由工人代表苏维埃进行监督；第六，实施社会主义，由工人代表苏维埃监督管理生产和分配。（列宁：《论无产阶级在这次革命中的任务》，《列宁全集》中文第二版第 29 卷，第 113-116 页）

这样，列宁就与几乎所有的革命政党和其他政治集团划清了界限，不仅向人民发出夺权的号召，而且回答了夺权斗争中的一系列政策和策略问题，——终止战争，解放了士兵和开小差的逃兵，所以得到了士兵的拥护；重新分配土地，得到了占据俄国人口绝大多数的雇农和一般农民的欢迎；由工人管理金融、生产和分配，得到工人群众的支持。特别重要的是，列宁把彼得格勒工人和士兵苏维埃当作巴黎公社式的无产阶级专政形式，提出"一切权力归苏维埃"口号，等于赋予了苏维埃这一革命运动中的群众组织形式以神圣的政治属性与合法权威，从而最大限度地刺激了苏维埃膨胀发展的政治野心。所以，尽管包括布尔什维克派别的列宁的战友们也反对列宁的主张，但是，列宁的主张一旦接触到了底层的党员，接触到了工人、士兵和农民，分歧立即烟消云散。一个星期以后，在召开的彼得格勒布尔什维克代表会议上，列宁的观点得到了压倒多数的拥护。6月16日，在彼得格勒召开的第一次全俄苏维埃代表大会上，列宁的主张明显地得到来自全国的工人和士兵的热烈拥护。7月1日，由孟什维克控制的苏维埃执行委员会准备只做一次有节制的游行活动，不料40万士兵和工人队伍中有 90%以上的人打着布尔什维克的口号："打倒战争""打倒十个资本家部长""一切权力归苏维埃"的旗帜涌到街头。

自后几个月，布尔什维克在包括彼得格勒在内的全国各个地方的苏维埃中所占的席位迅猛增加。列宁充分把握住大好时机，悄悄从躲避临时政府追捕的芬兰小村庄回到彼得格勒，督促布尔什维克发动武装起义。列宁把起义的时间选择在第二次全俄苏维埃代表大会召开的日子里，一面发动彼得格勒苏维埃武装起义，同时利用现代国家由议会中占据多数席位的党团组建政府的规则，在布尔什维克代表占据多数（布尔什维克在全俄苏维埃 649 名代表中占有 390 名）的情况下，于第二次全俄苏维埃代表大会上宣布推翻资产阶级临时政府，成立以列宁为人民委员会主席的工农临时政府，一切权力已经归苏维埃。当然，也还是由于资产阶级临时政府没有任何威权，缺少反击和反抗的手段。——当临时政府总理科伦斯基听说发生了武装起义以后立即逃出首都，与苏维埃对立的临时政府都未来得及哼一声就消失了。两个政权并存的局面消失了，所以，列宁胜利了。

不过，列宁所得的是一个脆弱的国家政权。西方国家并不承认它。原来沙皇所统治的各个民族地区，也都在二月革命后纷纷建立起自己的苏维埃而宣布独立，所以，俄国已经是一个四分五裂的国家。但是，脆弱与强大历来都是相对的。由于多年战争的拖累，特别是因为革命大潮所造成的民族分裂，与过去统一的俄罗斯作比较，列宁所得到的这个俄国是支离破碎的、脆弱的。但是，与这个脆弱的国家内部的每一个地方比较，与刚宣布独立的各个民族共和国比较，列宁还是强大的。首先，列宁所得到的是沙皇俄国的主体部分，大约相当于现在的俄罗斯联邦共和国的国土，与其他民族地方比较而言，那是沙皇时代经济发展的最好地方（苏联时期也这样）。其次，在资本主义现时代，在每个社会内部，城市总是统治乡村的。在一个民族国家里，首都总是领导全国的。列宁的布尔什维克首先在彼得格勒和莫斯科两个首都的苏维埃占多数，这就保证布尔什维克控制了首都，从而在政治上占据优势。再其次，列宁所建立的政权完全不同于他所推翻的临时政府，它是在全俄苏维埃代表大会的基础上产生的，这决定了从中央到地方各级政权的层级领导关系，从而保证了列宁的中央集权的领导意志得以贯彻。还有，列宁当然不是因为苏维埃而取得并巩固政权的，而是依靠信奉列宁主义意识形态的布尔什维克党才获得成功的。所谓布尔什维克党，其实就是信奉列宁的共产主义理论的农民党。个体农民本来是一盘散沙，但这是以接受了资本主义社会学新知识的新一代农民，是由农民家庭出身的知识分子为骨干和中坚力量的革命党，不仅有强烈的信仰，而且还赋有忠诚、淳朴、踏实与勇敢的献身精神。这是列宁得以成功的社会条件。

另外，列宁又以极高的智慧先后与其紧邻的德国、波兰取得和解，分别签订了割地赔款为主要内容的《布列斯特和约》和《里加合约》，从而在事实上很脆弱的情况下赢得了极为有利的外部条件，然后利用在原来沙皇时期在大俄罗斯环境里所形成的统一、强大、纪律严明的俄共（布）组织优势，用和平的、武装的方式，逐渐平息了各民族地区的独立运动。1922 年 12 月 30 日，即十月革命以后 5 年，俄罗斯苏维埃联邦社会主义共和国、乌克兰苏维埃社会主义共和国、外高加索苏维埃联邦社会主义共和国（阿捷尔拜疆苏维埃社会主义共和国、格鲁吉亚苏维埃社会主义共和国和阿尔明尼亚苏维埃社会主义共和国）联合建立了苏维埃社会主义共和国联盟（苏联这一称呼就是由此而来的），标志着列宁的布尔什维克终于把二月革命以来事实上已经分裂的俄国重新统一起来，从而完成了继承沙皇政治遗产的历史使命。列宁的布尔什维克世纪城沙皇的政治遗产，其实是列宁自己的语言。列宁曾多次说过，布尔什维克所建立的政权是"从沙皇制度那里接收过来的，不过稍微涂了一点苏维埃的色彩罢了"。（《列宁全集》中文第二版第 43 卷，第 341、350 页）尽管这次代表会议上列宁被选举为大会名誉主席，半年后的第二次会议上又被选举为苏联人民委员会（即中央政府）主席。但是，列宁已经不能参加这些会议了。早在整合俄国版图而筹备建立苏维埃社会主义共和国联盟的日子里，列宁已经处于病休状态。所以，整个筹备工作都是由总书记斯大林主持的。当苏联终于诞生的时候，列宁的生命也走到尽头了。

　　介绍到这个地方，需要就列宁的功过有所误解作一些点评。包括俄罗斯总统普京在内，责备列宁为分裂苏联埋下了祸根。据有有关报载，普京说："列宁为俄罗斯埋下'核弹'"。（汪嘉波柳直吴志伟：《普京为何近期频提"列宁"》，2016 年 1 月 27 日《环球时报》）普京显然是指责列宁的民族自治思想和原则，以及联邦或联盟制度导致了前苏联的解体。这当然是不符合历史事实的，从而也是不正确的。列宁在十月革命前就具有民族自决即被压迫民族脱离被统治的状态从原来的民族国家中分离出去，也即实现民族独立。列宁的这一思想，甚至比作为被压迫的波兰民族出身的罗莎·卢森堡思想还要清晰，坚定得多。所以，直到十月革命时期，列宁是主张民族自治的。但是，列宁其实也是大俄罗斯民族主义者，或者是具有民主主义思想的大俄罗斯民族主义者。正是因为列宁的这一思想基础，他并没有推动当时已经分裂成为各个民族国家自治的状态再向前发展，而是运用凌驾于各民族之上的统一的布尔什维克党的力量，把已经分裂的各个民族共和国以联邦（联盟）的形式统一起来。而且，为了防止各民族的分裂，苏联共产党始终维持了中央集权（民主集中制）的超越于各民族之上的大俄罗斯的统一的苏联共产党，从而保证苏联时代继续维持了大俄罗斯民族的统一。所以，恰好相反，如果没有列宁，没有列宁所领导的布尔什维克党，一战后的俄国也会像奥匈帝国分裂成为奥地利，匈牙利，捷克和斯洛伐克那样分裂成为若干个独立的民族国家，那就不会有继承沙皇遗产的统一的大俄罗斯主义的苏联。

现在再让我们回到列宁所构造的马克思列宁主义意识形态上。马克思和恩格斯认为意识形态是虚假的，那么，我们就先来看列宁主义是不是虚假的。列宁的基本理论都来自于马克思，而且他认为，只有把阶级斗争扩展到承认无产阶级专政的人，才是马克思主义者。（列宁：《国家与革命》，《列宁全集》中文第二版第 31 卷，第 32 页）所以，列宁一直把无产阶级革命和无产阶级专政当作马克思主义的最为核心的问题，予以维护，用心实践。列宁逝世以后，苏联共产党在社会上掀起一股学习列宁主义的热潮。期间，斯大林就对列宁主义下过一个相当经典的定义。限于篇幅，笔者在本文中没有对斯大林与列宁的关系作相应的叙述。在笔者所撰写的一组《论苏联》的文章里曾经指出，由于从 1921 年到去世，列宁曾经断断续续，有时甚至不得不较长期地离开党和国家的领导岗位，特别是由于他的文化教养，让其对自己所成就的事业有了一些新的思考。而斯大林则是从十月革命到其去世，一直担任着党和国家的最高领导职务，反而对列宁主义有着比列宁还要深刻的领会和认识。斯大林说："列宁主义是帝国主义和无产阶级革命时代的马克思主义。确切些说，列宁主义一般是无产阶级革命的理论和策略，特别是无产阶级专政的理论和策略。"（斯大林：《论列宁主义基础》，《斯大林全集》第六卷，人民出版社，1956 年，第 63-64 页）所以，帝国主义时代，无产阶级革命和无产阶级专政，这都是列宁主义的核心问题。

从表象上来说，列宁关于资本主义现时代的认识，是来自于马克思的。马克思提出过人类社会经历自然经济、资本主义商品经济和未来共产主义三大形态，列宁则提出了资本主义、从资本主义向共产主义的过渡、共产主义社会的第一阶段、共产主义社会的高级阶段。应该说，列宁的这个推论至少从理论思维和逻辑（由于它并不是真实的历史过程，所以只可以说是理论思维的，或者思维逻辑的）上来说，都是可以成立的。但是，当列宁把以上的理论的、思维的产物与资本主义现时代的实际历史过程发生关系的时候，即把马克思列宁主义嫁接在他所在的俄国社会现实的时候，至少因为两个问题上的差错，而导致了一系列的虚假和错误。

一个是有关时代性质的问题。列宁认为，19 世纪末到 20 世纪初，资本主义已经发展到帝国主义阶段。即使对于列宁那个时代来说，帝国主义也不是一个新词汇。它通常是被当作殖民主义或者与殖民主义相近的概念，指从 15 世纪以来世界最早的一批西欧国家对外扩张的社会活动。但列宁给这一古老的词汇赋予了新的含义，说帝国主义是垄断的、腐朽的资本主义，是资本主义最后和最高的阶段，是无产阶级革命的前夜。总之一句话，资本主义发展到帝国主义阶段后就要结束了，不会再发展了。虽然也属于事后诸葛亮，但必须指出的是，历史已经证明列宁的这一判断是不正确的，错误的。因为自列宁的《帝国主义是资本主义的最高阶段》发表后，资本主义又有了 100 年的快速发展，甚至于是比过去任何阶段更为辉煌的发展。特别重要的是，无论从哪个角度看当代的资本主义都要比过去任何时候都更为稳定和稳固。展望未来，至少在看得见的时期内，它还没有尽头。

另一个是有关社会革命和社会性质的问题。虽然列宁自己对于自己的学说没有做过总结，甚至还反对加米涅夫等党内同志为他出版全集，但是，斯大林把列宁主义归结为无产阶级革命和无产阶级专政的理论和策略，还是符合列宁的想法的。因为列宁就是在这方面与包括普列汉诺夫和马尔代夫在内的社会民主党的战友们分手的，并且也是以这一理论为基本思想发动和领导十月革命并取得夺取政权的胜利的；十月革命以后，列宁及其苏联共产党仍然是以这一思想为指导，建立起了苏维埃社会主义共和国联盟这一曾经屹立在世界历史上 70 多年的民族国家的。

但是，列宁所说的无产阶级革命和无产阶级专政，在马克思和恩格斯的著作里虽然都有所论述，但并非像列宁所总结的那么集中并处于核心的位置。列宁把马克思的这方面的论述抽取出来，经过编辑和加工，再予以阐述和发挥，不只是突出和拔高了，而且将其当作特别现实的理论与实践问题，用以指导当前的斗争了。所以在这些方面，列宁与马克思恩格斯是不一致的。不错，马克思和恩格斯早年曾经把他们所积极参与的革命活动笼统地称之为共产主义运动，但它是指发生在"一切文明国家里"的政治运动。所谓"文明国家"，就是资本主义国家。是所有资本主义国家里所发生的革命，至少是在英国、美国、法国、德国同时发生的。而且，他们还强调说："在这些国家的每一个国家中，共产主义发展得较快或者较慢，要看这些国家是否工业较发达，财富积累较多，以及生产力较高而定。"（恩格斯：《共产主义原理》，《马克思恩格斯选集》第一卷，人民出版社，1972年，第221页）所以，物质条件或者生产力基础，即资本主义发展的程度或水平，都是马克思恩格斯的共产主义运动的相当重要的条件或者基本的前提。

但是，列宁把共产主义原理无条件地引申到他所处的时代里，成为把他所在的落后的俄国爆发的革命都赋予了共产主义的性质了。如果进一步分析的话，我们不难发现恰好相反的东西，即美国和西欧的先进的资本主义国家都没有发生列宁所向往的革命，而出现革命的国家恰恰又都是像俄国以及其他一些落后的国家和地区。现在终于已经认识到，落后地区的革命任务当然不是列宁所阐述的无产阶级革命和无产阶级专政，而只可说是比西欧发展程度还要低的落后民族在寻求民族自治、民族独立和民族解放，是要建立像西欧和美国那样的民族国家。这些新产生的民族国家，都还处在资本主义前或资本主义初期的阶段上，即使历史终将发生列宁所说的无产阶级革命与无产阶级专政，那也是资本主义充分发展以后的较高的阶段，是比较遥远的将来，而不是现在，更不是列宁的那个时代。

检点列宁的这两个错误，如同列宁拥有一张由测绘部门绘制的地图，他再以该地图为底本开发了一份拥有先进技术的GPS，但是，由于系统和软件的问题，却在定位时把自己所处的位置搞错了，而这一错导致后面与行程有关的目标、方向和行进的路线、路段等等相关一系列事项，就都成为错误的，颠倒的，从而也是虚假的了。就是说，列宁所建立的是资本主义的民族国家，他却将其当作是在资本主义基础上发展起来的社会主义（共产主义）。举个实际生活中的例子，列宁所向往的共产主义相当于贵州大山里的农民去北京看望上大学的儿子，必须从大山里的崎岖山路走出来到达贵阳以后，才能登上通往北京的或航空，或铁路，或高速公路，总之现代化的交通路线。而我们的这位农民朋友把贵阳当作北京，把从山里起步向贵阳出发的崎岖路途当作走在北京的大道上。所以，从哲学方法论的立场来说，伟大的列宁在这方面并不比我们的这位贵州农民朋友高明多少。资本主义在全世界还未得到充分发展，列宁却说资本主义已经发展到最高、最后的阶段，由于它没有发展到自然生成向共产主义过渡的物质条件，所以必须由革命手段来解决。其实马克思在讲述了我们曾经反复引述的人类历史三大形态的那段话的同一个章节里，还说了这样一段话。他说：

> 在以交换价值为基础的资产阶级社会内部，产生出一些交往关系和生产关系，它们同时又是炸毁这个社会的地雷。（有大量对立的社会统一形式，这些形式的对立性质绝不是通过平静的形态变化就能炸毁的。另一方面，如果我们在现在这样的社会中没有发现隐蔽地存在着无阶级社会所必需的物质生产条件和与之相应的交往关系，那么一切炸毁的尝试都是堂·吉诃德的荒唐行为。）（马克思：《1857-1858 年经济学手稿》，《马克思恩格斯全集》第 46 卷上册，第 106 页）

当然，列宁的荒唐行为还不是如马克思所说在资本主义还不具备炸毁的条件时举行炸毁的活动，而是要把资本主义前的俄国当做资本主义予以炸毁，同时在经济极端落后的基础上建设共产主义的大厦。但是，社会的客观性恰恰在于，历史并不理睬人们如何拔高自己的行为，它终究要一步一步的向前走。又是 100 年过去了，世界历史，欧洲历史，以及俄国的历史，都已经证明了列宁和列宁的共产主义的虚假性质。

——列宁主义认为资本主义已经发展到最后阶段，但资本主义世界却显示出越来越蓬勃发展的势头。

——列宁主义宣传说欧洲各先进国家将爆发革命，而俄国的革命只不过是先走了一步，但历史表明，欧洲资本主义国家并没有发生列宁所期望的革命。

——列宁主义把十月革命称之为社会主义革命，但当时的俄国却处在解放农奴的政治改革还未结束的阶段上。全国三分之二以上的人口是农民，大约 3 万名地主拥有 7000 万俄亩土地，1050 万农民家庭只占有 7500 万俄亩土地，三分之一的农民完全没有土地。当十月革命爆发时，俄国还没有出现过任何机械化农具。全国正在使用的农具中，有 1000 万木犁和 2500 万个木耙，只有 420 万个铁犁和 59 万个铁耙。三分之一的农户几乎没有任何农具，30%的农户没有牲口。（《剑桥世界近代史》第 12 卷，第 552 页）列宁及其布尔什维克就是要在这种生产力基础上建设比西方资本主义还要高一个级别的社会主义和共产主义。

不过，虽然说列宁主义是虚假的，但虚假的却未必都是荒谬的。首先，意识形态的虚假性不同于一般的欺骗。欺骗是做假的人已经知道问题的虚假性质，那是连他自己也不相信的事情，却要通过这一虚假问题欺骗别人而达到自己的特殊目的。意识形态的虚假性不是这样，它是包括构建者在内的人们都深信不疑的一种信仰体系。其次，意识形态也不同于一般宗教，后者虽然也属于信仰体系，但它们往往没有特别具体的社会现实中的确凿的含义或具体的实践意义，而前者则具有特别明确的实践性。列宁主义产生于特别的社会背景下，当时的俄国已经四分五裂，唯一可以把全国统一起来的沙皇政权已经瘫痪，列宁主义应运而生，很快从反沙皇的势力中脱颖而出，依靠列宁主义意识形态形成了一个以布尔什维克政党为核心的强大社会集团。据剑桥的历史学家的资料（这一资料和最早一批布尔什维克的回忆录基本一致），二月革命时，布尔什维克党还不到 3 万人。4 月，布尔什维克召开代表会议传达《四月提纲》精神时，已经扩大到 8 万多。7 月底 8 月初，召开第六次代表会议时，已经扩大到 17.7 万（克鲁普斯卡娅：《列宁回忆录》，人民出版社，1971 年，第 328-329 页）。十月革命后不到半年，1918 年 3 月，党的第七次代表大会则达到 30 万人。（《苏联共产党党史》上册，上海人民出版社，1975 年第 286 页）也就是在这次代表大会前后，列宁要求暂停并放缓发展党员的步伐。列宁去世以后，苏共扩大发展，到 1939 年 3 月联共（布）第十八次代表大会，全国党员已经有了 158.9 万名正式党员和 88.8 万名预备党员。（《苏联共产党党史》上册，第 286 页）

列宁就是依靠俄国各民族的底层阶级对共产主义目标的忠诚信仰，才能在政治动荡的背景下用较短的时间凝聚起一个无比团结统一、具有组织纪律性和服从中央集中意志的革命政党。上面已经说过，二月革命以后，各民族地区已经组成了以本民族为主要成分的苏维埃政权，致使原来的沙皇俄国陷于分裂之中。但是，以列宁主义为信仰基础形成的布尔什维克（十月革命以后改为俄国共产党），却属于大俄罗斯国家的统一政党。列宁和斯大林就是利用俄共（布）的党组织的统一，仅用了 5 年的时间，又把俄国整合在了一起。如果没有用列宁主义武装的布尔什维克，沙皇俄国也会像奥匈帝国那样，在第一次世界大战后走向崩溃。以斯大林的家乡格鲁吉亚为例。二月革命以后，格鲁吉亚建立了以孟什维克为主导的苏维埃政权，已经从俄国独立出来。按说，这是符合列宁在革命前坚持的民族自治原则的。但是，俄共（布）中央利用格鲁吉亚的布尔什维克闹事，由格鲁吉亚布尔什维克出面提出请求，斯大林则委派格鲁吉亚出身的俄共（布）中央委员、斯大林的（也是列宁的）亲密战友格里高利·康斯坦丁诺维奇·奥尔忠尼启则为政委，率领红军摧毁了以孟什维克为首的地方势力，使得格鲁吉亚又回归到了俄国。虽然列宁在这期间病休，主要决策都是由斯大林和其他中央领导决定的。但是，列宁终究没有反对中央红军对格鲁吉亚苏维埃的围剿，说明他还是主张大俄罗斯民族主义的。

　　所以，尽管列宁认为他是以马克思主义为指导的，是从世界无产阶级的革命即共产主义事业出发的，其实他还是以大俄罗斯民族主义作为基本准则的。一方面是十月革命后列宁出于自己脆弱政权安全考虑，单方面与德国签订停战协议，导致德国可以用全部力量对付西线的英、美、法联军，造成西方政府对列宁及其苏维埃国家的怨恨。另一方面，列宁的共产主义建立在反对资本主义制度的基础上，宣传消灭资本主义。所以，西方社会都把列宁的苏维埃国家当作超脱民族国家利益和民族发展的怪物。再加上列宁和用列宁主义教育起来的共产党人，则都否认布尔什维克的俄罗斯民族主义性质，而把列宁和用列宁主义教育的政党都当作超脱具体民族界限的世界共产主义者。其实，列宁和列宁主义是应俄罗斯民族国家的发展需要应运而生的。列宁主义及时结束了俄国的政治动乱，及时地统一了大俄罗斯民族国家。人们常常批评列宁的"红色恐怖"，批评列宁对政治反对派的专政，对少数民族主义的镇压，对士兵和农民的镇压，等等。不可否认，如果阅读过那个时代的一些暴力事件，从中央到地方分布于红军和工人、农民及一般市民组织中的全俄肃反委员会对敌对分子，对人民的镇压，其手段之残酷和残忍，其场面之恐怖与血腥，确实一桩一桩都令人发指。但是，如果不是单独而是联系到那个时代，如果对照西方所谓的民主国家的暴力机器，特别是认识到列宁的红色政权是来自于一个刚刚从农奴制沙皇专制制度转变过来需要自下而上的组建和恢复国家机器的运转，要求社会实现由动荡向稳定转化，所以，如果不要被包括列宁自己在内的人们所承诺的那样用共产主义千年王国该有的方式对待人民，而是有如列宁晚年所说他们继承了沙皇政府的遗产，把列宁也都放在由农奴制度向资本主义转变的阶段，想一想沙皇政权如何对待它的臣民，一切就都是可以理解的了。

　　列宁的对内政策体现了民族国家的发展需要，对外也是这样。中国读者对列宁和斯大林所领导的苏俄对华政策常常难以理解，认为苏俄支持中国共产党是可以理解的，但为什么会支持国民党？这要从头说起。

十月革命以后，列宁很快在彼得格勒组建了共产国际。按照列宁的解释，主办共产国际的意图，一方面是因为第二国际背离了马克思恩格斯有关无产阶级革命和无产阶级专政的原则，从而要用一个新的国际机构取代"修正主义"的旧国际。另一方面，列宁认为西欧发达国家即将爆发革命，新的国际便于策应欧洲国家的革命。但是，新的国际在列宁和斯大林手上又自然成了维护俄国利益的工具。19世纪后半期，日本经过明治维新以后，迅速强大起来。日本在远东的崛起，与沙皇自然产生矛盾。1904-1905年的日俄战争以后，日本基本上把俄国从远东排挤了出去。十月革命以后，列宁政权继承了沙皇的遗产，也自然把日本当作天敌。因为亲日的北洋军阀和奉系张作霖控制着北京的中国政府，列宁和他的中央高层就要在南方和地方军阀中培养亲苏俄的势力。尽管中国共产党认为自己与俄共（布）共同属于共产国际，"血缘"上该是最为亲近的。但是，因为孙中山在中国的影响大，所以远东局在中国的支持重点就倾斜到孙中山身上，帮助孙中山组建国民党。研究中国历史的人，往往无法解释为什么要"国共合作"？如果从苏俄的民族利益出发，那就是再自然不过的事情了。——中国国民党和共产党都是要由苏俄支持和资助的，属于亲苏俄的政党，那么，有什么理由不合在一起？如果把列宁和用列宁主义培养的布尔什维克当做大俄罗斯民族主义和民族国家的产物，许多历史就是自然的了。

即使说列宁主义是一种虚假的意识形态，但因为它是一种信仰体系，一方面是现实中的利益关系得不到解决而产生一种强烈的愿望与诉求，需要虚假的意识形态的慰藉。另一方面，精致的意识形态也往往具有严密的逻辑体系，是思维形式的批评和批判无法解决的。在这方面，无论逻辑的批判，还是批判的逻辑，一概都无能为力。列宁出身于贵族家庭。虽然按照贵族的等级是最低一阶，但他的父亲确实得到过沙皇的受封。列宁的家庭优裕，富有文化，都给了列宁好的教育条件（列宁的母亲具有德意志血统，赋有教养，对列宁的影响最大）。再加上列宁的哥哥因为参加刺杀沙皇的活动而处以绞刑，激励列宁更早地成熟。列宁大学学习法律，毕业以后即通过了法律考试，并获得律师营业的执照。父亲去世以后，列宁还继承了世袭的贵族爵位。与布尔什维克的其他领袖相比较，列宁的确更具有领袖的魅力。列宁知识渊博，通晓希腊语和拉丁语，法语、德语和英语也都相当优秀。十月革命以后担任人民委员会主席，有时难免参加甚至必须主持一些乏味的会议，当有些发言者长篇大论的时候，列宁往往会从口袋里掏出一本外语词典，默默背诵外语单词。笔者青年时代遭遇文化大革命，全是依照着自己的兴之所好阅读马克思的著作，七八年之后，跟随当时社会语境的引导，由马克思自然走到列宁。列宁的文笔通俗，简洁明快、易懂，所有的文章都有着相当严密而严谨的逻辑关系，即使你不同意他的观点，却无懈可击。像马克思一样，阅读他的文章，令你不由自主地被他所俘获、所崇拜。

所以，列宁主义的虚假性不是笔者这一个层次的阅读者和批判者的批判所能够解决的问题，我觉得，就连列宁那样的辩证唯物主义大师级的理论家，也是做不到的。笔者之所以这样说话，是由于近年系统阅读《列宁全集》中文第二版所刊载的列宁晚年的一些文献时，感觉到列宁晚年对他的事业有所新的想法。读者知道，因为病魔的折磨，列宁从 1921 年起不得不断断续续离开工作岗位，或长或短地去休养。作为伟大的思想家，当摆脱繁琐的事务性工作以后，必然对一些重大社会问题予以思考和反省。

1922 年 3 月，列宁结束了连续几个月的休养，最后一次参加俄共（布）代表大会。他在中央委员会会议上作政治报告时说，谈到"工人"，常常以为指的就是工厂无产阶级，根本不是那么回事。从战争以来，我们这里进工厂的根本不是无产者，而是逃避打仗的人。"难道在我国目前的社会经济条件下，能说进工厂的是真正的无产者吗？这样说是不对的。"俄国其实没有马克思所说的无产者和工人，马克思所说的工人阶级是 15 世纪以来 600 多年的资本主义，"对现在的俄国不适用"。对于国家事务的管理，列宁深有感悟地说："国家掌握在我们手中，但是这一年在新经济政策方面，它是否按照我们的意志行动了呢？没有。我们不愿意承认，它没有按照我们的意志行动。"列宁把国家比喻为一辆不听使唤的汽车，似乎有人坐在里面驾驶，可是汽车不是开往驾驶员要它去的地方，而是开往别人要它去的地方，这个别人不知是非法活动分子，不法之徒，投机倒把分子，私人经济资本家。"天知道哪里来的人，……总之，汽车不完全按照，甚至常常完全不按照掌握方向盘的那个人所设想的那样行驶。"（列宁：《俄共（布）第十一次代表大会文献》，《列宁全集》中文第二版第 43 卷，人民出版社，1987 年，第 104、85 页）显然是对俄国革命的性质，以及国家经济制度有所怀疑，有所疑问。

除此以外，特别重要的是，列宁在实行新经济政策以前，就提出并肯定国家资本主义这个概念。这显然不符合列宁主义。因为按照列宁对马克思的理解，商品经济就是资本主义。社会主义和共产主义经济制度是建立在否定并消灭了商品货币基础上的。列宁在《四月提纲》就提出，当革命胜利后，即刻取消商品货币制度，"立刻过渡到由工人代表苏维埃监督社会的产品和分配"。列宁说"产品"而不是商品，就是因为消灭了商品生产制度。但是，革命以后的战时共产主义令苏维埃国家经济运行无比困难，而不得不保留部分商品经济。所以，列宁用"国家资本主义"指代新生政权下的商品生产，包括国家租赁给外国资本家的经济形式。从 1918 年列宁与"新左派"论战捍卫国家资本主义以后，到 1922 年 12 月，列宁病倒完全失去工作能力以前，对俄国必须实行国家资本主义经济的意义和道理，阐述的越来越多，越来越充分。甚至当列宁躺在病榻上口述文章时，几次都把布尔什维克掌握的国家政权称之为继承沙皇的政治遗产，都说明了列宁对苏维埃社会主义经济政治制度有所反思。

在我的思想认识里，列宁具有实事求是的大无畏精神，只要是认识到了，既可以勇往直前，也能够坦然接受而实行妥协后退的政策与策略，及时改正错误。但是，列宁对于决定列宁主义虚假性的最为关键性的问题上所抱的态度，使我认为，意识形态的虚假性则是不可能通过思维的批判过程得到解决的。

俄国经济尚处于资本主义前的社会阶段，所以，俄国革命属于资产阶级民主革命。这在 19 世纪末至 20 世纪初的俄国马克思主义政党之间，可说是都有共识的。彼得格勒爆发革命后，革命政党和职业革命家蜂拥而至。但是，包括列宁以外的布尔什维克都普遍认为，当前的革命是资产阶级革命，无产阶级政党只能在其中充当资产阶级临时政府的反对党角色。所以，加米涅夫和斯大林领导的《真理报》刊发列宁《四月提纲》时，明确向读者交代，这篇文章只代表列宁个人。相同的原因，十月革命前，列宁最亲近的布尔什维克领导人格·叶·季诺维也夫和列·波·加米涅夫（十月革命以后，两人都是以列宁为首的俄国共产党中央政治局 5 人领导集团中排在列宁、托洛茨基之后，斯大林之前的领导人）会在报纸上发表公开声明，反对武装起义。该事件发生以后，列宁强烈谴责他们泄露了党中央前一天刚作出的秘密举行武装起义的决定，并称之是"工贼"行为。列宁从躲藏在芬兰的驻地两次写信给彼得格勒的党中央，要求把他们开除出党。还是斯大林的提议，将列宁的建议改为接受加米涅夫退出中央委员会的辞呈，并要求季诺维也夫和加米涅夫不得公开发表任何反对中央委员会路线和政策的声明。包括斯大林在内的党中央不同意列宁的建议，说明季诺维也夫和加米涅夫的观点在中央委员里有着相当广泛的认识。尽管列宁用革命实践代替了争论，但是，这个问题却始终萦绕在列宁头脑里。

1922 年 12 月中旬，列宁再次病倒。因为病情不断恶化，以至俄共（布）中央全会通过专门的决议，责成总书记斯大林负责监督执行医生为列宁制订的制度。随着列宁病情时有好转，医生允许列宁适当看书。此外，在列宁的坚持下，根据病情允许每天可以口授 5-10 分钟的文字。列宁的病是脑血管硬化，右臂和右腿瘫痪，但思维还比较清晰。12 月底，列宁开始阅读苏汉诺夫的《革命札记》第 3 卷和第 4 卷。1923 年 1 月 16 日和 17 日，列宁分两次口授了《论我国革命》的文章。这篇文章的题目，是 1923 年 5 月 23 日发表在《真理报》上时，由主持编务的布哈林加上的。尼·苏汉诺夫是经济学家和政论家，早在 1903 年就加入了俄国社会民主党，但属于孟什维克。二月革命以后，苏汉诺夫曾经任彼得格勒苏维埃执行委员会委员。1917 年 4 月 3 日晚，当列宁在芬兰车站下车回国时，苏汉诺夫也曾在欢迎现场。十月革命以后，苏汉诺夫写了七卷本的《革命札记》。列宁阅读了苏汉诺夫《革命札记》第 3 卷和第 4 卷以后，主要回应了作者"俄国生产力还没有发展到可以实行社会主义的高度"这一观点。

列宁主要从下面几点提出反驳。第一，俄国革命是与第一次帝国主义世界大战想联系的革命。第二，世界历史发展存在一般性，还有个别性。俄国革命就是个别，是特殊，它介于欧洲发达国家和东方落后国家之间。第三，既然建立社会主义需要有一定的文化水平，那我们为什么不能首先用革命手段取得达到这个一定水平的前提，然后在工农政权和苏维埃制度的基础上赶上别国人民呢？（列宁：《论我国革命》，《列宁全集》中文第二版第 43 卷，第 370-372 页）列宁的反驳本身首先表明列宁还是承认俄国社会民主党早年共认的认识，即俄国还没有达到实行社会主义的客观条件。其次，就逻辑关系来说，与第一次帝国主义世界大战发生联系的革命，并不一定就赋予了俄国社会主义革命的性质。第三，也是最为主要的是，列宁认为通过"创造前提，如驱逐地主，驱逐俄国资本家，然后开始走向社会主义"，那就是脱离了物质生产力条件和经济发展水平，人为地实行社会革命了。这显然是违反历史唯物主义关于生产力决定生产关系、经济基础决定上层建筑的基本原理的。

所以，从列宁对这一列宁主义最核心问题上反驳反对观点的情况说明，列宁主义意识形态的虚假性质是不能通过批判的方式得到解决的。意识形态的虚假性只有通过社会的发展才可以得到纠正。1917 年十月革命固然是列宁和列宁主义的胜利，但是，1991 年苏联所发生的社会大变局又是对列宁和列宁主义虚假的意识形态的历史否定与反驳。现在，苏维埃社会主义共和国联盟的 15 个成员国各自都回归到自由资本主义状态（通常称之为自由经济或市场经济），是对前苏联的所谓社会主义（共产主义）经济政治制度的一种反动和纠正。十月革命以后，列宁作为执政者不是顺应经济社会的自然状态建立自由的资本主义制度，而是按照列宁主义的共产主义原理和无产阶级专政理论建立起特别的经济政治制度。它不是生产力自然生成的生产关系，也不是在经济基础上自然形成的包括思想意识形态在内的各项上层建筑，相反，苏联的经济政治制度是一种通过国家暴力而人为地颠倒了社会基本关系，是按照列宁主义即虚假意识形态的原则构建的经济基础和生产关系。1991年苏联的社会变故，是把颠倒的关系重新颠倒过来了。苏联和东欧剧变已经快30年了，社会早已走过了过渡期的波动和混乱，人民生活平稳，国家政局稳定，人们已经逐渐揭过列宁和列宁主义塑造的国家经济政治制度的那一页，人民也逐渐淡忘了列宁和列宁主义，说明历史已经按照它应有的逻辑平静地发展着。

简单叙述放弃马克思列宁主义意识形态的理由，首先，虽然列宁及其布尔什维克认为自己是按照马克思的共产主义学说在一个落后的俄国经济基础上建立起社会主义制度（共产主义第一阶段），但是，根据对苏联解体后的前苏联各个加盟共和国所实行的市场经济即自由资本主义制度的情况分析，70多年的苏联国家不过是沙皇封建专制与自由资本主义之间的一个过渡状态，特别是因为列宁依靠布尔什维克党整合了已经陷入分裂状态的俄罗斯，所以，列宁所建立的国家还是继沙皇俄国之后的大俄罗斯民族国家。客观评价苏联的历史地位，由于借助强大的苏联共产党的集中统一和严密的组织纪律，作为一个相当落后的多民族国家才有了较快的发展。所以，列宁所缔造的苏联国家是对沙皇封建制度的一种反动，一种否定。但是，检讨红色苏联的历史，列宁时代的大规模镇压和红色恐怖，斯大林时代的"肃反扩大化"，以及斯大林后时代各民族都无法享受到自由、平等和人权，从而只可以说它是沙皇专制俄国的一种延伸，是迈向民主制度的一个阶梯。

具有实际意义的是，无论反对马克思列宁主义意识形态的自由资本主义者，还是自称马克思列宁主义者，都没有很认真地研究列宁晚年的思想（在研究列宁晚年的著作中，绝大多数都是论证斯大林继承列宁的合法性，从而是一个没有历史意义的问题），而如果认真研究列宁晚年有关国家资本主义和共产党政权实际上是继承沙皇的政治遗产的论述，就能比较容易理解马克思的一个基本观点，即任何人都无法凭空创造历史。所以，无论马克思列宁主义是怎样论述的，苏联共产党所建立的只能是继沙皇政府以后的一个资本主义民族国家。

其次，历史的发展已经证明了马克思列宁主义的虚假性。前苏联各个加盟共和国都已经放弃了国家和其他类型的所谓共产主义（社会主义）公有制，实行了市场经济即通常所说的自由资本主义，从而把颠倒的经济关系再次颠倒过来了。貌似强大的苏联何以解体，何以顷刻之间就土崩瓦解？笔者认为，无论怎样解释，其实都不重要。重要的是前苏联人民，以及从苏联解体中得到独立的各民族国家的人民的态度。因为这是他们的历史，他们创造他们的历史，他们决定他们的前途。

也许不少的读者也都还有印象，那就是苏联解体的时候前苏联人民所表现的"冷漠"态度，说明苏联人民心甘情愿地抛弃了苏联社会主义制度，抛弃了马克思列宁主义的旗帜。苏联解体以后，原来构成苏联的 15 个加盟共和国分别成为独立的民族国家，它们无一例外地实行与西方自由资本主义相同的社会制度。90 年代至新世纪初，处于社会转变时期的人们也历经了相当的艰难困苦，有些国家甚至现在仍然不能说困难已经完全过去。但是，当过渡期基本结束以后，这些国家的一个共同点就是不再留恋曾经的苏联制度，更没有人为恢复它而做任何努力与尝试。苏联的历史已经表明马克思列宁主义的虚幻性质，前苏联的各民族人民已经用自己的实际行动抛弃了苏联社会主义。

再其次，回到我们的现实。人们经常批评违背列宁和列宁主义的东西为"西化""自由化"，并反复强调中国国情，说中国不能实行西方的什么、什么。其实，列宁和列宁主义也不是中国的，也是西方的。

马克思、恩格斯、列宁、斯大林都是西方的。所以，问题并不在于东方还是西方，而是究竟什么样的理论认识才比较符合客观实际。以自由、平等、人权为核心的一整套价值观念，都是随着资本主义的发展逐渐形成的，是资本主义生产方式的产物，是市场经济的意识形态。有人说它是普世的价值观念，有人反对。反对的人说，从来就没有普世的价值观。怎么没有"普世"的价值观？马克思主义者不就把共产主义当做普世的观念，不仅积极向人们宣传，而且还要在全世界强制推行，"解放全人类"，说明共产主义就是马克思主义者的普世价值观。

所以，如果把"普世"定义为永恒真理，说从人类初期到现在，到以后，以至永远的社会价值观念，那当然是荒谬的。但是，如果把"普世的价值观"理解为资本主义现时代的人们的普遍认识，是自由资本主义即市场经济制度下的价值观念和社会共识，那就是合理的。真理和谬误都是相对的。它们只有在非常有限的领域内，才具有绝对的意义。人类对真理的追求与思想进步的过程，不过是用一个相对不那么荒谬的认识替代另外一个比较荒谬的认识，是一个由相对真理无限逼近绝对真理的过程。谁如果把某一种思想认识当作永恒或绝对真理，那是错误的。但是，如果打着反对永恒真理的幌子否认世界大多数人承认的价值观念，否认社会的共识，那同样是荒谬的。

过去，我们生活在自然经济的环境里，当然对产生于市场经济里的那些思想范畴理解不全面、不深刻，甚至有误会、有误解。现在我们要实行的市场经济，是建立在西方资本主义生产力比较高的阶段上的经济形态，而那些与它相适应的价值观念都是在此前几百年的发展过程中历经无尽的艰辛才逐渐产生和成熟的，我们固然是刚开始确立市场经济，但是却不能、也不应该什么都要重起炉灶，连那些与商品交换相适应的思想观念也都要从最原始的起点起步，那不仅是不必要的，而且是愚蠢的。自由、平等、人权等思想理念既是价值观，又是一种社会道德规范，从而是调整经济基础与包括法律及政治制度在内的国家上层建筑协调发展的基本准则和指示器。所以，只有在引进西方生产方式的同时，也接受了与其相适应的价值观体系的时候，我们才能获得稳定和谐的社会局面。

最后，即使纯粹从策略层面来思考，传统的意识形态也不该继续下去了。苏联过去领头擎起马克思列宁主义的旗帜，拉起一个阵营，公开与西方自由资本主义对抗。现在包括从苏联分裂而独立出来的国家都已经实行了自由的市场经济制度，中国则没有必要把苏联落地的旗帜捡起来扛在自己的肩上。如果这样做，那无疑是竖起一个靶子，从而把中国引领到一个与世界大多数国家不断产生纠纷的道路上，那才叫永无宁日哈！

现在我们再来讨论本节一开始所提出来的问题。

中国处在从传统的自然经济向资本主义生产方式转变的过渡阶段，但是，经济制度和思想观念却都不适应从外部嵌入的资本主义，不能像世界上大多数国家那样让资本主义和自然经济自由地对接。在这方面，主要的障碍来自于新中国照搬苏联的经济政治制度。（《邓小平年谱：1975—1997》，第 376、1080、1232 页）所谓中国照搬的苏联制度，也就是苏联共产党按照列宁的共产主义意识形态所建立的经济政治体制，通常所说的计划经济。所谓计划经济，其实是在一个小农占统治地位的国家里，由政府主导的资本主义。

我们先来看苏联是如何建立起计划经济的。十月革命前，沙皇俄国是一个以自然农业为基础的国家。从 19 世纪 60 年代开始，沙皇主动推动解放农奴和土地制度改革，通过赎买的方式把农奴主的土地分配给没有土地或少有土地的农奴和农民。所以，当十月革命的时候，沙皇俄国是一个以小农为主的农业国家。除此以外，从 18 世纪末期以来，沙皇贵族和一些农奴主也学习西方，在一些大城市和矿产区开办了一些大工业。列宁及其布尔什维克信奉列宁的共产主义理念，十月革命后，实行公有制，废除商品经济，把所有工商企业、银行、铁路等生产资料都收归国家所有。1928 年，斯大林推行以工业化为主导的第一个五年发展计划，在农村实行集体农庄经济。所谓集体农庄，就是把农民的土地集中起来归农庄所有农民共同所有。当工农业生产资料都实现了公有以后，政府用计划管理工业生产，对集体农庄的生产统购统销，这就是苏联的社会主义或计划经济。

苏联社会主义的基本特点就是政府直接控制工业经济资源，发展以工业制造业为龙头的重工业。在这样的体制下，农业就成了一种准政府性质的经济形式，它附属于工业建设，为工业化服务。几十年来，人们对于由政府组织生产的工业经济给予了较多的注意，而对于农村集体经济则关注不够。苏联集体农庄既是农民的共同经济体，也是苏联农村的基层组织。它对应从中央到县以下的党政并行的、由党领导的国家政权结构，集体农庄不但设有农庄主席行政领导机构，还有农庄的共产党的基层党委或支部的基层领导机构。虽然说集体农庄主席要经过农庄庄员选举产生，但候选人则要经过上一级党委推荐和批准。事实上，负责行政的集体农庄主席往往都是苏联共产党的党员。所以，负责行政事务的集体农庄主席是要接受上一级政府和同级党组织的领导的。

马克思说，资本主义原始积累过程的基础是对农民的剥夺。苏联农业集体经济的本质则是比西欧国家里的分散小农更为方便地剥夺了农民，从而更为有利于政府主导的工业化建设。不用较多的文字，读者就可以理解，被剥夺了土地以后的所谓集体农庄的最大特点就是省略了工业化过程中政府与农民的一对一谈判，从而减少了政府发展工业经济所需要土地和劳动力交换成本。所以，农民的集体经济是一种附属于政府经济并直接为政府的工业化路线服务的农村经济。从这个意义上来理解苏联的社会主义计划经济，就是由政府直接配置资源的一种经济制度。

新中国之初，斯大林还健在。所以，中国共产党是在斯大林的帮助下构建起自己的经济政治制度的。由于旧中国的经济基础比当年的沙皇时代还要落后，所以，新中国的计划经济实际运作起来比苏联还要僵硬。早在 80 年代，邓小平就说，这个问题"很早就发现了，但没有解决好"。（《邓小平年谱：1975—1997》，第 1232 页）为什么没有解决好？是因为中国的小农经济及其思想观念更为坚固，对列宁的共产主义信仰更为牢固，以至把公有制当作一条不敢触碰的红线，反对私有制，反对市场化。所以，将近 40 年来所谓对计划经济的改革，除了在工农业经济的管理体制上做了适当的改革，譬如国有企业承包制和股份制改革，农业实行联产承包以外，根本不敢涉及所有制问题。但是，商品经济是建立在私有制基础上的，没有私有制就没有市场经济。苏联和中国的计划经济本身就是商品经济的对立物，实行公有制的目的就是铲除商品经济的基础。所以，不解决国有经济和农业集体经济这一公有制问题，就没有真正的市场经济。

30 多年前，人们囿于国门之内，不仅把照搬苏联的经济制度当做自己固有的东西，说它是"中国特色"，而且把它说成是人类历史以来最先进的社会制度，划定范围，不许触及。其实，公有制不是中国的，计划经也不是中国的。所以，他们并非是中国特色。在整个人类从传统向资本主义转变的阶段，中国固有的传统是自然经济和个体农业，照搬苏联的社会主义经济仅只有几十年的时间，充其量也只是中国历史中的一小段插曲，除了政府自己不愿意触动以外，实际变动起来并不会有多大的困难。

过去，包括笔者从青年时代就接受的一个基本的观点，那就是苏联和我们所拥有的社会主义计划经济是人类历史以来最为先进的社会制度。一直囿于封闭的环境里，没有能力哪怕是稍加思考就该明白的道理是，这一认识是严重违反马克思的唯物历史观的。因为苏联和中国都是在比西方国家低得多的生产力水平上搞建设的，如何就能拥有比西方国家更先进的社会制度？如果这一观点得以成立，那就意味着社会制度的优劣是由人们的主观意识决定的，只要愿意，即使在落后的生产力基础上，也能够建立起先进的制度。但是这样一来，我们有自觉不自觉地陷入到常常批判西方人的民族优越论上去了，因为它包含了对西方民族的歧视。——想一想西方民族竟然在先进的生产力基础上建立起落后的社会制度，那不是它们的脑子进水了，也一定是智商不够呗！

多年以来，国人常常说改革开放，与世界接轨，全球化，经济一体化，但是，人们却很少深刻思考这些概念究竟意味着什么。

何谓改革开放？我们像实践中那样，且把改革放置一边，先说开放。所谓开放，那就是要让国人可以没有障碍地走出去，人能够"免签"行走于世界各个国家，中国的企业、资本和产品也能在世界各个国家流通。与此相同，世界其他各个国家的公民，以及企业、资本和产品也可以无障碍地在中国行走和流通。这一点，中国企业实际上已经走向世界了。譬如早些年，马云的企业已经在美国上市了，中国不少有钱的人在美国可以买房，甚至买土地，办企业。反过来，美国的企业当然也应该在中国上市，买房、买土地，无障碍的流通才行。但是，中国的现实是，城里人和农村人还不平等，中国公民自己还不能自由迁徙，民族资本中政府经济和非政府经济还不平等，许多领域连中国的非政府资本也不得进入，还有许多领域需要经过政府的严格审批，更遑论外国人外国企业外国资本了。所谓改革，就是要改变这些妨碍自由发展的经济政治制度。毫无疑问，由于资本主义并非是西欧以外的各个古老民族国家的自然产物，所以，当资本主义进入这些国家的时候毫无例外都会得到或多或少的抵触和抵抗。但是，在那些古老的民主国家里，这些抵触和抵抗大都来自于民间的特别是传统的自然经济。在社会主义计划经济条件下，资本主义商品经济的嵌入首先要遭遇到建立在公有制基础上的国家政权和政府经济为主的社会力量的反对。所谓改革，就是要拆除作为资本主义市场经济对立物的社会主义公有制，扫除建立市场经济的制度障碍。

何谓与世界接轨？先讲一个故事。读者都知道，山西有个"土皇帝"阎锡山。之所以有这个称呼，是由于阎锡山统治山西时间之长久。1903 年，阎锡山作为官派留日学生，上了日本士官学校。孙中山在日本活动的时候，阎锡山加入了孙中山的同盟会。1911 年爆发辛亥革命，阎锡山在山西积极响应。革命后即被封为山西督军，一直到 1949 年解放军攻克太原城，阎锡山在山西统治了将近 40 年。在民国时期，一个省内的军阀有这么长时间的实际统治，可能阎锡山是唯一了。当然，阎锡山在山西还是做了不少的事情。新中国初期，包括苏联援助中国 156 多项工业项目在内，不少都放在山西，就是因为山西有一定的工业基础。

不过我们所讲的故事，是关于阎锡山修筑的铁路。山西省的西部和南部两边有黄河环绕，然后在西、南和东部三面有大山屏障，所以山西和外部本来就相对隔绝。新中国以前，山西一共修了两条铁路，一条是从京广铁路线河北段的正定县，经过山西的阳泉市再到太原，自东至西到达山西的中部。一条是从山西北部的大同经中部太原再到黄河渡口的风陵渡（旧属蒲州府管辖），贯穿南北。东西为正太铁路，南北为同蒲铁路。那时的中国还很落后，山西北部仅有平绥铁路经大同穿行。南面有一条陇海铁路沿着河南境内的黄河南岸东西走向，山西在黄河的北岸，没有横跨黄河的铁路，南同蒲线就没有连接外部的出口。正定县到山西的铁路，是自东向西穿行到达山西中部的出口。

不过有关铁路问题，包括笔者在内，过去也认为是阎锡山故意为之，把山西境内的铁路都修成了与全国不一致的窄轨。最近读过申学山先生的《说说阎锡山的窄轨铁路》（《文史月刊》2010 年 8 月份），知道早在清末山西巡抚修筑的正太铁路即由法国设计，由于资金短缺，所用法国与世界接轨前淘汰的窄轨。所以，阎锡山主政以前的正太铁路本来就是窄轨。阎锡山修筑同蒲线的事在后，同样基于资金方面的问题，采用了与正太线接轨的窄轨。因为笔者就出生在同蒲线旁边的村庄上，小时与儿伴经常在铁路线上玩耍，所以记得解放以后铁路拓宽的情节。与我们关心的问题是，旧中国山西铁路轨道与全国的不一致，叫不接轨；50 年代初期，山西的铁路拓宽与全国一致了，叫接轨。

我国改革开放，国人和资本能走出去，外国人和外资要进来，有如旧时代山西与全国的铁路线一样，由于许多制度与规则不一致，这叫不接轨。中国要通畅、无阻碍地走向世界，就必须与世界接轨。这有如山西与全国铁路的关系，当然不是要改变全国各个铁路线的设计以迎合山西，而只能是改变山西以适应全国。中国与世界接轨，就是要改变建国初期形成的计划体制和相关的各项规章而接受和遵循世界通行的规则，比如对外贸易要接受世界贸易组织的规则，按照世界贸易组织的要求规范企业的经济运作。医疗、卫生、防疫、健康等方面的管理和要求，按照世界卫生组织的规定予以规范。这叫与世界接轨。

何谓全球化，何谓经济一体化？这其实就是笔者反复引用马克思的观点，是说资本主义现时代的背景下，各个民族国家由于对外贸易的活动，使得世界逐步构建成为一个统一的市场，各个国家都会根据世界市场的需要和自己的资源禀赋为世界市场生产，从世界市场索取，彼此都成为一个共同市场的成员。

过去看西方人满世界飞，无需签证可以自由进入许多国家，而中国人去哪里则很难通过签证，以为是西方国家对中国人的歧视。近些年才知道还是我们自己的问题。——中国人自己在国内还不能自由流动，外国人进中国就更加不方便。这样，中国人去别的国家如何会方便？西方国家相互之间免签证，设置零关税，就是为了方便各民族国家的人和资本的自由流动，这就是全球化、一体化。它当然不能通过改变世界以适应中国，而只可以改变中国以适应和趋同于世界，趋同于世界的市场体系或者如马克思所说的世界市场。

虽然人们把西欧自发产生的资本主义称之为自由资本主义，但是，也不是说资本主义作为新生的经济形态在其产生与发展中没有发生过社会的冲突和障碍，新生事物取代旧事物，当然是会有矛盾和斗争的。只不过那些矛盾和斗争历经了 500 年，特别是由于中世纪晚期以来的政府很少参与其中用以维护旧事物，所以除了资本主义民族国家的形成即资产阶级革命阶段以外，资本主义生产方式替代传统的自然经济似乎都是在比较平和的状态下进行的。自由资本主义，不仅在于这一制度的本质性原则是自由的，平等的，而且还在于它的发展是平和的，没有或者基本不经过社会冲突和暴力，不需要腥风血雨似的革命。

发展经济学总结了发展中国家从外部嵌入和实行资本主义的经验，提出后发优势，认为它可以跨越西欧国家的许多发展阶段，是具有相当深刻的道理的。不过它也有一个前提，那就是一般发展中国家的传统的自然经济嫁接资本主义，有如西欧国家在其自然经济基础上发生资本主义新形态一样"自然"，是由于其中的摩擦和不自然的问题在西欧的发展过程中都已经出现过，也解决了，至少发生类似的矛盾和冲突的时候有过历史经验了。

中国从其归类上，当然属于发展中国家。不过，它却又不是一般的发展中国家。一般发展中国家的传统的自然经济及其意识形态一般都不和西方的资本主义发生直接的冲突。可是，从苏联继承和照搬的中国的计划经济及其马克思列宁主义意识形态，却是与市场经济及其价值观念直接冲突的，反对的。所以，为了不发生大的社会冲突和动荡，明智的执政者就必须首先引导社会去除从苏联引进过来的部分，恢复中国的传统即中国的本色或特色，改变现行的基本制度，包括归还农民的土地所有权，政府与所属的国有企业实行切割或者私有化，加强民主政治建设，切实保护人权，以及重申信仰自由的原则，让马克思列宁主义从思想领域中占据统治地位的神坛上走下来。总之，当什么时候政府意识到问题的所在，并开始自觉地实行这几个方面的改变的时，我们才可说中国的改革破题了，上路了。——接下来，才行走在由传统到资本主义市场经济的转变中。

26. 中国该如何应对美国的贸易战？（下）

为回应最初的几个问题，我们需要澄清几个错误认识。

一个是当美国开始挑起贸易战的时候，有人主张妥协，认为不妨答应美国政府的条件，以便尽快结束贸易摩擦，让世界走上正常的生活。笔者曾经说过，国际政治是一门有关妥协的艺术。所以，在国际关系与国际政治中，实行妥协是经常的。但是，要求中国政府对美国政府这次发动的贸易战仓促妥协，却属书生之见。第一，美国政府所发动的贸易战并非因贸易而起，它是美国国内政治斗争与政党竞争的产物。特朗普至少要把这出戏上演到 11 月 6 日美国中期选举投票的那一天，所以并不是按照我们的愿望可以迅速结束的。第二，美国政府的贸易战是以货物贸易的长期逆差为由头的。但是，必须指出，自由贸易或自由买卖，属于等价交换行为，而顺差逆差仅只是一个国家对外贸易的会计活动，是统计的结果，这两个统计指标并不含有褒义或贬义，不存在公平与否的问题。第三，社会发展特别是美国的社会发展已经到了这样的阶段，人类劳动已经不一定都耗费在物质生产领域，科学教育医疗金融等等服务领域对于人类发展也都十分重要。除此以外，旅游休闲等方面的消费对于经济增长也具有一定的贡献。所以，如果计算服务贸易和旅游业，如果计算大量侨民在美国的消费，美国的逆差就不那么大，甚至没有逆差了。第四，美国在货物贸易中出现逆差，是由战后世界贸易以美元结算的制度决定的。美元成为世界货币，人们在国际上购买和活动都必须用美元结算，决定了其他国家的美元只有通过对美国多卖少买来获得。不改变制度，永远解决不了美国的贸易逆差。第五，由于美国的通货膨胀、政府发行国债都致使美国货币不断地贬值，所以，其他国家用自己的劳动产品换取美元，等于共同承担美元贬值的风险。所以，这对于美国并非是坏事情。至少从 20 世纪 70 年代开始，美国贸易出现逆差就是一种常态，特别是最近 20 多年，往往还是较高的逆差，以往的美国政府并不认为是多大的问题。正是因为这样，美国的财政赤字越来越高，美国政府发行的国债越来越多。特朗普用逆差闹事，其目的并不是要解决问题，他也不可能解决这个问题，他只是要捣糨糊。你一厢情愿搞妥协，仅凭妥协就能结束这出闹剧吗？

70 年代以前，美国的冷战对中国实行封锁和禁运，所以，中国与美国就没有直接的贸易往来。中美建交以后，逐渐恢复贸易。回顾建交以来的 40 多年贸易发展，大约可分为 3 个阶段。第一阶段是中美建交至 90 年代初中期，第二阶段是克林顿政府提出全球化和世界互联网经济以后，第三阶段是中国加入世界贸易组织以后。但是，无论哪个阶段，中美贸易都是在自由贸易的原则下进行的，属于互惠互利的性质。否则，中美贸易不可能继续下来，不可能得到越来越大的发展。笔者曾几次指出，仅 2008 年美国次贷危机期间，中国价廉物美的商品对于缓解美国中下层人民的困难，就起了相当积极的作用。美国政府突然发难，指责过去的贸易行为，说过去的贸易是美国吃了亏，对美国不公正，其实就是耍无赖。因为打贸易战的原因并非起因于贸易方面的问题，所以，美方提出的问题就不是具体的贸易问题，而是在贸易的名义下实行的讹诈。比如指责中国偷窃美国的技术、侵犯美国的产权、强迫美国企业转让技术，等等，却又都提不出具体的证据，这样，中国政府如何能同意美国的指责而与它妥协呢？还有，美国政府指责中国高关税属"史无前例"，这不是胡说八道吗？中国的关税比发达国家的关税高是事实。但是，那是历史造成的。其实包括美国在内的所有西方国家都是由高关税逐渐发展过来的。那是长时间才可以完成的过程。中国历史上比现在还要高得多，应该说现在的"低"才是史无前例。中国关税还需要继续降，这也是正确的。但让中国一下子降到目前美国等发达国家的水平，那是不讲道理的，不合理的。还有，美国贸易谈判中夹带中国的发展战略和产业政策，夹带中国的民主政治和人权问题，美方开出的谈判清单要求中方做出让步的还包括一系列政治、军事问题。这哪里是贸易摩擦，这明显是要挟和讹诈，是战后美国惯常奉行的霸权主义和帝国主义行径。阅读了上一节"26.中国该如何应对美国的贸易战？（中）"的读者应该知道，笔者也认为中国在民主政治和保护人权方面存在很大问题，但这都是每个民族国家内部的事务，是由各个民族国家的人民关起门来自己解决的，是由该国人民内部各利益集团长期博弈以后才可以决定的。人们常说国家主权，这就是国家的主权，它不容外人干预和插手。当然，都在一个地球上，兄弟国家对别的国家发展状况当然可以提建议、提意见，甚至诉诸直接的批评，都是可以的，应该允许的。但是，在资本主义现时代的国家关系和国际政治中，在平等的国际事务和国际交往中，不允许也不应该要挟和讹诈。善意的批评与要挟、讹诈，那还是不一样的，区分得出来的。如果事起贸易，发生贸易摩擦，要解决贸易问题，那就谈贸易，在经济贸易领域里来解决。在贸易战中提出政治制度和人权问题，指责别的国家的发展战略和产业政策、外交政策，一个让自己的军队在全世界横冲直撞的国家，一个随意把自己的军队派到别的国家摧毁同样是联合国成员国的合法政府的国家，有什么资格去批评另外一个把所有的军事武装力量都限制在自己的国境线以内的国家养的军队多了，军事费用开支大了，这不是流氓无赖的行径是什么？不是要挟和讹诈是什么？在这样的局势下，你如何能与它妥协！所以，我主张必须从维护国家主权和民族尊严的立场出发，接受挑战，应对贸易战。

另一个观点是，中国出口给美国的商品是 5000 亿美元，美国出口给中国的是 2000 亿，如果打贸易战，由于进出口贸易不平衡，我们针锋相对地开出 2000 亿高额关税后，就没有牌可打了。所以，贸易战中国必输。这一认识是不全面的。首先，任何战争都是发生于某种特殊的历史背景下和历史大势中，决定战争结局和支撑战争的重要因素不仅是一事一物某一个或者某几个具体因素，它还存在于深刻的背景与大势之中。中美贸易是历史发展的结果。两国贸易往来是自然条件和历史发展的必然，两国贸易增长的趋势是任何力量都无法阻挡的。中国在加入世界贸易组织以后对外贸易迅速增长的事实说明，中国的贸易活动是遵守贸易规则的，而且它反复向世界申明今后会继续以更为规范的做法扩大贸易。无需用更多的语言论证，即使追溯中国加入世贸组织以前，中美之间的贸易事实上也都是在世界贸易组织的框架下进行的，是符合世界贸易组织的贸易规则的。所以，美国发动贸易战是倒行逆施，中国无端受害，被动应战，属于正义的一方。正义之师不可欺，并不是说说而已。

其次，自由贸易的实质是公平交易，是平等的经济关系。如果仅仅把售卖方当做交易的受益者，认为持有商品的一方把商品卖出去就是受益者，好像白赚一样，是自然经济状态下对商品交换的看法，是重商主义的认识，是不正确、不客观的。在市场经济体制下，购买者与售卖者一样都是受益者。由于实际的需求，购买者有的时候能够如愿以偿，甚至比出售者更为迫切。举个比较极端的例子。美国的苹果手机和微软技术在中国拥有巨大的市场，假使中国政府单方面决定对这两种产品都征收很高的关税，受到伤害的不仅是美国的老板，中国的广大消费者的不满程度一点不会比美国的资本家小。所以，贸易战是经济贸易，是对等的两个方面，实行高额关税是一把双刃剑，它伤害的不仅是出口商和商品出口国，还有进口方自己的进口商和国内的消费者。所以，计算贸易战的双方砝码不只是各自的出口产品，而是进出口总额。中美贸易已经达到 8000 亿美元的规模，打起贸易战来中方首先受到伤害的是 5000 亿美元的出口商和购买 3000 亿美元美国产品的进口商及其消费者，而美国受到伤害的是 3000 亿美元的出口商和购买 5000 亿美元中国产品的进口商及其消费者。自由买卖是平等贸易，贸易伙伴受到伤害的程度也是平等的、等值的。

再其次，根据中国和美国进出口的大宗产品情况，中国出口美国的大宗产品主要是生活消费品，而美国出口到中国的大宗产品则为高科技产品中的核心技术产品和高科技的消费品。从具体产品入手再作进一步分析，高关税在中国和在美国所伤害的人群是不一致的。美国的高关税所伤害的中国出口商主要包括中国政府的企业、以美国为主设立在自贸区和开发区享受政府优惠条件的外资企业、个别民营的对外贸易企业。美国进口产品所伤害的消费者，有包括美国在内的设立在开发区和自贸区主要从事来料加工的外资企业、依靠美国核心技术产品的中国企业，拥有较高消费水平的购买美国消费品的个人消费者，包括苹果手机和苹果电脑在内的美国同类电子产品的消费者，包括美国大豆及其豆制品在内的美国大宗农产品的加工和饲料业、养殖业在内的企业，以及以普通居民为主的消费者。而影响美国的具体人群包括种植大豆、玉米等农产品在内的农民，以及包括摩托车、蒸汽轮机和轨道机车等机器制造商，液化天然气（LNG）和美国原油等工业产品制造商，美国中低层民众为主的消费者。

我们做这个分析不是要说明究竟中国受到的伤害深，还是美国更深一些，而是描述贸易战的实际状况。读者已经知道，贸易战开始以后，美国政府立即列出了减免受伤害企业税负的清单。与此相应，中国政府也可以在出口退税的基础上，再进一步为受害企业实行补贴。但是，即使两国政府用类似的方式解决了企业的困难，但从长远来看，人为制造的损耗最终还会以不同的方式落到普通的消费者身上。所以，如果中美两国政府彻底撕裂，两个国家最终都分别会把相当于 8000 亿美元的伤害转嫁到人民群众的身上。不错，美国政府提出贸易战以后，美国民众还没有表现出强烈的反对，至少特朗普的民调没有下跌，甚至还有一定程度的提高。那是由于贸易战最先触动的是民族的神经，拨动的是民族的情绪，神经系统接受刺激后给出的反应往往要来得快一些，而经济运行都有一定的周期，市场波动的传导机制也都需要一定的间隔期。再加上在一定程度上也许是美国政府有意为之，前面声张得紧，呼声高，但实际开打的时间却比较晚，实施高额关税的商品也不够多，中国的回应来得就更晚一些，少一些，从而拳头的力度也不够狠，甚至还没有接触到身体上。贸易战挑动民族情绪和民族受到的伤害，有一个时间差，在这期间产生一个有利于执政的美国政府的选情，这正是聪明的特朗普打贸易战所要达到的目的。

但是，如果实打实的打贸易战，两国政府把 8000 亿美元的力度全都释放出来，那就难以说究竟谁受到的伤害更大一些。按照 2017 年的 GDP 计算，8000 亿占中国整个 GDP 的 6.5%，占美国的 4.2%。但是由于下面几个原因，就难说美国政府所感受到的疼痛会相对少一些。首先，中国是一个市场化程度还不够完全的国家，农村居民生活基本还不依靠市场，城市居民的消费也不完全是从市场上获得的（譬如绝大多数城市居民的家务劳动还不够市场化）。这样的社会发展水平意味着，中国人对于市场的反应往往并不很敏感。相对于美国而言，中国对于通过市场传导的高税收可能就表现得麻木一些。美国是一个世界上最完备的市场国家，人们的所有生活消费都要依靠市场，8000 亿美元对于美国人民的感受会更为敏感、更为深刻一些。再其次，中国有 13 亿多的人口，即使按照比较高的标准衡量，也应该有 4 亿到 5 亿的城市人口。这就是说，美国是 3 亿多人口承受 8000 亿高税收产品的伤害，中国主要是 4 到 5 亿人口承受相同数量的伤害。再加上美国绝大多数产品在中国属于高价格和高档消费品，它所影响的层级比较高，人数也相对要少一些。而中国产品在美国主要供应中下阶层的民众，商品价格相对也要低，受到影响的主要是中低收入人群，受影响的民众相对就多一些。在这方面还需要特别提醒读者注意，美国不是仅是和中国打贸易战，而是和世界上几乎所有的贸易伙伴进行战争。所以，它所承受的贸易战的火炮力量并非只是中美贸易总额 8000 万，而是 3.7 万亿左右，占美国全年 GDP 的 20%左右。全面的贸易战，会让美国没有办法招架的。最后，对政府的影响虽然各为仲伯，但对贸易战的结局是不一样。中国政府是把经济增长和发展当做主要的执政目标，贸易战当然会损害这个目标。美国政府是把民意当作执政主要目标，当贸易战的经周期传导到一定程度，当经济增长放缓，股市下跌，物价上涨，中下层人民生活受到影响，就必然损及美国政府的目标。到那时，美国政府就必定要终止贸易战。

再说一遍，我们的分析并非是想说开打贸易战以后，美国的损失一定会比中国更惨重。不，如同相同力度的拳头分别打在两个人的身上，因为落在不同的部位，两个人又分别具有不同的承受力和忍耐力，确切地说谁受到的损害更大一些，并没有实际的意义。我们的分析只是证明了历史以来的经验，那就是贸易战没有赢家，是两方俱伤的愚蠢之举。所以，并非是一些朋友分析的那样，美国有中国 5000 亿美元的底牌，中国只有美国 2000 亿，中国就打不过美国，而是美国也一定不是赢家。

现在我们再来说应该怎样应对美国的贸易战。

首先，师出有名，这是古今中外进行战争的惯例。古《尚书》中就记载有传说时代的《甘誓》《汤誓》，北非迦太基汉尼拔的《致众士兵》，威廉大公的《黑斯廷斯之战》，都是这方面的不朽篇章。至于脍炙人口的菲特瑞克·亨利《不自由，毋宁死》，那更是美国人耳熟能详的名篇。这些文章虽经数百年，数千年，仍然流传，不只是它们的优美文字，更为重要的是这些名篇中所伸张的正义，力争出兵的合法性，符合人性与道德法则。美国政府撕毁中美建交以来逐步发展的友好关系，把两国的经贸合作称之为中国对美国的剥削，把自古以来的弱肉强食的历史翻转过来，说成落后的中国竟然能剥削了强大的美国，由此再发动对中国的贸易战争。美国政府这种罔顾事实，信口雌黄的把戏，不仅是否定中美两国人民的友好往来和政府间的正常关系，更是一笔抹杀了 600 年以来世界文明所奉行的自由贸易的原则与社会实践。尤其是美国政府已经粗暴地抛弃了资本主义以来社会文明所构建的外交礼仪，从总统到内阁成员，以及美国军方领袖，直接点名对中国进行攻击。这样，中国政府更需要向世界人民讲清楚美国政府的无理和中国政府被迫应对的无奈，以及应持有的态度与策略，并附带声明随时愿意响应对方合理建议而停止无谓的纠纷，无条件结束摩擦。

不过我在这里要说的是，时代赋予中国人的历史使命。二战期间，美国政府高举国家主权与国家不分大小，一律平等的正义大旗，团结与引领世界人民赢得了战争。但是，战后美国很快被军工集团挟裹走上一条至今不归的弯路。战后历届的美国政府都是利用民族主义情绪，先是无故把尚处于发展阶段的盟友苏联描述成为企图侵略全世界的敌人，接着再虚构出一个精致完美的冷战意识形态，从而在战后和平时期长期保持着一支强大的武装军事力量，在全世界部署着成百上千个军事基地，每年占用国民生产总值 3%，4%，甚至 7%以上的财力以维持世界最大军事力量的地位。美国政府为了在国内人民面前证明保持强大军事武装的正当性，就需要在世界上不停地制造事端，插手世界各个地区的事务，甚至不惜直接出兵干涉一些国家的内政。失去正义以后，美国政府的许多做法就难免要和国际通行的规则发生冲突，这时它就会暴露出霸权主义和帝国主义惯常出现的嘴脸和蛮不讲理的作风，——是美国带头创议设立的联合国，可它常常凌驾于联合国之上，甚至抛开联合国把武装军队开进另一个联合国成员国的国土上。是美国创意确立的布雷顿森林体系，可它连英、法、德、日等主要经济伙伴都不打一声招呼就单方面宣布美元与黄金脱钩，从而导致布雷顿体系解体。是它创意设立关贸总协定作为布雷顿体系的补充，并在它的建议下发展成为几乎容纳世界所有民族国家和其他经济体的世界贸易体系，结果却又由它抛开世贸组织而实行单边主义和贸易保护主义，向几乎所有的贸易伙伴宣战打贸易战。是它在苏联解体以后适时地提出全球化与互联网经济，把全世界比较融洽地连接在一起促进了 90 年代中期开始的大约 10 年期的世界新一波的经济繁荣，结果又由它带头反对全球化，不惜把西方经济处于危机期间称之为世界经济新引擎的中国涂黑，从而将刚要被扔掉的冷战思维重新拿过来，试图把人类推进另外一波冷战中去。

美国当然没有权利这么胡作非为。一个国家再强大，也不过是世界上的一个民族国家。民族国家不分大小，一律平等，这都是它曾经倡导的国际关系和国际准则。可是，还是它带头破坏了这个基本原则。以先后发生在我们身边和我们自己身上的几个事例来说，1950 年朝鲜北方进军南方，那本来是朝鲜人自己的内部事务。因为在美国和苏联进驻以前，朝鲜本来就不分南方、北方。苏联和美国既然宣布撤出了，南北方就该是一个统一的民族国家了。但是，美国却要插手，从而导致战争规模扩大，迫使中国也不得不参与其中，使得朝鲜的内部战争升级为东亚地区的战事，甚至成为一场国际上的战争，害得朝鲜民族至今仍然处于分裂状态。50 年代越南反对法国殖民主义，那本来是民族独立与民族解放的正义事业，美国却要充当"接盘侠"，武装插手越南，导致战事扩大，把越南的解放和统一时间拉长了许多年。至少是从 70 年代尼克松政府时候开始，按照《中美联合公报》里美方所申述和同意的立场，"美国承认中华人民共和国政府是中国的唯一合法政府；台湾是中国的一个省，早已归还祖国；解放台湾是中国内政，别国无权干涉"，以及"美国认识到，在台湾海峡两边的所有中国人都认为只有一个中国，台湾是中国的一部分"。但是，它还是从中作梗，致使海峡两岸至今不能统一。至于巴以战争、海湾战争、阿富汗战争，等等，等等，其实质都是美国政府人为地插手各个民族国家或者具有历史纠纷的地区间的问题，结果让本来一个国家内部的民族事务或者地区间相关国家的纠纷，无一例外地转变和升级为国际难题。

事情为什么是这样？如果按照二战期间罗斯福和丘吉尔的《大西洋宪章》，国家不分大小，一律平等的原则，尊重各个国家的主权，那么，各个民族国家的内部事务就该由各个主权国家自己来决定，地区性的事务由相关的国家协商来决定，世界共同事务由全世界所有国家来决定。如果是这样，当代世界本来就没有什么解决不了的大问题。即使有一时解决不了的问题，人们也会采取相互妥协，求同存异，暂时搁置争议，等待条件成熟的时候再处理它。这样，至少不会出现多大的冲突。但是，美国军工集团为了它自身的利益，为了维持强大的军事力量，就要煽动与激发美国社会底层的民族主义情绪，提出"美国领导""美国优先"，然后在世界各地制造事端，到处插手。如此一来，哪里还有世界的安宁？美国位于北美洲，东西有浩瀚的大西洋和太平洋自然屏障，它却要到欧洲"领导"和"优先"，到亚洲"领导"和"优先"。那么，那些祖祖辈辈生活在那里的民族国家的利益在哪里，它们的权利又该在哪里？但是，在世界各国与美国力量过于悬殊的情况下，侵犯到小国利益，小国往往敢怒不敢言；有过的反抗，还会带来更为粗暴的干涉。事不管别的国家的利益，即使绝大多数国家不满意，也只能敢怒不敢言。战后世界所出现的这一局面，总要有个结束的时候。

纵观世界近代历史，二战其实是一个临界线、分水岭。在此以前，主要是以占全世界人口不到 10%的西方民族国家的经济发展和在全世界扩张的历史。二战以后，亚、非、拉等世界各被压迫民族独立和解放，占据全世界人口总数约 90%以上的人民都已经以民族国家和其他形式的共同体获得了独立和解放。这些国家也都实行资本主义生产，所以，世界已经进入到全人类共同创造资本主义文明的历史阶段。这本来就是一个世界各民族和谐发展的世界和平前景，联合国和世界贸易组织这一类的世界组织和国际机构，也表明世界各国可以坐在一切协商解决他们的问题，各个国家的经济可以逐渐融合成为全球统一的世界市场。所以，我们应该把美国政府在军工利益集团挟裹下所出现的军事扩张和军国主义，当做历史大潮的一种反动，一段弯路。中国在发展中不谋求霸权，也不应该和美国的霸权相对抗。但是，当美国主动向中国发难，触及中国主权和民族利益的时候，就需要用维护国家主权和民族尊严的方式，告诉美国什么应该是现代国家的底线，以及现代国际关系和国际政治应该遵守的准则。

至于什么时候美国会主动放弃霸权主义，从而终结霸权主义，笔者提出几种前景。一种是美国人民对政府行为的抑制。美国的军事霸权是要依靠庞大的财政付出支撑的，尽管战后美国低成本从海外获得廉价资源是其经济发展的一个重要原因，但美国军费的开支直接来自于国内税收。尽管历届政府以民族主义的旗帜和"美国优先"让其军队驻守在全世界，但是，人们迟早总要追究投入产出，是要实际收益的。特朗普所提的日本、韩国，以及驻欧的美国军队的费用问题，其实就是美国人民心中的疑问。所以，美国人民用包括限制军事费用和把美国军队撤回国境线在内的各种方式，不断纠正美国政府的霸权主义。

另外一种是发展中国家的不断进步和发展。美国的霸权主义是建立在民族主义基础之上的，而它的经济基础和历史背景则是美国在二战期间又得到迅猛发展的强大工业，以及其他西方国家在战争期间遭受到的破坏和一大批本来就相当落后的发展中国家尚处在起步发展的早期阶段。在这个时期，民族主义者往往会把资本主义生产方式贡献给先进民族的金苹果，当做是上帝对本民族的特别垂顾，自以为是最优等的民族，所以天生要统治和领导其他民族。只有当西方国家从战争的破坏中恢复过来以后，特别是当占据人类绝大多数的发展中国家得到足够的发展以后，当落后民族的经济社会发展水平比较接近于美国以后，制止和纠正包括美国在内的任何霸权主义就像现代社会中任何一群文明人劝解打架或制止虐待妇女一样简单了。

其次，调整对外贸易结构，确定合理的对外经济贸易发展战略。因为我们看好中国市场化发展趋势的大好前景，而把中美贸易摩擦看作是它前进过程中的一个小波折，虽然贸易摩擦会影响两国的经济健康发展，但是，笔者并不认为它会给中国经济带来多大的负面影响。1989 年那场政治风波以后，美国曾经做出制裁中国的决定，与现在比较而言，那时的中国几乎缺少任何反制的手段。即使这样，在自后不长的某一个时点上，日本、欧盟各国都分别利用美国与中国的僵局而主动发展与中国的贸易关系，美国的制裁自然落空、流产。为什么？发展各民族国家之间的经济贸易关系乃是世界历史的大势，是各个国家的利益所在。中国是一个正在发展的大市场，各个民族国家的资本都愿意与正在发展的中国建立起平等的贸易关系，这是任何虚假的意识形态和其他各种臆想的障碍都不能阻挡的。与 30 年前的情况相比较，一个是美国政府的这次贸易战，更少有愿意与其联手围堵中国的。二是中国更强大了，毕竟还有一些反制的手段。三是中国与美国有着较大的经济贸易，美国的贸易伙伴和中国产品的消费者不容许美国政府割断它们与中国的经济联系。

一是调整我国进出口结构，适当扩大进口规模。我国是从自然经济的起点逐步发展起来的，所以在进出口比例关系上，具有农业国家以出口为导向的经济特征，每年的出口量相对多一些，进口则要少一些。最近一些年，每年的进出口顺差达到 5000 亿美元。另外，我国外汇储备已经有 3 万亿美元的规模，所以没有必要继续保持那么多的顺差。因为我国还是发展中国家，在扩大进口的时候，首先应向西方国家进口先进生产设备方面倾斜。其次，我国经济社会面临升级提高的阶段，所以也要扩大进口西方国家的生活商品，以刺激和提高我国居民的生活的消费质量。再其次，一方面是因为美国制订有过于严格的保护政策，对许多我们希望进口的产品都限制出口。另一方面，由于遭遇美国的贸易战，所以，即使我们扩大进口，但却要有意不向美国倾斜。同类产品，我们宁可从美国以外的其他国家和地区进口。

二是调整输出商品和资本的比例结构，鼓励资本输出。虽然我国对外贸易迅速成长的历史还很短，但由于人口多，经济规模大，以及国家的特殊政治制度等方面原因，个别资本积累的速度异常、特别地快，所以早些年就已经出现一些资本强烈要求向外扩张的趋势和向外发展的需要。美国贸易战以中国较大顺差为理由，说明美国需要中国产品，中国产品在美国有市场。经过这次摩擦，中国厂家可以努力保持美国市场，但不一定把美国需要的商品生产企业都设置在中国。东南亚等地区劳动价格便宜，包括前些年在中国设厂的一些外资也都向东南亚流动，为美国生产的中国资本也可以把工厂搬迁到这些地区。另外，美国的经济发展其实很不平衡，中西部人口密度小，经济相对落后，有许多商机。在这方面，曹德旺就很有头脑，具有远大的战略眼光，所以把福耀玻璃开到美国中部地区，做得很成功。所以，应鼓励中国资本到美国落户去。

三是调整对外经济贸易的地区结构，注意提高与发展和欧洲、日本，以及美国以外的西方发达国家的经济贸易关系。我国很早就着眼于非洲等落后与发展中地区，这对于输出过剩资本与产能都是有必要的。但是，如同体育竞技项目一样，只有和水平高的竞争对象过招和博弈，才能有较大的发展。所以，和西方发达国家的经济贸易才应该占据主导成份。在这方面，我国与美国的贸易量多、规模大，虽然具有一定客观必然性，譬如美国经济社会发展水平高，在国际社会中所起到的实际的领头羊的作用和地位，所以当中国加入世界贸易组织以后，美国与中国的许多商品贸易与直接投资，都具有先行试水的意义。另外，美国与中国也是"一衣带水"，具有地缘政治的优势，等等。但是，中国对外贸易中美国所占的比重相对大，毕竟是一个缺点，具有发展初期的特征。因为中国对外贸易过多地倚重于美国，美国在与世界各国的贸易摩擦对于中国的震荡和危害就相对严重一些。所以，有必要吸取教训，适当扩大欧洲、日本和其他西方国家的经济贸易关系。

四是随着美国的贸易战时间拖长，我国对外贸易结构的日趋合理，也该适当减少我国政府持有美国国债的数量。中国对美国贸易保持较高顺差，但同时又购买大量美国国债，这固然是中国规避风险的需要，但不可否认是对美国保持较高逆差的一种补偿。美国贸易战只攻击中国的顺差，不提中国持有 1 万多亿美元美国国债对于稳定美国货币和美国经济的贡献。那么，中国也没有必要持有美国那么多的国债。我们应该适当减持美国国债，转作其他方向的投资，以实现对外投资的多元化。

最后再触及直接的应对。笔者已经指出，中国出口美国的约 5000 亿美元的货物商品，那主要是供给美国社会中低端消费者的物美价廉的商品，美国政府施加高额关税，其实是中断了美国消费者的供应，损及消费者的利益。那是美国民众与政府之间的博弈，我们且不去管它了。但是出口到美国的 5000 亿美元产品大约占到国内生产总值（GDP）的 4%，可以转向国内市场。中国是一个正在市场化的国家，中西部地区的居民，尤其是农民基本上还未形成与市场连接的经济关系。与西方国家比较，即使所谓中国的一二线大城市，绝大多数市民生活仍处在较低的水平上。计划经济时期，国人有一个很熟悉的词语，叫"出口转内销"。现在很少这么说了，但总体而言，出口的产品相对于为国内市场生产的商品，质量和价格都受到人民的欢迎。

所以，当出口美国的企业产品受到阻碍以后，转向国内市场，这对于促进国内市场的发展将会起到积极的推动作用。

中国进口美国的 3000 亿美元商品，除了我们所希望得到的高科技产品，以及像华为所需要的芯片之类的核心技术或者来料加工以外的其他商品，中国也要对美国商品实行高关税。不过，仅仅这样的简单报复性关税还不够。

中国政府已经确定了扩大进口的国家政策。但是，它不包括美国产品。至少，在和美国打贸易战期间，不会扩大进口美国商品。不仅不扩大，而且还要缩小。凡是原来所进口美国的工业产品，只要是其他国家可以制造的，一概都不再向美国购买。这是对待美国工业品的态度。

另外，对于农产品来说，还要更细致一些。因为统一的世界市场，为防止出现有些读者所指出的那种现象发生，比如中国转向巴西购买较多的大豆，而巴西则又从美国那里补仓，这相当于购买了美国大豆。所以，中国在贸易战期间，有如大豆这一类中国所需要的大宗商品，只维持或适当维持前一些年巴西等世界大户的进口额度，其次再转向其他许多国家分别销量购买。中国已经把印度、韩国、孟加拉国、老挝、斯里兰卡等国家的大豆关税从 3% 降至零，是非常明智的。但都只是从他们那里做适当的调剂，而防止出现美国大豆经第三国周转流入到中国。除此以外，对国内采取两条措施，一是减储，消耗国家储备的大豆。储备粮食和战略性物质，本来就是为了应对饥荒和战争。现在的贸易战就是战争，所以要把储备拿出来消费。而且一方面估计到贸易战不会维持很久，另一方面从国际市场上补给是件很容易的事情，所以应该尽可能地拿出储备的农产品以满足市场需要。二是调整国内种植面积，政府以财政补贴的形式鼓励农民种植以往需要从美国进口的大宗农产品。总之我们也不该是头疼医头，脚疼医脚地被动应付，而是经过这次贸易摩擦发现我国经济结构的短板，及时改变生产结构。这样对美国胡作非为也是一个教训，——即使这场贸易战结束以后，美国发现它已经永远地失去了不少的市场。

　　另外，对于来自于美国的世界性品牌，要全面地实施高额关税，防止出现漏洞。譬如美国肯塔基州标志性产品波旁威士忌，如果仅对美国施加高额关税，该商品会以设在法国或者英国、加拿大等任意国家的代理商名义包装进入中国海关。所以，不只是对美国的波旁威士忌征收高额关税，而且对来自于其他任何地方的波旁威士忌都要加高额税收。这就是说，既然打贸易战，就要把手上的"火力"全都打出去，让火力全都发挥作用。

　　最后，我们需要对美国贸易战的后果和结局做一些述评。

　　战后美国政府被军工集团挟裹着走上霸权主义道路，但是，这是一条没有前途的路段。所以，它已经不能像历史上以直接掠夺的方式维持霸权和实行赤裸裸的帝国主义政策的阶段。相反，因为战后国家独立，民族解放的历史潮流，以及美国总统罗斯福所倡导的国家主权和平等的国际关系，都已经成为国际社会的主导。所以，美国政府既要推行霸权主义，还需要做出遵循国际准则的样子，有的时候，甚至还需要以美国援助的方式做铺路、做铺垫。这样的霸权之路其实也很艰难。

　　许多年以来，以西方经济学为主导的主流经济学和社会学有一个流行的观点，说美国维持较低的增长，是由于其经济体较大的缘故。这是一种托词。因为它什么道理都没有讲。经济体小了运行速度就快，经济体大了运行就慢？就连物体在地球空间里的运动也都未必是如此，何况人类社会。包括氏族家庭在内的自然经济体都不很大，但有着几乎接近于零的扩张速度。资本主义商品生产是一种以凝结人的抽象劳动为财富的社会制度，能以开阔的胸怀包容一切人的劳动，从而具有无限的开放性。更何况，现在的经济社会统计体系早已经摈弃了传统时代仅只计算工农业生产的狭隘模式，而是把所有人的经济活动都当作生产的。所以，现在的经济体实际上是"以人为本"的，在一定生产力构成下，经济体大意味着创造财富的人多、劳动量大，所以能够、也应该以更快的速度运行而不断地把社会推向前进。马克思和恩格斯说，资产阶级统治不到一百年的时间，所创造出的财富比以往历史的总和还要多，就是这个原因。马克思之后这一百年的资本主义经济不但没有停滞，没有放慢，而是有了更大的进步和发展，以至人们完全有理由继续说，最近一百年资本主义所创造的财富比以往历史的总和还要多。

那么，是什么原因让美国的增长速度放慢了呢？是战后的美国政治。

战争之后是和平。但是，美国政府却把美国民族的利益与安全的含义宽泛化，把世界所有地方的任何问题都可以解释成关乎美国的利益和安全，从而在一个最不需要强大军事武装保卫的国家里维持着一支世界上最强大的军事武装。冷战期间，美国每年把国民总收入（GNP）6.9%以上用于军事费用。朝鲜战争战争期间，这一数据甚至达到 10.4%。冷战以后，该数据仍然居高不下。除此以外，美国政府以国家安全为由，还把许多新技术当做秘密保护起来，限制投入市场，限制扩散到国外。资本主义制度本来就是一个需要经过市场流通才得以发展的社会，市场竞争呼唤科学发展与技术进步。可美国的现实是，依仗着经济强势地位和军事霸权主义，每当它需要通过世界市场的信号调整自己的产业结构的时候，保护主义和单边主义的政策就会出现（单方面宣布美元与黄金脱钩，制订 301 条款实行关税报复，压制英、法、日制订《广场协议》，抛开世界贸易组织打贸易战，等等），以及人们有了科学技术发明却不让及时转化为生产力，不能产生经济效益。这都是与资本主义制度相抵触的，从而是具有自杀性的行为。

即使不说制度性与结构性的问题，对于一个没有统计学素养的人来说，也不难理解这个道理，一方面，根本就不需要的武装军队和庞大的国防预算，必然地吃掉经济收益的一大块。另一方面，相当多的已有科学技术成果不允许投入市场，不让及时转化为生产力，从而没有经济效益。这一正一反的做法，扣去了多大的经济力？资本主义经济的优越性，它的活力，都在于它在竞争的过程中不断获得的技术创新与进步，而美国这一世界最先进的经济体在其运行中，一方面要拖着一个根本不生产的庞大军事集团，另一方面政府又限制许多技术和创新成果投入到市场。如此一来，其增长速度不放缓下来，那才怪呢。这次贸易战，美国政府又增加了许多限制出口到中国的"核心产品"，其实就是阻止美国技术转化为商品。美国继续沿着这条路走下去，其经济增长的趋势会越拉越慢。

中国是一个发展中国家，它又是一个人口大国。按照马克思的劳动价值学说，众多的人口获得这一社会支持以后，就能够迸发出以往历史上从未有过的生产活力。美国对中国的贸易摩擦，对中国技术的封锁，只能激发起中国的民族主义情绪，激发他们攻克被人卡脖子的技术难题。因为在没有摩擦的时候，也许人们会满足于美国核心技术的供应，满足于为美国高科技产品打工与获得低端劳务费用的现状。现在停止供应核心技术，没有饭吃了，逼迫得中国人必须生产出核心技术产品来。作为发达国家，美国的民族主义者往往会忽视制度的决定作用而过高估计它的优秀民族基因。1945 年 7 月，美国试制出第一颗原子弹的时候，曾预计没有 20 年，苏联不可能拥有原子弹。但是，仅用了 4 年的时间，苏联就成功爆炸了原子弹。这时，美国政府自上而下，从文官到军方，又认为是苏联窃取了美国的原子弹技术。为此，还把罗森堡夫妇当做苏联间谍处以死刑。后来的档案解密，人们才发现，作为工程师的罗森堡根本就没有条件接触原子弹的核心机密。另外，制造原子弹是一项庞大的系统工程，也不是一两个生产环节可以决定成功生产的。想一想，当年中国比苏联落后多了，竟然制造出了原子弹、氢弹和人造卫星。

既然提到原子弹、氢弹了，那就再多说几句。氢弹是比原子弹威力更大的核武器，物理学家对这方面的原理早都搞清楚了，但对于如何用原子弹引爆氢弹的技术问题，美国花费了许多年都没有解决。中国这方面攻关解决问题的是科学家于敏。于敏没有出国留学，是北京大学培养出来的地道的中国物理学家。于敏从 1961 年接受组织交给他的氢弹理论探索的任务，埋头于堆积如山的计算机纸带，然后做密集的报告，率领大家发现氢弹自持热核燃烧的关键，找到了突破氢弹技术的路径，形成了从原理、材料到构型完整的氢弹物理设计方案。1964 年 10 月 16 日，中国第一颗原子弹试爆成功。1967 年 6 月 17 日，中国第一颗氢弹爆炸。美国从原子弹到氢弹，期间用了 7 年的时间。苏联用了 4 年的时间，中国仅只有 2 年 8 个月。法国在中国之前就爆炸了原子弹，但一直到中国氢弹试验成功，他们还在那里苦思冥想。当然，时间早点晚点不是很重要的问题，关键性的问题在于，市场经济制度下，需要是最好的学校。马克思说，人类是种只提出自己能够解决的任务，任务本身，只有在它的物质条件已经存在的或者至少是在形成的过程中的时候，才会产生。美国贸易战中断了的所谓高新技术商品的供应，都是中国制造产品中的零部件，有的甚至是核心性的零部件，但它们毕竟是中国制造商已经接触了的产品，难道它们比两弹一星还要难？所以，美国断供和打压，只能激发起中国科学技术人员自力更生和奋发图强，让中国得到更快地发展。

这将是中美两国不远的前景。

附录

否定霸权与向民族国家的复归：人民对政治精英说不

——唐纳德·特朗普"逆袭上位"之我见

按语

一年多以前，应该是美国大选的幕布还未启动的时候，偶尔读到一篇美国政治学家分析希拉里毫无悬念将当选下一届美国总统的文章。从此，时不时地关注一下美国的大选情况。但是，一方面是因为内地信息渠道的限制，另一方面也是一味接受美国主流政治学家和媒体的宣传，也认为特朗普过于挑战美国主流的底线，希拉里当选已属定局。美国大选投票时，恰好旅居广东一个海滩酒店，可以收看到香港凤凰中文台和美国CNN连续直播的美国各州的计票场面，也就几乎目睹了特朗普反转获胜的全过程。当然是美国民众的选票帮助特朗普逆袭上位。这些选票可是一张一张统计出来的。那天从电视里看美国的民众也都紧盯着电视画面，不少人紧张的表情，给人印象至深。毫无疑问，美国民众是很认真对待选举的。每张选票都表达了选民的意愿。那么，我不得不问自己，人们把票投给特朗普意味着什么？

——2016年12月1日星期四

美国大选尘埃落定，特朗普战胜希拉里获得总统职位，几乎让所有的人始料不及。几天后，希拉里发表演说，将败选的原因归结到具有共和党背景的联邦调查局局长詹姆斯·科米在距大选前不到两周的时间点上重启"邮件门"调查，而一年多来为希拉里竞选呕心沥血的现任总统奥巴马的解释则认为与希拉里和民主党向基层的民众宣传不够。人类是种奇异的动物。它具有灵性，甚至每个人也都有理性。但是，如果让其反省并自觉地承认自己的错误，却是一件极难的事情。事实说明，美国这次大选已经不同于以往的两党竞选。因为我们知道，特朗普就是一个纯粹的商人，并没有共和党的背景。另外，民主党内还有一个独立人背景的伯尼·桑德斯。如果不是遭到暗算，可能最后与特朗普对决的不是希拉里，而是桑德斯。这是一方面。另一方面，当特朗普在与希拉里竞选的时候，他已经在初选中披荆斩棘战胜了共和党从一开始就设置的层层障碍和步步为营的围追堵截。所以，与其说特朗普代表共和党与民主党提名的希拉里竞争，不如说他是在战胜共和党以后又去与民主党决战。分析 2016 年的美国大选，本来就是两位独立于美国两党的竞选人"借壳上市"，是在美国特殊的政治体制下，人民用选票支持两位具有独立人背景的候选人而唾弃了政治精英，表面上的特朗普一路逆袭不断用选票改写主流媒体所反映的包括奥巴马总统在内的社会主流的主观愿望，而背后则是美国人民对长久以来自己也曾接受过的政治精英们的核心的执政理念与方针政策的怀疑、否定与抛弃，表明自第二次世界大战以来一直以追求世界霸权为导向的世界性美国开始向民族国家的复归。这是继苏联解体与冷战结束以后，国际社会所出现的又一个影响历史发展方向与进程的重大事件。

一、特朗普一路成功逆袭的背后是人民的支持

在介绍特朗普以共和党总统候选人成功上位以前，必须了解到民主党候选人提名过程中，也同样有一位并非民主党的独立竞选人几乎战胜希拉里获得提名，他就是伯尼·桑德斯。桑德斯既非是共和党，又非民主党。他在美国主张社会主义，并以独立人士从事政治几十年。1990 年，又竞选成为众议院议员。自此以后，桑德斯担任了16 年的众议院议员和 8 年的参议员。他是自 1950 年以来第一位以独

立人身份任职的国会议员。在 200 多年两党政治运作下，若无共和党或民主党提名绝无胜算可能，所以，桑德斯参加民主党 2016 年总统大选党团运作。桑德斯在民主党内竞选虽曾一路领先，最终却因民主党设置的各种陷阱与障碍而退选。民主党全国委员会主席黛比•沃瑟曼•舒尔茨因涉嫌破坏桑德斯竞选活动而宣布辞职，桑德斯也曾在一次集会中批评民主党的提名过程不公。由此可以推想，如果民主党竞选提名过程没有舞弊，今年美国的大选就是在两个具有独立候选人背景的特朗普和桑德斯之间展开的。如果是那样，就更有力地证明了我的这篇文章的主题。

美国的总统选举的程序要先后历经预选、党的全国代表大会提名、总统候选人竞选、全国选民投票选出总统"选举人""选举人"成立选举人团正式选举总统 5 个步骤。按照美国的选举制度，当全国 51 个州和特区的选举人选出以后，基本上就确定了总统人选。现在我们所讨论的情况，就是特朗普经选举人确定的总统。法定的总统还有待 12 月份全国的选举人聚集在华盛顿正式投一次票。总之，一个总统的产生，是从党内竞争提名开始的。但是，回顾共和党的竞争提名，最初选情看好的竟然是 3 名没有从政经验，甚至可说此前与政治根本无缘的人。2015 年 8 月 31 日公布的民调，特朗普此前 4 个州的初选中，一直处于领先地位。此外，还有外科医生本•卡森，排在第三的是商界女精英、前惠普总裁费奥里娜。共和党共有 17 位参加初选提名，却由 3 位没有政治背景的人领跑，充分说明民众从一开始就讨厌并设法抛弃政治精英。这是我们在分析中必须始终注意的问题。

唐纳德•特朗普有许多个头衔，但主业还是商人，因投资地产而致富，所以算是地产商。别人估摸他的家产 40 多亿美元，他自己则号称超过 100 亿。2012 年大选，特朗普也曾参与，中途退选。特朗普实际是超脱于两党的独立人。因为经过 200 多年的两党政治运作，在现行的机制下，两党提名以外的人根本不可能竞选成功。所以，特朗普才参加了共和党的党团运作总统候选人提名的竞争程序。在共和党内与特朗普竞争提名的人，多数都是长期担任国会议员或州长的政客。相比民主党不喜欢桑德斯，共和党更不喜欢特朗普。从其一开始，包括像担任过美国总统的布什父子在内的老资格共和党人和共和党全国委员会主席在内的共和党的党魁们，一直到已经胜出代表共和党与民主党候选人希拉里对决，共和党内反对和要求更换特朗普的声音都从未停息过。所以说特朗普首先是战胜共和党，然后才与民主党作战的。

但是，桑德斯在民主党内未能逆袭成功，特朗普何以成功？我们需要在这里做一些交代。虽然说桑德斯和特朗普本都是独立候选人，本不属于共和党或者民主党。但是，他们都属于美国社会的上层，甚至可以说属于美国社会的主流。只不过对于美国政治体制或者建制来说，他们又都边缘化。即使如此，两人还有些差异，但却很重要。桑德斯在美国主张社会主义，用独立人的身份与势力强大的两党候选人竞争市长、州长、国会议员，这次又竞选总统。但是，他毕竟在市长与国会议员的位置上呆了约 30 年，而且社会各个方面的反映还都不错。要知道，市长和议员都属于政府的职位，绝大多数问题与绝大多数情况下，他必须按照美国政治制度和建制的规则去处理。久而久之，桑德斯已经熟悉并愿意采取符合美国政治体制的方法处理问题。这次在民主党内竞争党的提名遇到民主党的打压与算计，许多支持者呼吁桑德斯决不妥协，而桑德斯在奥巴马总统的劝说下，不仅同意退选，而且还做自己支持者的工作，要他们转过来投希拉里的票，令许多粉丝强烈不满。特朗普则不同，他从未担任过公职。面对共和党的打压，做出一派毫不妥协的架势，警告反对他的党魁必须公正公平地对待他。直到大选前夕的 10 月份，特朗普还对共和党的大佬们不断开炮，说麦凯恩"嘴巴不干净"，众议院议长、共和党领袖莱恩"软弱、无能"，说党内反对他的人与他切割是好事，促使他可以随心所欲地处理问题，等等。特朗普完全是一个孤胆英雄，可以说从一开始到最后都是他一个人在那里孤军奋战。所以，即使说桑德斯和特朗普都属于美国主流社会的边缘性的人物，但桑德斯是处在政治建制边缘内的位置上，而特朗普则是处在靠近建制边缘外侧的人。

特朗普举止毫不检点，作风粗陋，形象猥琐，侮辱妇女的言论与绯闻从不间断，以及没有从政的经历与经验，更不懂得国际关系和外交政策。所以，特朗普的竞选从不被人看好。但是，特朗普从参加共和党内竞争提名开始，从基层全国 51 个州和特区的县、市以下的基层开始，一路逆袭，节节胜利。11 月 8 日是美国选举总统的投票日，特朗普给他的支持者发出一份邮件说："还记得民调曾说我们只有 1%的胜算和媒体说我们永远赢不了初选吗？今晚我们将有机会证明他们再一次是错误的。今晚，将是我们书写美国政治历史上最伟大的大逆袭章节的机会。"果然，特朗普拿下了美利坚合众国第 45 任总统的职位。特朗普的所有胜利，都是靠夺取选票成功的。选票可是硬道理。是谁投了他的票？如果几张选票，甚至几十张、几百张，甚至几十万、几百万，都可以归结为具体的人或者阶级与阶层。那是在全国赢得大选，所以只可以说人民。特朗普是依靠人民的选票取胜的。

二、人民用投给特朗普的票否定了美国政治精英的传统执政理念与政府的基本政策

美国的民主就是一人一票。特朗普是靠选票取胜的，当然是人民支持他当选美国总统。但是，我们却不能由此就得出结论说，人民喜欢特朗普。2016 年 5 月，奥巴马总统在白宫记者团的招待晚宴上有一个段子，说宴会主办方征求参加者就"牛排还是鱼"之间作选择时，不少的人却填写了 Paul Ryan，嘲讽选民既不喜欢希拉里，也不喜欢特朗普，或者如同不喜欢希拉里那样不喜欢特朗普。可必须在这两个不喜欢的人之间做出选择的时候，人们最终还是选择了特朗普。如果仔细分析，特朗普与希拉里对决这一模式，适合特朗普从共和党的基层选举开始到最终取得胜利的过程中所遇到的每一个对手。否则，他也会像共和党与民主党的许多个竞选者一样，输到了竞选之路的某一个站上，而无法走到最后。

人们不喜欢特朗普却又把票投给了他，说明人们更不喜欢特朗普的竞争对手。我们进一步分析这个问题。当特朗普与别的某个人对决的时候，人们把票投给了特朗普。美国的选举程序是，当特朗普在共和党内竞争提名权的时候，他要在全国的每一个县、每一个州去与人竞争。当他在党内胜出代表共和党的时候，他需要在全国 51 个州和特区逐一与希拉里展开对决。所以，如果特朗普的最终胜利意味着人民用票支持了特朗普，那么，也可以说人民用票反对了特朗普的竞争者。而且，因为特朗普是在人们并不喜欢他的情况下支持了他，那就意味着人民更反对与特朗普竞争总统职位的人。如果再推而广之，那就还包括背后支持他们的人。

那么，我们需要分析与特朗普竞选的对手和他们背后的那批人究竟都是谁？首先，在共和党内竞争总统提名的人选中，主要还是有从政经历与经验的共和党政治精英。譬如杰布·布什，出身于家族中已经出过父子两位美国总统的豪门世家，是美国总统小布什的弟弟，曾经于 1998 年和 2002 年连任两届州长，也是佛罗里达州历史上第一位两次当选州长的共和党人。不少人都寄希望于他，认为 2016 年的美国总统大选有可能在布什和克林顿两个总统家族中展开。但是，他在南卡州仅仅以 8% 的选票铩羽而归，早早宣布退选。第二位是佛罗里达州共和党联邦参议员马尔科·卢比奥，他是在希拉里宣布参选后第二天宣布竞选的。卢比奥年轻能干，风流倜傥，曾被喻为共和党的"奥巴马"，是最有希望抗击特朗普的"共和党救星"。但是，早在 2016 年 3 月 15 日，他就失败了。从数据来看，卢比奥只赢下了 29 个州中的 2 个，排名所有共和党参选人的末位；而排名第一的特朗普已经拿下了 18 个州。在自己的家乡佛罗里达，卢比奥也只拿下了 28% 的党代表提名，而特朗普是 45%。再下来的对手是克里斯·克里斯蒂，律师出身，2002 年至 2008 年连任两届美国司法部部长，2009 年以后又任新泽西州州长。再下来是泰德·克鲁兹，普林斯顿大学、哈佛法学院科班出身，德萨斯州美国参议员。请读者注意，共和党内初选一开始，特朗普与外科医生卡森、前惠普总裁费奥里娜对决的时候，比分有时还比较接近，但这些政治精英只要与特朗普一交锋，即刻就都败下阵来。

其次，必须看到，特朗普不只是要与共和党内那些一起竞争提名权的人们在赛场上争斗，更重要的是时刻提防共和党上层时时刻刻都有可能设置的绊子与陷阱，包括两位前总统布什和已经在国会参众两院占据多数席位议员在内的共和党大佬和党魁们，以及共和党内的一些团体为了阻止特朗普，曾使尽了所有的招数阻击特朗普，甚至不惜花费 3000 万美元做广告，上演了一出"共和党砸数千万美元攻击共和党总统候选人川普"的闹剧。要知道共和党花钱做广告去攻击民主党候选人加起来也只有 560 万美元（其中花费在希拉里身上 480 万，桑德斯 80 万）。说明共和党设防特朗普，比对付民主党还厉害。为什么？就在于他们与特朗普的分歧与鸿沟，要比民主党还要深。

再其次，特朗普在整个竞选过程中遭受的主流媒体的攻击与抹黑，读者有目共睹，不赘言了。

最后，是包括总统奥巴马在内的美国政府毫无顾忌地站在希拉里一边反对他，阻击他。在这一个类群里，特别需要强调的是美国政府里的一般工作人员。共和党、民主党，以及媒体共同对特朗普的反对与围剿，读者在这一年多的时间里见得多了。奥巴马作为民主党的总统如何对待特朗普，也都在情理之中。但最让中国的读者不理解的可能是美国政府的一般工作人员。虽然每过几年担任总统的党派颜色都会有改变，政府中的一些重要职位也会随着两党的执政与在野而重新分配。但是，政府中的绝大多数工作人员即公务员，一般是不受两党竞争而更替的。也就是说，公务员的工作是不受党派影响的。另外，政府为公器，在两党竞争选举的活动中应该保持中立（美国也有法律明确在政府中担任某些职位的人不得投票）。但网上看到白宫工作人员观看投票后显示各州计票结果的严肃、沉重表情，甚至有人在特朗普当选成为事实后忍不住泪流如注，充分表现了政府人员对特朗普如何的抵触、反感与反对，这都说明特朗普的胜利穿透了美国传统的两党共同遵守的底线，已经不能简单用以往两党竞选的套路来解构了。

另外，比较竞选过程中特朗普与竞争对手的表现，可能会加深理解特朗普现象的意义。200 多年来的美国两党竞选制度，造就了一个相当大的大选文化与产业。历次大选，每个竞选者从其初选开始就都设置一个庞大的竞选班底，对竞选者要做彻底的包装。除此以外，竞选团队在全国的班子一直延伸到基层。希拉里在纽约的竞选总部多达 800 余人，在具有战略意义的佛罗里达州就有 51 个办公室。特朗普确实是个另类。他的竞选团队非常简单，其设在纽约的总部只有 80人，地方上基本没有相应的机构，佛罗里达州只有一个办公室。他不要人为他撰写文书，没有民调专家，没有地面调查，发布会秘书是个27 岁的时尚编辑，竞选策略师不仅少而且最主要的那位还是一个从未曾参加过总统竞选经历的人。至于投入的电视广告费用，也是最少的。据美国电视广告市调公司 SMG Delta 的数据统计，共和党内初选候选人杰布·布什的电视广告费 8200 万美元，卢比奥 5500 万，民主党候选人希拉里 2790 万，克鲁兹 2200 万美元，而特朗普仅只有 1000 万。两党代表大会以后，双方仅花费在摇摆州的电视广告是40:1。至于网络和手机平台上的广告花费，特朗普显示的是 163 万，希拉里则是他的 100 倍。特朗普没有遵循两党竞选的套路，而仅以自己简单而鲜明的个性取得了胜利。

在世界各国政党制度中，可能美国的共和党和民主党最具有典型的竞选意义。从严格意义上来讲，美国没有政党党员，一个人在地方登记为共和党或者民主党，仅只是为了在初选阶段为党内提名的总统候选人拉票，但并不赋有如缴纳党费或者承认党纲的义务，甚至都没有进一步帮助党所提名的总统候选人竞选的责任。按照我的理解，假使初选时我登记为共和党的党员，但共和党提名的候选人并不是我所理想的人选，我在大选投票时还可以投民主党人的票。这是对一般的人来说的。但是，党魁和党的官员即我们一般意义上的政客则不同，他们是制造美国总统的人。所以，共和党与民主党既是培养并输送美国总统和国会议员的"黄埔军校"，又是美国政治精英的俱乐部。以两党和政府公务员为主体的美国政治精英，构成美国社会主流的政治核心。美国本届大选中的特朗普现象，即众多共和党和民主党政治精英败选，而具有独立人背景的特朗普逆袭当选，表明以美国政府和政治精英为核心的社会主流与人民大众在政治思想领域里出现严重分歧，人民用选票怀疑甚至是否决了美国传统的政治理念和政府的基本方针政策。

那么，什么是美国政治精英的传统政治理念与政府的基本方针政策呢？美国国家的基本价值观当然是建立在资本主义经济所要求的自由、平等、正义，以及人权与人民主权等等重要理念及其政治制度的基础上，而且这些基本的理念都首先由美国的建国之父那一代人将其用文字写在了《独立宣言》和《美利坚合众国宪法》之类的文件里昭示于天下。这些理念从资本的本性出发，不仅具有美国历史的共同性，而且还具有普世性。除此以外，美国在不同的历史阶段还形成了一些具有特别历史阶段性的执政理念与国家战略，譬如门罗主义和杜鲁门主义，都是随着美国的发展而由美国历届政府通过总统竞选与就职的演说，以及每年发布一次的总统国情咨文和政府的其他各种文告或文件里提出，并不断予以重复确认和肯定，宣传与加强，其中二战以后所产生的杜鲁门主义与影响至今的美国主流的冷战思维，以及在此基础上逐渐形成的霸权主义与历届美国政府谋求世界霸权的方针政策，成为这次大选中美国选民唾弃的主要内容。

霸权或霸权主义，无论在西方还是在中国历史上，都是一个由来已久的词汇。但是，它们在现代国际关系与国际政治领域中，却是一个由帝国与帝国主义、殖民与殖民主义演变过来的政治概念，反映资本主义以来的几百年，尤其是 19 世纪西欧资本主义在欧洲、亚洲和非洲旧大陆扩张以来的国际政治关系。它已经不同于古代欧洲的希腊与罗马的时代了。在以往的时代，一个民族对另外一个民族的奴役和统治，大都是通过连成一片的、共同的帝国疆域和个别大城邦对其它城邦的支配和控制实现的。而资本主义的发展造就了世界范围的众多民族国家，帝国与霸权则转变成了一个民族国家统治其他民族国家，其统治形式也超越其国境的领土与界线，即不在乎掠夺与直接占有别的国家的领土，是凭借实力干涉别国的主权和独立，谋取世界或地区事务的主导与领导地位。

美国的霸权主义是第二次世界大战以后的产物。20 世纪所发生的两次世界大战，特别是第二次世界大战，是新兴的工业国家德国和日本企图继续运用 19 世纪以前欧美老牌帝国主义国家的殖民手段直接采用军事占领的方式实现的扩张，它一方面遇到了有如苏联和中国这样的落后国家的抵抗与反对，另一方面也与欧美老牌帝国主义国家发生冲突与对抗。所以，第二次世界大战实际上是德日等少数国家与几乎全世界人民之间的战争。战争是人类最为残酷与残忍的一种有关实力的较量。但是，从当时的经济与军事实力来说，无论是欧洲主要抵抗德国侵略的英国和苏联，还是亚洲主要抵抗日本侵略的中国，都不是侵略者的对手。世界最大经济体美国的参与决定了战争的胜负。美国人民是一个富有正义感与责任心的民族。第二次世界大战中，美国男人远涉重洋到欧洲或者太平洋前线，妇女则夜以继日地在工厂里生产前线所需要的武器和其他物资。美国的重要作用塑造了美国在二战中的世界反法西斯战争的主导地位。

但是，战后以美国为主导将全世界又引导到与苏联争霸的"冷战"之中，各个大国之间在没有战争的情况下却都以发展军事工业甚至一些大国都把成本昂贵、根本不会投放使用的核武器作为自己的国家战略，竞相实行以备战为指导的国家战略。历史已经证明冷战是一场以虚假意识为基础的美苏之间的有关意识形态的对抗。但是，在长达半个世纪的历史里，在时刻都有战争爆发和准备打世界战争，甚至打一场核战争和"星空大战"的强大舆论宣传下，不仅美国与苏联把国民经济置于战争与军事工业的基础上，而且全世界几乎所有的国家也都被误导把一切工作都建立在备战的基础上。由于美国在世界上所不可替代的经济政治地位和作用，特别是从二战以来所延续的强大的军事工业与具有尖端科学技术的战略与战术武器，都极大地助长了本来就很嚣张与泛滥的民族主义与民粹主义，杜鲁门总统原本具有的防御苏联侵略与危害的所谓"遏制共产主义"的国家战略也逐渐过渡到在全世界谋求美国的霸权，领导与主导世界，以至于世界性的战争早已经结束，而美国在二战期间适应战略战役需要在全世界，特别是在欧洲及亚太地区所部署的军事设施不仅没有减少，还有了进一步的增加与扩展。即使苏联解体以后，世界上再也没有了与其抗衡的力量了，原来所塑造的虚拟与虚假的敌人都不存在了，美国政府却仍然要在全世界保持强大的军事力量。美国是一个地处北美洲的大国，浩瀚的太平洋和大西洋就是其自然的安全屏障。但是，美国政府特别享受领导世界和主导一切国际事务、用自己的利益与价值判断为原则插手别国内政，喜好充当国际警察和世界宪兵的角色。1990 年以来，苏联解体以后，美国出兵干预别国或者地区性事务达到 50 余次，平均每年对外用兵的次数比冷战时期还高出一倍以上。但是，问题在于，维持世界霸权是需要大把、大把的美元的，讲求实际的美国人民已经不愿意为政治精英享受世界霸权埋单了。

三、人民为什么要给特朗普投票？

如果不了解美国在全球的军事部署，可能还是对美国的强大、伟大与历史作用缺乏足够的认识。下面这个图是我转引 360doc 个人图书馆上署名剑阁 518 的一篇题为《美国全球军事基地分布地图》[10]

五角大楼发布的《2009 年度美军基地结构报告》显示，美国海外军事基地遍及除南极洲以外的六大洲、四大洋，辐射全球 38 个国家，基地总数 716 处，其中，陆军和空军基地分别 293 处和 261 处，海军 136 处，海军陆战队 26 处。本土基地 871 处，其中海军 242 处，空 384 处。需要指出的是，这些并非是全部。

10　参见 http://www.360doc.com/content/14/0824/16/6205369_404297748.shtml。

美国全球军事基地分布地图

事实上，美国在伊拉克和阿富汗开辟的数百个基地，以及在苏联解体后投向西方的"新欧洲"国家修建的 10 多个基地，都未被列入名录。另外，如果再加上一些因为政府间秘密协议获取的和它认为不适宜公布的，以及五角大楼管控与可直接运作的军事基地，其总数应该有 1000 处左右。美国将全球分为 3 个战区：欧洲、中东和北非区；亚洲、太平洋和印度洋区；南北美洲区。美国有现役军人 130 万左右，其中常驻海外约 30 万。海外军事基地，其中欧洲主要分布在德国 235 处、意大利 83 处、英国 47 处、葡萄牙 21 处、比利时 18 处、荷兰 9 处、希腊 7 处，亚洲部分日本 123 处、韩国 87 处，以及东南亚各国和澳大利亚，伊拉克和阿富汗，等等。

除了固定的基地以外，美国还有 11 支航空母舰编队（不同时段和不同标准的统计，还有 13、12 之说）游弋巡逻在世界各大洋，成为世界公海的实际占有者。美国在全世界海上可控制的咽喉有：阿拉斯加海湾、朝鲜海峡、印尼望加锡海峡、巽他海峡、马六甲海峡、红海南端曼德海峡和北端苏伊士运河、地中海与大西洋之间的直布罗陀海峡、波斯湾的霍尔木兹海峡、古巴以北的佛罗里达海峡、从非洲南段到北美的航道、格陵兰-冰岛-英国的航道。

如果读者细心就会发现，以上的美军海外军事基地主要还是二战、韩战以及海湾战争、阿富汗战争所形成的。其他的且不去说它，从欧洲和亚太美军的分布首先应当认识到美国人民在二战中的贡献。我们常说二战是一次世界性战争，但对于包括苏联、中国在内的绝大多数国家来说，还都是一次区域性的或者本土性的战争。苏联在二战中贡献卓著，但它的战场和战线也只是西部到达德国柏林以东的中欧地区，东部到达包括中国东北、朝鲜北部和日本北方岛屿在内的东亚地区，基本上没有超出苏联和它的邻国。中国除了期间曾出兵缅甸参与滇缅战场上的一些战争以外，基本上限于本土与日军作战。英国由于此前所具有的"日不落帝国"的庞大躯体，战争爆发后受到德、日、意等敌对国家的攻击的确具有世界性。但是，它的主战场和对德国的反击却也仅只限于西欧、地中海和北非、东南亚的个别地区。但是，二战对于美国那才可说是世界性的。欧洲与大西洋，北非与地中海，人们往往看到的是诺曼底登陆以后的欧洲战场，但早在诺曼底登陆以前美国已经消灭了以潜艇为主肆虐于大西洋许多年的德国强大的海军编队，首先取得了大西洋的制海权以后才可能谈到反攻的。欧洲战场虽然是以美军、英军、法军等等许多欧洲国家的军队组成反击同盟部队，但主体力量还是由100多万美国人组成的军队。反攻战打响以后，包括苏联军队的部分供应在内，整个欧洲战场上同盟军的几乎所有装备都是美国供应的。在东部战区的亚洲与太平洋，几乎是美国一个国家的军队消灭了日本的强大的海上力量，一个岛屿、一个岛屿地从日本人手上夺回了太平洋上的制海权，收复了日本此前从英国、法国、美国、荷兰、葡萄牙等老牌帝国手里夺去的东亚国家和澳大利亚的许多个殖民地。日本人的确是被美国消灭了其海上的制海制空权和部署在太平洋区域的精锐武装力量以后才不得不投降的。美国在二战中的历史贡献的确相当辉煌，不可磨灭。这是其一。

其二，分析美国在全世界的主要军事基地的部署，的确在其总体的意义上具有一定的战后遗留性质。德国、意大利和日本是第二次世界大战的发动者，美军战后一段时间的继续占领具有监督、监察、监视的性质。英国是二战期间美英联军和其他国家的武装力量反攻欧洲的大本营，连同荷兰、葡萄牙、比利时、法国等国成为反攻时的桥头堡和基地，特别是当美英联军由西向东进攻德军的时候，西欧的这几个国家就都成了由英国出发登陆欧洲的沙滩与海岸。再后来，盟军需要遏制德国再次复兴以后的报复，部署牵制德国的军事基地也在一定程度有情可原。但是，随着杜鲁门的遏制共产主义的国家战略的出现与冷战的需要，以美国为主要推手拼命扩大宣传苏联威胁论，鼓动西欧与中欧国家联合成立北大西洋公约组织，让美国在欧洲的驻军长期与合法化。在如此的背景下，亚洲的基地和驻军性质也有了相应的转化。早在韩战爆发以前，即 1950 年 1 月，杜鲁门及其国务卿艾奇逊都公开说过朝鲜和台湾不在美国的防御圈之内。（王湘惠乔良《割裂世纪的战争——朝鲜 1950-1953》，国防大学出版社长江文艺出版社，第 23 页）但是，韩战结束后，美国不愿意撤离在韩国的驻防和基地，将驻守日本的基地和驻军韩国的驻军长期化，便都有了对付苏联与中国的味道。不用多费笔墨，美国本来解放日本侵占英国、法国、美国等欧美 19 世纪以来所占领的南太平洋和东南亚各国的殖民地，并将其长期占领与合法化，不仅是为了对付中国，而且具有取代日本将其殖民化的性质。所以，尽管美国在二战期间进行了一场正义的战争，为人类的进步与发展做出了不可磨灭的贡献，但是，二战结束以后，美国政府事实上是在根本没有爆发世界性大战的可能的情况下，是在防止新的世界大战和遏制苏联共产主义的幌子下，将美国在第二次世界大战中分布在世界各地的军事基地与驻防合法化、长期化，建立并极力维持了一个具有世界规模的全球性军事帝国体系，实行了一条谋求美国可以永远称霸世界的国家战略。这不仅已经改变了第二次世界大战中美国参加反侵略战争的正义性，而且因为人为地给一个民族国家赋予了世界性，将一个民族国家扭曲成为世界性的国家，从而事实上也是拖累与祸害了美国人民。

　　为了说明美国政府的以霸权主义为核心的国家战略的错误、荒唐与荒谬，我们需要对资本主义时代民族国家的性质再做一些深刻的了解。民族国家是资本主义时代的一个特有范畴，如马克思所说，"他们都建筑在资本主义多少已经发展了的现代资产阶级社会的基础上"。（马克思《哥达纲领批判》）最早一批民族国家是资本主义起源的西欧国家，如荷兰、西班牙、葡萄牙、英国、法国等。其次是美国和西欧以外的欧洲绝大多数民族国家，大约发生在18世纪后半期到19世纪。第二次世界大战以后，一大批民族国家在亚洲、非洲和拉丁美洲诞生。现在，民族国家已经成为当代世界的主体。或者说，现代世界是由一系列民族国家组成的。一方面，正如马克思所说，民族国家都或多或少建筑在现代资产阶级社会基础上。另一方面，各个民族国家之间必然发生的对外贸易和文化交流把整个世界有机地连接成为一体。当代世界得以和平运行与发展，全在于各个民族国家或多或少地所具有的资本主义性质。各个民族国家的现代生产能力愈强，表明其资本主义成分越高，与世界市场的联系就愈为紧密。500多年来的世界历史，特别是两次世界大战以来的世界历史趋势已经越来越清晰地表明，全球经济正在融为一体，形成一个统一的世界市场。而在世界一体的国际事务与关系中，平等和主权则是各民族国家共同相处所必须遵守的基本原则。它是随着资本的扩张与发展，其自由与平等本性在世界范围的扩张、扩展与表现。主权，是指民族国家自己的事务自己做主。平等，是指国家不分大小、先进与落后，一律平等。任何国家不得干涉别国的内政，各个国家的内部事务由各个国家自行处理。两个国家之间的事情，由两个国家具体协商处理。区域或者地区间的事务，由所涉及的相关国家协商处理。全世界的问题，由全世界所有国家共同协商解决。如同现代民主国家里国民一律平等，不承认也不许可有特权一样，在国际上国家之间也不需要、不许可哪个国家有特权，更不允许一个国家高踞于别的国家之上，充当领导或者太上皇。

　　但是，战后美国就凭借其强大的经济与军事力量，成为凌驾于各民族国家之上的特殊国家。地处北美的美国拥有世界上最安全的自然屏障，却声称欧洲、亚洲和非洲的事务都有它的利益，事关它的国家安全。它的军队遍布世界各地，它的军舰在各大海洋上可以横冲直闯，它要在世界各个地区的问题上都要插上一腿，在事关全世界的问题上更要说了算。这明显不符合资本主义时代民族国家的性质，不符合民族国家之间关系与交往原则。可是，美国政府与政治精英在长期的霸权理念与在国际事务中推行霸权政治的过程中，已经把错误的方针政策当做天经地义，特别享受在世界上称王称霸的感觉。所以，差不多在每年的国情咨文和许多文件中，都充斥着下面这一类的话：

> 让美国占据一席之地，成为世界灯塔的领导体制。这事关我国是否能继续保持领导能力，这种领导能力使美国不只局限于地图上的某一个地方，美国因为这种领导能力而成为世界的灯光。——应由我们国家来决定未来是什么。

问题在于，美国要维持这种"世界灯塔的领导体制"干什么，它与人民有什么直接的利益？如果说二战刚刚结束，人们普遍还未能从世界性战争的灾难中清醒过来，十分惧怕再次爆发战争，所以，用战争威胁恐吓人民而将二战期间在世界各地的军事部署再维持一段时间，似乎还有一定的合理性。但是，经过半个多世纪的发展，特别是一系列民族国家诞生以后，人们从实际的经济与政治关系出发已经建立起包括联合国在内的国际组织实行政治协商，制定与建立了国际金融组织、世界银行和关贸总协定规范国际贸易和国家之间的经济交流，特别是几乎所有的国家加入到世界贸易组织以后，无论贸易摩擦还是国际间的冲突都越来越少了。另外，就国家实力来说，无论俄罗斯还是中国，都只是一个发展中的国家，特别是对于中国来讲，粮食、铁矿石和石油等战略和基本生活物资都严重依赖国际市场，根本不可能发动世界战争，也没有与美国对抗的条件。更何况，苏联已经解体，美国在全世界仍旧维持强大军事实力，除了有利于军事工业资本家并满足有霸权欲望的政治精英的野心以外，还有别的什么必要？

虽然美国政府的霸权主义违背客观实际，属于倒行逆施。可是因为美国太强大了，它在世界各地横冲直闯、横行霸道，世界上却没有哪个国家可以与它抗衡，可以制止它。但是，历史富有极大魅力的地方恰好就在这些方面，它会以人们完全意料不到的方式为自己开避道路前进与发展。世界上其他各民族国家没有力量牵制美国政府，它的人民却可以起到这一作用。当然，美国民众还没有这么清晰的认识。不过，因为世界霸权是通过大量美元实现的，这样花纳税人的钱，作为纳税人的美国民众自然会有本能的感受。一方面，特朗普是个大富豪，属于美国社会的上层或主流。另一方面，他却从未担任过公职，不属于政治精英。所以，在人民与政府这一对矛盾与关系中，特朗普又属于必须承担政府费用的纳税人，是人民的一员。特朗普正是靠着美国主流与政治精英所指责的政治不正确和反主流，凭借他敏锐的商业悟性和纳税人的直觉判断，感受出政治精英和政府的基本方针政策出了问题，并用精辟的语言直接说出了普通民众的心里话。

首先，特朗普站在美国人的立场上，正确地认识到俄罗斯并没有威胁到美国的安全。不仅如此，美国与俄罗斯作为两个民族国家、世界上的两个大国，还应该建立起正常的关系以应对国际问题。所以，特朗普首先表达了对普京的友好和敬意。另外，与朝鲜的关系也是如此。金正恩的朝鲜可能是韩国的威胁，是朝鲜半岛安全与安定的隐患，但它并不直接危害美国。作为远隔太平洋的美国，也没有必要与金正恩对立。这不仅是美国与俄罗斯、朝鲜建立起正常的国家关系，而且是美国回归一个普通的民族国家的开始。

列举几条电信与媒体信息。

据 BBC 中文网 2016 年 4 月 28 日的报道：特朗普表示，如果 11 月当选总统，将寻求与俄罗斯和中国改善关系。

古汉台网 2016 年 10 月 14 日讯说：据俄罗斯"卫星"新闻网 10 月 14 日消息，美国总统候选人特朗普的外交政策问题顾问卡特·佩奇警告称，美国继续完全不尊重俄罗斯利益会很危险。

特朗普竞选胜利后于 2016 年 11 月 22 日与《纽约时报》有一次座谈。关于和俄罗斯的关系，特朗普说：

> 我是很想能够使俄罗斯与我们一起，这是我们共同的利益。

> 如果我们能与俄罗斯一起，将是一个积极的事情。我们不仅可以跟俄罗斯，而且我们可以与其他国家相处。[11]

另据环球网 2016 年 5 月 18 日讯：英国路透社 18 日以"特朗普愿意就核问题与金正恩见面"为题报道说，特朗普表示："我会与他（金正恩）谈一谈，与他交谈对我来说没有任何问题。"

可见，特朗普可以回归一个正常的民族国家的位置，与共和党、民主党所制造的敌对国家缓和关系，回到正常的国际关系的轨道上。

其次，美国在各个国家的军事基地与军队驻防，并不是美国安全的需要，它们其实都是为所在国家服务，用以维护所在国家或者所属地区的力量平衡，似乎有利于所在国家。其实并非如此。一方面，所谓受保护的国家成为美国的附属国，不利于该国向正常的民族国家发展。另一方面，美国作为外来力量的涉入，破坏了地区力量的平衡，也扭曲了该地区各个国家之间的关系。譬如美军驻守韩国就是要制衡朝鲜，维持朝鲜半岛甚至东亚地区即包括中国和俄国在内的力量均衡。正常的南北朝鲜的关系，应该是两个朝鲜共同体之间的力量博弈。东亚地区的力量的平衡，应该是中国、两个朝鲜共同体，以及日本，甚至一定程度上再加上俄罗斯的影响，无论如何没有美国人插足的权利。至于这些国家之间的力量平衡问题，需要相关的国家之间的发展和力量的博弈。即使存在地区间力量不均衡，那也是该地区经济社会发展阶段必然会出现的问题。用美国这一外来力量"均衡"，其实是也是揠苗助长，使得相关的国家无法健康成长。再譬如，美国

11　参见 http://news.sohu.com/20161125/n474093118.shtml。

驻守日本的基地和军队，早已经失去了作为二战的战胜国对战败国的监视、监察和监督的作用。日本在美国的帮助与扶植下，战后经济得到迅速恢复与发展，成为东亚乃至世界上的经济大国。但是，它没有像德国那样做出让受害国足以谅解的举动，受害最深的中国、韩国和朝鲜等周围国家对它还不放心。日本还没有一个正常的民族国家应该有的常备军和武装力量，也不具备传统意义上的国防力量。所以，日本自己往往也感觉不安全，所以要求美军继续呆在自己的国家。但是，美国"保护"日本，首先影响了二战期间日本侵略邻国所应承担的责任，不利于日本与邻国修复正常的邻里关系。其次，美国插足东亚地区，影响了东亚正常的国家间关系，损害了地区力量的平衡。地区相关国家之间的力量平衡或者不平衡，那都是由相关国家的发展水平与程度决定的，连其大与小，都是相关国家各自应该有的历史。美国的所谓"保护"，其实是用一种不均衡取代另外一种不均衡，而且是用外因取代内因，更不合理罢了。再其次，美军驻守日本影响了日本作为民族国家应有的发展。再其次，美军长期驻守日本，形成日本对其严重的依附，从而无法得到正常的美日关系。另外，如果单用美国纳税人的眼光来看，美军驻守韩国和日本，当然是替所谓的盟国服务。美国人为什么出钱替别人站岗？

列举几条电讯与媒体信息。

古汉台网 2016 年 5 月 6 日讯：据韩媒 5 日报道，日前，驻韩美军司令提名人文森特·布鲁克斯在参议院军事委员会听证会上表示，韩国承担驻韩美军人员费用的 50%，在被问及对此有何看法时，特朗普反问道："为何不承担 100% 的费用？"对于韩国、日本、德国等美军驻扎的国家是否应承担一切费用，特朗普肯定地说，美国在保卫这些国家，因此这些国家应该自行承担一切相关费用。当前，美国充当世界警察，付出的军费远大于其他国家，这并不是为了美国，而是为了保卫他国，因此这些国家应当承担军费。

古汉台网 2016 年 5 月 30 日讯：NHK 报道，本月 29 日，特朗普在阵亡将士纪念日的华盛顿集会上，特朗普强调了把美国国家利益放在首位的"美国至上主义"原则，抱怨美国在日本等多国防卫方面没有获得相应的回报。他还说，"今后也会为日本提供防卫合作，但同时必须做好撤退准备"，以此重申将要求日本全额负担美军驻扎经费。

古汉台网 2016 年 6 月 6 日讯：特朗普的外交事务顾问瓦利德·法勒斯明确表示，若特朗普就任总统，"一定会要求"日本政府负担更多的驻日美军经费，强调为扩大日美同盟中的日方负担部分"必须进行谈判"。

据共同社报道，特朗普认为美国在全球安全方面承担了过大的负担，除表示若日本不增加负担额就不惜撤回驻日美军之外，还暗示容许日韩两国不依靠美国的核保护伞而各自拥有核武器。

还有，美国驻守在欧洲的军队也早都失去了二战的意义，它们基本上都是为对抗苏联和东欧国家的所谓"铁幕"而于 1949 年 4 月成立的北大西洋公约组织的名义保留下来的。根据美国白宫发言人的解释，北约是美国安全的"基石"，战后历届总统"不管民主党还是共和党"都坚守着这个策略。但是，既然北约是防止苏联和东欧国家的战争威胁成立的，而东欧国家在上个世纪 80 年代后期已经脱离苏联而转向欧美，不久之后，苏联也已经解体，北大西洋公约组织究竟还有什么必要继续存在？

汇通网 2016 年 3 月 30 日讯：共和党总统竞选领跑者特朗普对《纽约时报》表示，他不是孤立主义者，但首先他是一名美国人。北约盟国不应继续在防务问题上搭美国的便车。特朗普说，美国为北约所付出的是与回报不成比例的，坦率地说，现在这个世界是一个跟我们最初设想构建北约时完全不同的世界，因此大家不得不对此进行重新考虑。他表示，可以继续保留北约这个实体的存在，但美国对北约付出的费用要少很多。

BBC 中文网 2016 年 4 月 28 日：特朗普在这次外交政策讲演中表示，他将使美国的盟国为各自防务承担各国的财政负担。在谈到与盟国关系时，特朗普表示，他将分别要求召开北约峰会和亚洲盟国峰会，讨论如何"重新平衡"美国对这些盟国防务做出的财政承诺。

他对美国的盟国表示不满。他指责这些盟国利用美国的防卫保护伞，却没有承担公平的财政份额。"我们保卫的这些国家必须为自己的防卫承担费用。如果做不到这一点，美国就准备让这些国家自己保卫自己。我们别无选择。"

古汉台网 2016 年 5 月 6 日：对于韩国、日本、德国等美军驻扎的国家是否应承担一切费用，特朗普肯定地说，美国在保卫这些国家，因此这些国家应该自行承担一切相关费用。当前，美国充当世界警察，付出的军费远大于其他国家，这并不是为了美国，而是为了保卫他国，因此这些国家应当承担军费。

特朗普曾在竞选过程中多次表示，若他当选美国总统，将同欧洲和亚洲盟友重新启动防卫费谈判，若盟友不提高防卫费分摊比例，美军或从这些国家撤离。

还有，随着最近几十年亚洲经济活力增强，美国资本逐渐增加对亚洲的投入。奥巴马政府以亚太有美国至高利益为由，提出重返太平洋的战略，扩大包括南海在内的亚太地区的军事力量。但是，商业利益就需要炮舰跟进？那么别的国家在欧洲、在美国有了利益，是否也需要同样的做法？

可能还有更为奇葩的认识。特朗普并不认同出兵伊拉克与海湾战争，甚至认为美国政府的这一类军事行动引来了伊斯兰教的恐怖活动。美国政府在世界霸权理念的指导下，主动对伊斯兰教中反对美国的力量实行严厉打击，特别是发动以海湾战争这类具有侵略性的军事行动，才导致了穆斯林的过激反应。特朗普已经在深思这个严重影响美国和西方安全的恐怖主义的历史根源。这是一个涉及美国政治精英最为核心的意识形态和价值观问题。

古汉台网 2016 年 2 月 15 日讯：13 日特朗普在南卡罗来纳州举行的电视辩论期间称："伊拉克的战争是一个非常大的错误。由于伊拉克战争，我们损失了 2 万亿美元，丧失数千人的生命。"特朗普深信，这是现总统候选人杰布·布什的兄弟、前总统乔治·布什犯下的错误。他说："所有人都会犯错误，但这是一个非同寻常的错误。我们永远都不应当出兵伊拉克，这破坏了中东的稳定。"特朗普还指责乔治·布什撒谎。他说，伊拉克战争是以大规模杀伤性武器为借口发动的战争，然而我们没有看到这种武器的存在。

2016年11月22日，特朗普与《纽约时报》专栏作家弗里德曼有段对答。

> 弗里德曼：你认为美国在世界上的作用是什么？我们过去50年扮演全球平衡者的角色，我们对于事情付出更多的代价，是因为这样符合我们的最终利益。我从你身上听到的是，我们要缩小这个角色。

> 特朗普：我不认为我们应该是一个国家创建者。我想我们试过了。我认为进入伊拉克是我国历史上的大错误之一。我想我们错了，然后很多坏事发生了，包括ISIS（"伊斯兰国"）的形成。我们曾经可以采取不同的做法。

> 弗里德曼：北约？俄国？

> 特朗普：叙利亚。我们必须解决这个问题，因为我们将只是继续战斗，永远战斗。我对叙利亚有不同于其他许多人的看法。我不得不听（参议员）格雷厄姆（Lindsey Graham）谈论，攻击叙利亚和攻击俄罗斯，攻击伊朗。你攻击，不断的攻击，但是我们得到什么？

> 我对叙利亚有一些非常强烈而确定的想法。我想，那里正在发生可怕的事情。看看死亡，我不只是说我们人员的死亡，我的意思是你看看这些城市，亚瑟（弗里德曼），它们在哪里？它们变成了大面积的碎石，还有数千人死亡。我认为这是一个耻辱。理想情况下，我们可以得到与叙利亚相关的协议。你知道普京打电话给我。

最后这段引文中《纽约时报》专栏作家弗里德曼和特朗普的对话已经给了我们这篇文章主题的答案，那就是半个世纪以来美国政治精英的执政理念：在世界充当领导角色并且从中获得美国利益（"我们过去50年扮演全球平衡者的角色，我们对于事情付出更多的代价，是因为这样符合我们的最终利益。我从你身上听到的是，我们要缩小这个角色"），特朗普不仅认为美国没有权利这样做甚至认为这样做以后，不仅未获得到利益反而得到像 9·11 那一类的相反的东西（"我不认为我们应该是一个国家创建者。我想我们试过了。我认为进入伊拉克是我国历史上的大错误之一。我想我们错了，然后很多坏事发生了，包括 ISIS 的形成"）。这也是特朗普逆袭上位的答案，即包括两党和美国政府的政治精英在内的整个主流社会认为特朗普特别不靠谱，政治不正确，但正是他以其特有的视觉、直观与悟性对二战以来的政治精英所塑造的美国传统执政理念提出质疑与否定，甚至就连他的性格和所使用的往往过激刻薄的语言表述所显示的没有教养的形象，恰好都是一般民众所喜欢与肯定的重要原因，从而能得到更多的选票。

四、美国本来也是一个民族国家，经济全球化对它也是"双刃剑"

以发达国家为主导所推动的经济全球化过程，当然是资本增值与扩张本能的驱使。所以，在起点上，它是代表了资本的利益，特别是在初级发展的阶段上，主要是发达国家瞄准了落后国家的资源和消费市场，是发达国家的资本向发展中国家的侵略与扩张。在这一过程中，发展中国家一方面得到价廉物美的商品和先进技术的同时，另一方面则是相关产业领域的民族资本受到排挤。所以，发展中国家从自己的经验与感受里总结说"经济全球化是把双刃剑"。

但是，发达国家由于政府首先都是要代表最有希望的阶级和集团，总是拼命地向外扩张，对于全球化必然地反过来影响本国经济社会从而也必然地会品尝到同一把"双刃剑"，至今都没有认识。在对外贸易中，商品输出与输入大致平衡，这是一项古老的规则。它是资本自由与平等权的具体要求与体现。作为国际贸易的法律，关贸总协定和世界贸易规则都进一步加强甚至细化了这一规则。所以，包括美国政府在内的发达国家往往积极而强硬将民族资本送进发展中国家的市场，同时又必须允许发展中国家将其大约相同价值量的商品在本国市场流通。尽管发达国家都有法令，不允许高端产品与核心技术输送到发展中国家，但是，由于经济社会发展水平的差异，一般地说来，发达国家向发展中国家销售的商品属于发展中国家中的高中端，可以占据发展中国家商品市场的高地。发展中国家销售到发达国家的商品往往属于传统商品，处于发达国家商品市场的中低端。发达国家的商品依靠技术含量占领发展中国家市场的高中端领地，发展中国家则凭借低廉的劳动成本和低价格占有发达国家一般消费品市场。发达国家中低端产品受到发展中国家的竞争与排挤的时候，其资本往往会选择向发展中国家转移，原产业的劳动者就别无选择地成了失业者。所以，发展中国家的资本家往往是反全球化的，而发达国家中的劳动阶层则往往是反全球化的。

由于讲到了全球化，就有必要说一说中美两国的民族主义和民粹分子都会拿来说事的 TPP。

TPP 起初只是由亚太经济合作会议成员国中的新西兰、新加坡、智利和文莱四国发起，从 2002 年开始酝酿的一组旨在促进亚太地区的贸易自由化的自由贸易协定。后来由于美国、日本、澳大利亚的参加而范围及意义扩大。由于 TPP 核心内容是关税减免，譬如按照 2016 年签订的协议其成员国 90% 的货物关税立刻免除，其他所有产品关税将在 12 年内免除。所以，它的实质仍在于进一步加快全球一体化和统一的世界市场的进程。奥巴马政府有的时候借中国说事，是出于美国两党意识形态斗争的需要。中国也没有必要对号入座以为那是美国特意为了反对中国而做。中国和许多民族国家的经济发展还未能进展到那样高的程度，加入会对国家经济社会造成很大冲击。不过，这并不意味着事不可为，而只是条件与时机还不成熟，社会还未发展到那个阶段。美国通过 TPP，意味着关税进一步降低，自由贸易进一步扩大，美国高端产业更方便地进入国外市场的同时，外国低端产品也将大量涌进美国，国内经济受到的冲击程度必然加深。所以，美国反全球化的民众强烈抵制 TPP。

为了迎合反全球化的民众，很长一段时间以来，美国政府与两党的政客们都用"中国抢了我们的饭碗"这样浅薄的话来搪塞。问题当然不是这样。因为按照这个说法，美国有更多的商品涌向中国市场，他们抢了中国多少饭碗？奥巴马政府代表占据经济最高地的资本的利益积极推动全球化，希望国会中反对党同意批准 TPP，也是为了吓唬反全球化的民众，提出说"不能让中国制定规则"，意思是如果美国不积极推动 TPP 那就给中国留下了可乘之机。其实，这是一个国家的发展水平和具体的经济结构问题。奥巴马借用意识形态掩盖经济的本质，表明美国政治精英对经济全球化也会给美国带来影响没有足够的认识，特朗普在大选中坚决叫停奥巴马的 TPP，也是人民对美国政治精英以世界霸权理念为核心的政府基本方针政策的否定。

五、美国回归民族国家还有较长的路程

虽然说特朗普逆袭上位表明美国人民对美国上层社会和以政治精英为核心的主流政治意识形态的否定，但是，必须认识到这样的认识并非是人们清醒与清晰的、理性与理智的。人类历史还处在必然王国向自由王国发展的阶段，许多虽然是符合历史发展趋势的活动，但都是通过人们的无意识行动实现的。美国民众反对政府传统的追求世界霸权与要求政府回归民族国家的诉求，也都是从朴素的认识和零星的，甚至是碎片化的意见表达的，还难以形成巨大的社会力量。

其次，美国民众的基本诉求通过特朗普个人表达的，但是，正如我们已经看到的，特朗普并不是以与传统社会的决裂、以革命的形式宣战并逆袭上位的。特朗普虽然未担任过公职，但他毕竟是大富豪，属于美国成功人士，无疑属于美国社会的上层。我们曾经分析指出，特朗普是处于美国政府体制边缘外侧的人。不过，还需要再加一条，特朗普显然是要急于进入美国政治体制的人。早在共和党召开全国

代表大会确定共和党提名的时候，特朗普就已经与共和党达成一致，即特朗普接受共和党的执政纲领，共和党确定特朗普为共和党提名的总统候选人。所以，特朗普当选总统以后，必须接受共和党的制约，在其党的执政纲领的框架的约束下执政。更何况，美国总统必须接受国会的节制，共和党在众议院和参议院属于多数党，特朗普离开共和党的支持就什么也做不了。

另外，特朗普的经历和背景决定了他必须依靠共和党。美国是一个大国，即使在美国中央政府分立法、司法与行政的架构下，行政分支的政府机构仍然非常庞大，要应对的国内外事务不仅巨大而且非常复杂。特朗普单纯的经商历练决定了他没有行政经验和广泛的人脉，他必须依靠共和党的帮助才可以网络大量的具有各方面专门知识和经验的人才。如果说特朗普也仅只是一个并不完全认可主流的以霸权为核心的执政理念却并没有明确的执政理念的总统的话，那么，他将来所接受的大量共和党所推荐的政府人选却都是牢固接受了社会主流的价值观和执政理念的政客。所以，特朗普执政期间，根本不可能有一个明晰的反对与纠正美国霸权的执政路线和方针政策。

再其次，必须正确理解与认识美国的政治体制，它是依靠两党政治运作实现的。虽然党不直接插手国会和行政分支的具体国务活动与联邦法院的业务，但是，党的理念与意识形态却无形地渗透到政府工作的实践活动中，通过竞选时期就已经形成的执政纲领指导和约束竞选成功的总统和国会中同党议员。所以，要使美国政府开始清醒地纠正从二战以来 70 多年已经形成的共同的价值观和执政理念，首先就必须把这一认识转变为共和党和民主党的思想意识，这可能还要一段较长的时间。

虽然不指望特朗普在总统任期上有如我们的分析那样有根本性的改变，但是，美国的民主制度的长处就在于能够迎合民众的愿望与诉求。从特朗普竞选成功开始，人民已经在引导美国两党回归正确。所以，美国的对外政策还是会有一定的改变，奥巴马正在积极推行的以军事扩张为核心的世界战略会有一定程度的改变和削弱，而且将影响世界局势。首先，特朗普愿意与俄罗斯友好相处，把其当作伙伴关系，这意味着冷战即将彻底结束。其次，特朗普以另外的态度对待伊拉克、阿富汗、叙利亚等问题，这标志着西方用较为宽容的方式对待伊斯兰文明，可能会减少恐怖主义的活动。再其次，重返太平洋战略和加强亚太地区军事部署的战略和态势将可能得到一定程度的抑制。再其次，驻守韩国和日本的军队费用问题被提了出来，美国民众会以此为开端接着要求减少以致最后完全取消东亚的军事基地。再其次，北大西洋公约组织作为一种军事政治性的国际组织，在和平时期它的存在本身就是对和平的威胁。特朗普开始对其存在的意义已经提出疑问，表明美国开始反省，这也是世界回归正常化的开始。随着美国的世界霸权战略的动摇和改变，在一定程度上会改变世界各个不同地区间的力量平衡，从而也会影响到相关国家的发展。

如果说美国霸权主义是在美苏对立的意识形态基础上形成的，它部分反映了美国的盎格鲁-萨克逊民族主义情绪，部分是二战中形成的强大军事工业产业资本财团利益的驱使，但终归都因为与资本主义世界市场发展的客观趋势相抵触，从而不具有客观必然性，所以特朗普担任总统后或多或少还会有一些明显的改变，那么，展望特朗普的国内经济政策，预计将不会有特别明显的成效。因为美国国内所面临的问题，本质上仍然是作为民族国家如何应对全球化的挑战并需要经过长期发展才可以解决。经济全球化即是马克思所揭示的资本主义世界市场的发展，世界贸易也就是市场在全世界范围配置资源。譬如由于美国科学技术的优势，高科技人才向美国集中，中国和其他发展中国家劳动力价格低，一般的制造业和加工企业会向其转移。这是经济全球化过程中世界经济体的资源调整与整合，也是世界市场体系的合理分工。对于美国来说，主要表现在蓝领工人阶层失业率提高，经济收入下降。它是一个美国为之已久或早就存在的问题，是历次竞选中共和党和民主党两党都企图突破的难题，也是历届政府都想解决的课题。但是，对于市场经济国家的政府来说，可以做的不外乎减税、改善投资环境挽留资本不外流甚至吸引资本投资，如果阅读美国总统的每年的国情咨文就不难发现，所有可以采用的方法都试过了，但改善就业状况的显著因素却还只是美国与世界经济周转周期而不是哪个总统的政策，——因为稍加分析就可以发现，只有当全世界整个经济景气指数好的时候，甚至是与美国经济密切的发展中国家的经济状况好转的时候，才是美国失业率最低的时候。特朗普只是用一个企业家和商人的眼睛观察这些问题，用自己的语言而不是一般政客的经济政治专业的术语来表达，但实际上可以做的并不多。尽管美国是目前世界上最强大的经济大国，无论生产还是消费都占据世界市场的较大份额，但是，它也是一个民族国家，一个随着世界市场的发展而成长的民族国家、一个在世界贸易中随时调整经济结构的国家。既然是结构的调整，是资源的重新整合与配置，那就一定会涉及到利益的调整与分配，有正面也有负面。所以，美国作为一个民族国家，作为世界市场的一部分，它在按照世界市场的分工形成自己的经济社会结构的时候，在从世界市场上收获欢悦同时，也必然地要带上属于它的痛苦。

六、尾声：特朗普总统执政与中美关系展望

特朗普在竞选时期，讲过许多似乎是与中国过意不去的话。早在2012 年那次参加竞选的时候，特朗普就说："中国正在强奸这个国家"。在另外的竞选集会上，他还说中国在贸易上"谋杀"美国，中国人抢了美国人的饭碗，要把转移到中国的制造业再转回来，还指控中国操纵人民币汇率。有一次他还说："我们在中国做生意非常困难，中国与我们做生意却很容易。除此之外，我们进入中国做生意要支付巨额的税收，可当中国卖东西给我们时，却没有收税。我认为这简直是双重标准。"所以，他表示做总统后要大幅度提高中国进口货物的关税。不少的人以为，特朗普执政后中美关系将是一个低谷。

其实不是这样。

首先，中国与美国现在已经是最大贸易伙伴。中美两国经济总量占世界三分之一、人口占世界四分之一、贸易总量占世界五分之一。两国的经济贸易是中美两国共同利益交集最多的领域，也是两国关系的经济基础。特别是中国对美国的贸易，其中有不少属于美国资本在中国的投资（特朗普和他的女儿伊万卡都有工厂和公司开办在中国），利用中国的廉价劳动力在中国加工，然后又将商品进口到美国。中国仅只得到价格极低的劳务费，而美国实际在中国收获到两头的好处：丰厚的资本利润回报和消费者价廉物美的商品。美国对中国的这种贸易伙伴关系已经很牢固，甚至是依赖，谁也无法将它拆开了。

其次，中国购买了美国 1.2 万亿美元的国债，是美国最大的债权国。"拿人钱手短"，这个道理在国际关系上同样适用。另外，中国作为发展中国家，经济生活还很落后，其实是美国倾销其过剩产能的最大市场。尤其作为具有发展潜力的国家，没有哪个发达国家真正愿意疏远中国。还有，中国是一个大国，大国之间的关系基本的方面还是合作。特别是美国是一个最发达国家，相对于落后的中国在世界事务中的利益要多多了，所以，美国在世界上许多事情都需要中国的支持，特朗普当了总统以后，会有更深刻的体会。

另外，特朗普是以共和党的身份当选总统的，从历史上来说，冷战以来的许多次国际缓和都是由共和党执政的总统完成的。冷战和朝鲜战争是在民主党总统杜鲁门手上开始的，朝鲜战争是在共和党总统艾森豪威尔手上结束的，从越南撤军并结束越战是由共和党总统尼克松完成的，恢复中华人民共和国在联合国的席位、与中国破冰并建交也都是在尼克松总统任上发生的，与苏联关系缓和是在共和党总统里根的手上发生的。当然，共和党总统也做了不少坏事，譬如两次海湾战争都是共和党的两位布什总统所干的。但是，毛泽东就曾总结说过，共和党实际要比民主党对中国更友好些。

还有，必须看到，经过 200 多年的演变，美国大选已经成为一种特殊的文化游戏。1988 年戈尔巴乔夫访问美国时，正值美国副总统布什参加竞选。那时的中国问题还提不到美国竞选人相互攻击说事的议程上，两党都拿苏联说事。期间，老布什就给戈尔巴乔夫说，这是竞选，有许多话是不可以当真的。特朗普当选后，奥巴马总统就曾几次说，当选总统与竞选总统所要做的并不是一回事。奥巴马总统的国务卿克里也多次向国际社会暗示，特朗普执政后其政策不会有特别的反转。实际情况也应该是这样。因为建立在世界贸易基础上的国家关系都是以经济为基础的，都是一些实实在在的社会生活，它不是随意可以改变的。如果人为发生改变，会因为利益的损害而遭到人民的反对。特别是这些贸易关系都是以世界贸易规则为基础形成的，单方面根本就没有力量可以随意改动。所以，特朗普在经济政策方面并没有很大的空间。提高中国进口关税的问题并没有那么简单。如果特朗普提高某些中国货物的关税，中国也相应会启动提高进口美国货物的关税，这种性质的贸易摩擦不仅不符合世界贸易组织的规则，而且更重要的是将涉及许多的企业和消费者利益，影响社会的稳定。特朗普未必会这样做。至于汇率操纵问题，最近奥巴马就没有把中国列入汇率操纵国，原因是政府的相关机构对于这一类的问题，都有相当客观与专业的判断标准，竞选时的特朗普可以随意表态和发言，担任总统以后就需要按照政府规范去做。

天若有情天亦老，人间正道是沧桑。展望未来的中美关系，由于两国的民族主义和民粹分子仍受冷战意识形态的影响，特别是因为美国民粹主义政治精英将继续推行世界霸权主义，使得两国关系中不时会出现一些人为摩擦或纠纷。但是，作为世界经济中的两个大国，随着中国的发展和越来越融入世界市场，中美的经济与文化友好关系将是其主导的方面，这是任何偶然性因素都不可能改变的客观历史趋势。

2016 年 11 月 20 日初稿
11 月 24 日至 12 月 1 日修改

www.ingramcontent.com/pod-product-compliance
Lightning Source LLC
Chambersburg PA
CBHW020334180726
47991CB00020B/1654